最美税务人

——群星闪耀点燃税务人榜样的力量

《最美税务人》编写组 编

中国税务出版社

图书在版编目（CIP）数据

最美税务人：群星闪耀点燃税务人榜样的力量 /《最美税务人》编写组编 . — 北京：中国税务出版社，2022.9

ISBN 978-7-5678-1237-6

Ⅰ . ①最… Ⅱ . ①最… Ⅲ . ①税务部门 — 工作人员 — 先进事迹 — 中国 Ⅳ . ① K828.2

中国版本图书馆 CIP 数据核字（2022）第 061294 号

版权所有·侵权必究

书	名：	最美税务人——群星闪耀点燃税务人榜样的力量
		ZUIMEI SHUIWUREN——QUNXING SHANYAO DIANRAN SHUIWUREN BANGYANG DE LILIANG
作	者：	《最美税务人》编写组　编
责任编辑：		庞博　张大卫
责任校对：		姚浩晴
技术设计：		刘冬珂
出版发行：		中国税务出版社
		北京市丰台区广安路 9 号国投财富广场 1 号楼 11 层
		邮政编码：100055
		网址：https://www.taxation.cn
		投稿：https://www.taxation.cn/qt/zztg
		发行中心电话：（010）83362083/85/86
		传真：（010）83362047/48/49
经	销：	各地新华书店
印	刷：	北京联兴盛业印刷股份有限公司
规	格：	787 毫米 ×1092 毫米　1/16
印	张：	26.5
字	数：	452000 字
版	次：	2022 年 9 月第 1 版　2022 年 9 月第 1 次印刷
书	号：	ISBN 978-7-5678-1237-6
定	价：	88.00 元

如有印装错误　本社负责调换

编者说明

党的十八大以来，面对一次次艰巨的改革任务，广大税务干部勇担重任、攻坚克难，以钉钉子精神和工匠精神抓好政策落实，不辜负党中央、国务院的重托和广大纳税人缴费人的信任，打赢了一场又一场硬仗，想干事、真干事、干成事蔚然成风，税务部门的社会形象进一步提升。在此过程中，税务系统持续发掘办税服务"超级"马丽、信息化尖兵张学东、国际税收专家朱海、驻守高原边疆李红菊等先进典型，树立税务干部最直观、最可感、最亲近的学习榜样，并在全国各地持续开展税务系统先进典型巡回宣讲活动。2019年以来，税务总局已组织开展6轮近70场进基层、进企业、进社区、进高校巡回宣讲活动，多角度、多维度生动讲述税务人心系"国之大者"、服务人民群众的感人故事，线上线下观看人数超过2500万人次。税务人在重大任务、重点工作中的表现，得到了地方党政领导及有关部门、纳税人缴费人和社会各界更多理解和认同，营造了更好的税收共治氛围，促进了税收治理效能持续提升。

随着先进典型选树宣传激励工作的深入开展，税务系统树立起了让"吃苦者吃香、有为者有位、出力者出彩"的鲜明导向。近年来，刘双燕、韩宇南等先进典型先后登上新闻联播、国新办新闻发布会和春节联欢晚会，马丽、张克成、黄伟等10名先进典型作为"最美税务人"走进中央电视台演播大厅，成为税务干部心目中的"偶像"，极大提升了税务干部的职业荣誉感。在当前火热的税收改革发展实践中，可敬可爱、可信可学的身边榜样越来越多，崇尚实干、注重实绩的良好氛围越来越浓，干事创业的动力与活力越来越足，确保了国税地税征管体制改革、减税降费政策落实、个人所得税改革等重点任务的圆满完成。

为贯彻落实国家税务总局党委大力开展先进典型选树宣传激励工作有关要求，充分发挥先进典型示范引领作用，激励广大税务干部不断增强干事创业的荣誉感、责任感和使命感，税务总局党委宣传部组织编写《最美税务人》，汇编整理了2019年以来选树宣传的先进典型的宣讲材料，将一个个鲜活生动、感人至深的典型事迹，以图文并茂的形式呈献给广大读者。

从书中的字里行间，我们能够深切感受到以"最美税务人"为代表的新时代税务系统先进个人和先进集体的忠诚担当和无私奉献，他们将对党的忠诚、对人民的深情、对责任的担当融入自己的血脉，彰显在平凡的岗位、奋斗的一线，在践行新发展理念、服务构建新发展格局、推动高质量发展中展现了税务铁军风采。

本书是落实税务总局党委"严管厚爱"要求，出版的"扣好税务人生第一粒扣子"丛书之一。希望能够帮助广大税务干部坚定理想信念，以"时时放心不下"的责任感履行好职责，以"事事忠心而为"的主动性担当好使命，用"为国聚财 为民收税"的诚挚初心奋力谱写税收现代化建设新篇章。

由于时间及能力所限，书中疏漏在所难免，不妥之处恳请读者批评指正。

编 者

2022 年 8 月

目　　录

★★★ 2021年 ★★★
"最美税务人"先进典型事迹

马　丽	了不起的超级马丽	/ 3
扎　庚	穿上税服　我也是"金珠玛米"	/ 8
许　艺	红墙之下的一颗红心	/ 14
张克成	需要我的地方　就是战场	/ 20
张学东	税务"尖刀班长"	/ 27
陕　闪	红星耀税月　领军作先锋	/ 34
赵小冬	冬日暖阳	/ 39
黄　伟	税海"护堤人"	/ 46
崔勇超	减税降费有"三招"	/ 52
韩宇南	驻村七年为百姓　夫唱妇随守初心	/ 58

★★★ 2020—2021年 ★★★
"担当作为你最美"先进典型事迹

| 朱光涛 | 税收现代化路上的"追光者" | / 67 |

陈卫华	誓做头戴税徽的"张思德"	/ 73
白　平	把小事当大事干	/ 79
滕梦利	税服在身　一生荣耀	/ 86
刘红丽	您好，红丽在线	/ 93
何春明	为幸福生活而改变	/ 100
朱　海	国际税收舞台上闪亮的中国"星"	/ 106
刘双燕	做贫困群众的"亲闺女"	/ 112
张前宝	"前"进路上磨炼"税"月法"宝"	/ 118
汤玉峰	乡亲·母亲	/ 124
胡惠东	站出来，凡人就是英雄	/ 130
李幸福	幸福骑行	/ 136
龚少雄	一片"雄"心铸税魂	/ 141
刘　莹	村子里来了个"刘老师"	/ 147
张国航	青春好做伴　建功北部湾	/ 152
吴　娟	让个税改革的温暖直抵人心	/ 158
袁镇涛	党旗下的"90后"	/ 163
李媛媛	让"一平米"青春绽放光彩	/ 168
张崇华	被隐瞒的爱	/ 175
剡红红	用心用情阐释生命的原色	/ 181
达·吉干	226枚红手印	/ 187
邱　嵘	在祖国最需要的地方	/ 194
赵红岩	以税咨政写春秋	/ 200
潘晓莉	为奋进者提速	/ 206

张智洪 税海亮剑	/ 212
国家税务总局上海市虹口区税务局第一税务所	
见字如面话担当	/ 219
国家税务总局上海市青浦区税务局第一税务所	
潮涌长三角　敢当弄潮儿	/ 225
国家税务总局浙江省税务局纳税服务处	
一个支部的回答	/ 231
国家税务总局义乌市税务局	
勃勃生机抢出来	/ 238
国家税务总局河南省税务系统	
洪水面前　有我在	/ 245
国家税务总局横琴粤澳深度合作区税务局	
跨越187米的税务力量	/ 251
国家税务总局成都市龙泉驿区税务局	
多做一点　做好一点	/ 257
国家税务总局驻上海特派员办事处第二大队	
用热爱诠释新时代督审	/ 263

★★★ 2019—2020 年 ★★★
退税减税降费先进典型事迹

李玉斌　寻找李玉斌	/ 271
魏　哲　推进减税降费　情系大美龙江	/ 281

李志斌	守土必尽责　让减税降费扎根落地	/ 289
黄信伟	投身减税降费　建设美丽新湖南	/ 296
张继兴	精准落实减税降费　我们在行动	/ 303
崔　国	"崔崔说税"和减税降费	/ 310
熊俊杰	阿佤人民唱新歌	/ 318
付铁盾	他眼中的深圳12366和改革的故事	/ 325

★★★ 2018—2019年 ★★★
全国税务系统征管体制改革先进典型事迹

张　强	做改革冲锋的"小陀螺"	/ 335
张农高	改革不改情怀　转副不转信念	/ 340
张　咏	传承红色基因　"咏"当改革先锋	/ 347
白　波	勇做改革的"挑山工"	/ 354
刘国英	改革一线的"刘哥"	/ 360
贺　艳	我所亲历的改革：与千万人同行	/ 369
方启平	身披戎装心向党　满腔忠诚献税收	/ 377
李　平	让生命在改革中绽放光彩	/ 384
李红菊	帕米尔高原上的坚守	/ 389
王玲玲	有心总会有办法	/ 396
施　艳	绽放"最美第一面"	/ 402

| 附　录 | | / 409 |

2021年"最美税务人"先进典型事迹

马　丽　国家税务总局银川市税务局纳税服务中心副主任、金凤区税务局第一税务分局党支部书记。15年来，她坚守在基层办税服务厅一线，连续15年获得区、市、县"优秀共产党员"和"先进工作者"称号，并获评"全国先进工作者""全国百佳办税服务厅主任""宁夏好税官"。

"
奋斗的人生最幸福！这些年来，我所做的一切只是一个税务工作者应该做的。从税15年，对我而言是一个不断闯关、过坎、挑战自我的历程。庆幸最终能赢得纳税人缴费人认可，获得组织和同志们的信任，并从纳税服务工作中体会到快乐和成就。

未来，我还想用更多个15年坚守在纳税服务窗口一线，留在离纳税人缴费人最近的地方。荣誉来之不易，守住更难。我会继续以此激励和鞭策自己，不断前行！
"

——马丽

了不起的超级马丽

一个白白净净的"80后",也不是学税收专业的,15年工作在最基层的办税服务厅,当个大厅主任能有啥了不起?嘿,您还别说,去了国家税务总局宁夏回族自治区税务局,您就知道啦!

这第一个了不起,就是名气大。大到什么程度呢?有的纳税人为了找马丽,情愿排队等上一两个小时。为啥?他们说,有难题找马丽,服!同事们笑称,马丽啊,就像医院的老专家,专治疑难杂症,不服不行。为此,国家税务总局银川市税务局还专门成立了马丽工作室。这个工作室还被宁夏回族自治区总工会命名为"马丽劳模创新工作室"。以税务干部的名字来命名一个工作室,这在宁夏税务系统还真是开天辟地头一回!大家都说,马丽工作室是方针政策的宣讲室、化解征纳矛盾的治疗室、联系群众的服务室,很多办税难题在这里都能解决。

这第二个了不起,就是业务精。别看马丽不是税收业务的科班生,却是单位里出了名的"政策超市"——业务问题难不倒、纳税咨询问不倒、明察暗访考不倒。有一次,兄弟省份税务局来调研,马丽负责讲解。没想到,一结束,兄弟单位的领导就竖起大拇指,说没见过对新出台的税收政策和业务流程这么熟悉的干部，税收征管法、纳税服务规范倒背如流，连文件号都分毫不差，当即邀请马丽给他们全省办税服务厅主任上一课。这一下，马丽可是名声在外啦！

这第三个了不起，就是口碑好。2018年以来，马丽团队先后收到纳税人送来的锦旗30多面。2018年8月，会计李先生到办税服务厅预缴税款，因申报表填写错误，个人刷卡多缴税费16000元，这笔钱可是他用来给即将上大学的女儿交学费的。"马主任，你赶紧把税款退给我吧，今晚我要赶飞机回老家，没了这笔钱，我女儿的学费可怎么办！"可退税流程最快也要3天。焦急万分的李先生背着行李堵在办税服务厅门口不肯离开，情急之下马丽把自己银行卡里的钱取出来，交给了这位初次相见的纳税人。一周后李先生如期收到退税款，把钱还给了马丽。没多久，李先生还亲自送来一面锦旗，他说："有马丽这样的干部是我们纳税人的福气，你们税务局真是了不起！"

还有一个了不起，就是人气旺。干部翟长林退休后，依然来大厅帮忙做报表，这一忙活就是两个月。票证会计闫文玲拉着同为税务干部的女儿来加班，还笑着说，咱这是大厅工作忙，母女齐上阵。2019年1月金三并库，系统双轨运行，大厅工作压力激增，人手紧缺。关键时刻，两名离职的公益性岗位人员偶然得知情况，主动请战，回来志愿服务一个多月。有人问她们，图个啥？她们说，没别的，就是想马丽姐，想大家了！由于地方政策原因，办税服务厅公益性岗位人员每两年换一批，每一次分别，现场都是抱头痛哭的感人场景。你看马丽，大家争相与她拥抱，难分难舍。马丽有啥魔力？大家说，每个人的生日马丽都记得，每次都自掏腰包给大家送蛋糕；周末，她常常把家在外地的小伙伴叫到家里，开火做饭聊聊天；小伙伴结婚时，她找来局领导当证婚人。要知道，马丽可从来不为自己的事找领导，对别人的事比自己的事还操心。马丽说,姐妹们跟着我一天,咱就不能让她们受委屈!你说,遇到这样的领导,能舍得离开吗?

小伙伴们离不开马丽,就像马丽离不开税收工作一样。马丽的好学是出了名的。刚工作时,她只是个高中生,文化底子薄。2003年,从部队退伍进入税务局后,用4年时间取得大专和本科学历,2007年又自学考取会计师,还多次到会计师事务所学习实务。2016年,马丽又建立起"晨课夕会"制度,利用上下班前后的1个小时,对大厅干部进行业务培训。每天晚上,马丽都会点开税务总局官网,下载最新政策并整理消化吸收,再制作成课件发到大厅每个人的手机上,供大家学习。每天如此,日日坚持,你说,她的业务水平能不高吗!

熟悉马丽的人,最佩服的是她身上的那股子劲儿。每天,她第一个来上班,把大厅所有岗位都要仔仔细细看一遍;下班了,又最后一个走,总结当天的工作,理好明天的思路。用她的话说,早上看一遍,踏实一整天;晚上想一遍,踏实一整夜。这个小姑娘,咋啥事都那么上心呢?

不过,马丽也不是铁打的,也有撑不住的时候。别看她每天能量满满,却是个眩晕症患者,一旦劳累过度,就可能晕倒。第一次在大厅晕倒，可把大家吓坏了，连忙拨打120急救电话，没想到，马丽拒绝上车。她说，我的毛病我知道，缓一会儿就好，咱就别折腾了。果不其然，歇了半小时，她又回到了工作台。第二次，领导说啥也要把她送回家休息。没想到，车到家门口，马丽又缓过劲儿了，坚决要求回去继续上班。送她回家的司机没办法，向局领导"请罪"，说护送马丽回家的任务没完成。这马丽当过兵，现在还把自己当战士，轻伤不下火线呀！都说事不过三，这第三次，局领导实在没招，副局长张国强拿着会议记录本对马丽说，走，咱去市局开会。连蒙带骗，这才把她送进了医院，硬逼着她住院7天。

你说这马丽，她这么拼，为了啥？

荣誉吧，工作15年，她连年获得省、市、县"优秀共产党员"和"先进工作者"，先后获评"全国先进工作者""最美税务人""全国百佳办税服务厅主任"，奖章证书一大摞。

每次面对追问，马丽都挠头，腼腆地说，工作不就应该这样干吗？

你看，这就是马丽，初心不改，奋斗不止，把工作当事业，把岗位当战位，把任务当使命。你说，像这样的税务干部，是不是很了不起呢？

扎　庚　国家税务总局米林县税务局党委书记、局长。他扎根祖国边陲25年，服务群众回报党的恩情，在雪域高原践行"守土尽责、戍边兴税"的使命担当，先后荣获"全国税务系统百佳县税务局长""全国税务系统减税降费专项工作三等功"。

"扎根基层、为西藏税收事业奋斗终身，是我作为一名共产党员的初心。我热爱我的祖国，如果没有党的领导，没有西藏和平解放，我不可能有受教育的权利，更不可能成为一名共和国税务人；我热爱我的家乡，西藏这片美丽的土地只属于中国，虽然我只是一名税务干部，但我们行使的是国家主权；我热爱我的干部，他们远离家乡和亲人无私奉献，用我的人生经历引导他们健康成长，我责无旁贷。"

——扎庚

穿上税服 我也是"金珠玛米"
——扎 庚

在绵延的喜马拉雅山脚下,雅鲁藏布江中下游,有一个面积9500平方公里,2.6万人口的县城——米林县。在这个面积相当于5个深圳,人口却只有深圳七百分之一的县城里,平均每10平方公里才有1户纳税人,每1000平方公里才有1名税务人,9名"税务蓝"始终书写着扎根边陲、守护国土、建设家乡的责任与担当。他们的领头人,就是国家税务总局米林县税务局党委书记、局长扎庚。

为民服务,我们都是"央珍"

在常人看来,县税务局的局长,是个不小的"官"。可扎庚局长却跟我们想象的不太一样。

有一次,上级领导来米林县税务局暗访,可局长办公室的门却怎么也敲不开。一了解才得知,扎庚正在办税服务厅为纳税人办业务。米林县税务局只有9名税务干部,其中6名家还在外地,一旦有人休假,就会出现岗位空缺,时间一长,扎庚就成了所有人的替补。

不仅仅是扎庚,在米林,所有税务干部都一专多能。一天,扎庚照例来到办税服务厅,看到干部多吉正在修打印机,纳税人顿珠坐在旁边,期待地看着。

原来，前段时间顿珠兴致勃勃地买了税控设备准备自己开发票，没想到鼓捣了半天都没打印出一张发票来，一气之下就把打印机摔了，还把摔坏的打印机抱到了税务局。

税务干部还要修打印机？你没听错，在西藏的税务干部还会修税控机、会修电脑、会给乡亲的娃娃们辅导作业。这么跟你说吧，在当地的"阿哒阿佳"（哥哥姐姐）眼里，税务干部什么都会。

1951年西藏和平解放后，从农奴制一步跨入社会主义，虽然身处新社会，但群众文化水平的提升还得慢慢来。由于税务局开门服务，干部们和群众打交道多、态度好，这样一来，当地老百姓遇到困难，第一个想到的，就是到税务局求助。

扎庚想，老百姓的求助，是对党和政府的信任。树靠根、人靠心，咱税务人可不能让他们失望。我们不但要实实在在地帮助群众解决问题，还要让群众通过税务局"一站式"服务体会到"家"的感觉。扎庚自然而然想到新到米林县税务局工作的藏族姑娘央珍。央珍是土生土长的米林人，毕业于浙江大学，品学兼优，大学期间还去过香港、日本等地交流学习，既有家乡情结又有国际视野，绝对是纳税服务的最佳人选。

扎庚的想法得到央珍本人和县局其他同志的一致赞同。说干就干，2020年，以藏族税务干部名字命名的"央珍工作室"在米林县挂牌成立了。这是西藏首家税务为民办实事的品牌工作室。扎庚说："央珍不是一个人，在为民服务上，我们都是央珍。"

你看，多吉身边总有个工具箱，他是修理高手；小菲身上总是带着各式各样的小玩具，她是孩子们的"知心姐姐"；王浩的公文包里有一堆格式文本，他是有名的"王律师"……这不，阿佳巴桑又提了酥油茶过来，说："宝贝女儿昨天数学考了100分，多亏了税务局小刘老师辅导得好。"税务干部与藏族群众亲如一家，他们的脸上都洋溢着幸福的笑容。

穿上税服 我也是"金珠玛米" ——扎 庚

驻边兴税，我们就是"一家人"

说到这里，你是不是很疑惑？西藏条件那么艰苦，米林县税务局就只有9名干部，他们除了干好本职工作，还要帮助群众做那么多的事儿，他们不觉得累吗？

长期坚守在雪域高原，西藏的税务干部其实个个都有自己的难处。家在四川的干部蔡雪，一说到儿子，就眼圈发红："每次休假回家，看到儿子就想去抱，可儿子却一个劲儿地往老人身后躲。看着儿子怯怯的目光，心里就揪得痛，老人做了一桌子菜，一口也吃不下。到了离别的那天，搂着儿子恨不得融在一起。"

陈建华说："我最受不了的是假期结束返程的那天，父母早早起来忙碌，东西塞满一箱子。汽车开动的一瞬间，看到父母拉着儿子站在远处挥手，眼泪就像开了闸的洪水，再也控制不住。"

与家人分离是家在外地的西藏税务干部最大的困难。当年扎庚参加工作的时候，就被分到离家200多公里远的波密县税务局。由于交通不便，从家到单位，他足足走了五天。工作后，每年也只能回家一次。所以，扎庚对此深有感触。他想，这些年轻人不远万里来到西藏、

·11·

建设西藏，是我们尊贵的客人，我一定要让他们在这里也能感受家的温暖，要让税务干部们像酥油和糌粑一样相亲相爱。

每年新入职的干部来到县税务局，扎庚都会亲手献上洁白的哈达。节假日，他和大家一起买菜做饭，教大家吃糌粑、喝酥油茶。他甚至拿起笔，用并不怎么熟练的汉语给干部家属写信。这一写就再也没有停过。

"小刘妈妈您好，最近小刘认识了县财政局一个小伙儿，也是你们江苏的，人不错。相信我的眼光，争取过年给您带回去。"

"小张妈妈您好，千里马要到草原上奔跑，小张在这儿一切都好，上个月还获评了'优秀'，您放心。"

一封封带着温暖和关爱的信飞向大江南北、飞到干部的家乡，也飞进干部的心坎里。大伙儿的心暖了，千里之外的家人们的心也安了。已经调到林芝市税务局的赵淼说起扎庚来，仍是念念不忘："当年扎局长写给我妈妈的信，现在妈妈还会念起。有扎局长在，妈妈对我特别放心，我在西藏工作起来也特带劲儿。"

如果心是近的，再遥远的路也是短的。来自外乡的税务人，在米林找到了家的温暖。

穿上税服，我们也是"金珠玛米"

扎庚是土生土长的藏族汉子，父母曾是穷苦的农奴，为了活下去，冒死逃脱农奴主的魔爪，经历了长达8年的逃难岁月，先后有7个孩子在逃难途中夭折。

西藏和平解放后，扎庚的父母分到了牛羊和田地，又有了6个孩子，并且都上了学。扎庚的二哥成为了一名人民警察，三哥现在是一名光荣的人民教师，而扎庚则考上了重庆税校，是家里第一个走出西藏求学的孩子。

穿上税服 我也是"金珠玛米" ——扎 庚

母亲常常叮嘱扎庚:"我和你阿爸以前是农奴,是'金珠玛米'(藏语'解放军')救了我们,是共产党让我们重生。你能在税务局工作,是我做梦都不敢想的事,是阿爸阿妈这辈子的福报,你一定要珍惜。"

一个农奴的孩子,成了国家干部,"金珠玛米"改变了"差巴永远是差巴"(差巴指旧西藏农奴)的命运。扎庚心里永远感恩党,感恩"金珠玛米"。他暗暗对自己说:"穿上税服,就代表党和国家,就是守护这片土地的'金珠玛米'。"

扎庚每年都会组织税务干部与边防战士一起巡边护边,在平均海拔4000米的巡边路上,趟冰河、翻雪山、战蚂蟥,在风雪边关,留下税务人勇敢而坚定的足迹。

如今的米林,"复兴号"动车开到了家门口,风景如画的南伊沟游人如织。百姓富了,生活好了,祖国的边疆更加稳定了。扎庚和干部们经常开展减税降费宣传,给纳税人缴费人提供贴心服务。

一步跨千年,新旧两重天。扎庚的母亲曾经亲手缝了一面五星红旗挂在自家屋顶,那是村子里升起的第一面国旗。如今的西藏,家家户户的屋顶都有五星红旗在迎风飘扬。

有五星红旗的地方就是家。每周第一天清晨,扎庚都会带领全体干部在税务局的院子里举行升旗仪式。同样的时刻,在西藏120多万平方公里的国土上,从金沙江边到狮泉河畔,从雅鲁藏布江谷地到藏北高原,一面面五星红旗正冉冉升起。

守卫边疆的不仅有部队的钢铁战士,也有我们的税务铁军。在西藏,不止是扎庚,还有2000多名税务人,像格桑花一样扎根雪域边陲,用对党的无比忠诚和对祖国的赤诚热爱,守护着祖国疆域的每一寸土地,建设着绿水青山的幸福家园。

许 艺 国家税务总局北京市东城区税务局财产和行为税科干部。2016年被北京市地方税务局批准荣立三等功；先后荣获"中国好人""北京榜样""北京市优秀共产党员"等荣誉。

> "最美"不是瞬间的迸发，是在长期的工作和生活中，一句真心的鼓励、一声真诚的问候、一次及时的帮助，是无数细节打磨而成的滋养人心的力量。我是一名基层税务人，这份荣誉授予我，其实是授予广大默默无闻的基层税务人。面对一个个纳税人缴费人，我们把国家的税费政策传递给他们，在维护国家税收秩序的同时，也用税费政策为他们提供服务。

—— 许艺

红墙之下的一颗红心——许 艺

红墙之下的一颗红心

红墙巍巍、青砖铺地、八街九陌、鳞次栉比，首善之城中历史与现代交融，伟大和平凡相映，无数故事每天都在发生。今天要讲述的，就是这洪流之中一颗小小红心的故事，这颗心，为家国、为大爱搏动。她叫许艺，来自国家税务总局北京市东城区税务局。

心，为国之大者牵动

举世瞩目的 2022 年北京冬季奥运会圆满落幕，8 年的辛苦筹备赢得了全世界的赞誉，"双奥之城"的精彩在不断延续。掌声、喝彩声的背后，有许多双于无声处托起冰雪五环的手，有无数颗与冬奥同频共振的为国之心，许艺就是其中一个。

时间倒回到 2015 年 7 月 31 日，2022 年冬奥会的举办权花落北京，这让北京成为世界上首座"双奥之城"。但近亿元的改造费和维护费让对国家体育馆实施建设改造的演艺集团犯了难。"别担心，咱们一起想办法！"面对企业财务人员皱起的眉头，许艺整理了厚厚几摞背景资料捋顺资产关系，不断穿梭于不同场馆和单位之间，终于帮助企业明确了奥运资产维护方案，并成功申请了税收减免。

然而，改造工程并没有像大家所期望的那样一帆风顺。2020年，在工程进行到关键时刻，突然暴发的新冠肺炎疫情导致演艺集团收入急剧减少，也让本就捉襟见肘的现金流雪上加霜，改造工程难以为继，难题又一次出现。许艺那段时间嘴上急出了大燎泡，为尽快落实税收减免方案，她熬夜加班整理撰写材料，并与相关部门逐一磋商、反复问询，帮助企业提前三个月完成了税收减免申请工作。

8年以来，许艺她们每年的申报磋商换来了北京市委关于税收减免的特别批示，也换来了美丽的"冰之帆"最终落成！作为冬奥会冰球比赛场地，"冰之帆"见证了中国男子冰球队冬奥历史上首个进球。当赛场上响起热烈的欢呼声，赛场外的许艺也激动万分，她亦是冰雪五环背后的熠熠星辰中闪亮的一颗。

心，为民族实业跳动

国家工程让许艺牵挂，民族实业也让许艺系念。

"大宝，天天见！"这句广告语想必大家一定不陌生，那您知道大宝的爆款产品SOD蜜是在哪里诞生的吗？北京三露厂作为大宝品牌的诞生地，顶峰时期生产护肤、护发、美容、洗涤、香水等产品达100多种，曾创造出护肤品的全国销量神话。但不为人知的是，它还是一家致力于帮助残疾人就业的福利企业，在自动化生产普及的今天，为尽可能多地安置残疾人，三露厂的生产工艺始终坚持手工制作。然而，一段时间，企业却陷入了经营困境：跨国集团凭借标准化、规模化生产和高额营销投入，不断蚕食国内市场份额，民族品牌在激烈的竞争中该如何存续，这么多残疾人该如何维持生计？忧心忡忡的三露厂负责人找到了许艺："请您一定要帮帮我们！"

负责人恳切的话语，让许艺深感责任重大。当她走进生产车间看到一排排生产线上的残疾人工作者时，想到三露厂承载着那么多人的希望，她的心猛地揪紧了：一定要把税收优惠政策落实好，为厂子解决实际困难！她从全链条式税收管理服务入手，逐一比对企业情况和税收政策，精准筛选安置残疾人的利好政策，为几百名工人找到一条生存之路。

当她再次站在厂区前，看到一箱箱日化产品被整齐打包码放，一辆辆送货车接连驶出厂区，许艺知道，厂子活了！

心，为人间大爱跃动

许艺常说，"我不怕困难，我怕的是遇到困难得不到帮助。"10岁那年，母亲曾带她在山村支教，"山里的孩子过得难，咱们能帮的尽量多帮帮"，母亲的这句话在她心里埋下了关怀困厄的种子。

20多年后，许艺的女儿也已近10岁，陪着女儿玩耍的时候，许艺无意中从电视上看到了云南大山深处的上拉堡小学。这所小学身处云南省保山市瓦马彝族白族乡，属于高寒山区，学校里的午餐多是米饭配咸菜，有时能有青菜就已经很难得了，孩子们过得很苦但很知足。看着电视上天真却坚定的双眼、瘦弱却不屈的小身影，那一瞬间，许艺明白了母亲的期许，也明白了怎样将爱的火种延续。她想组织一场公益演出，为上拉堡小学的孩子们筹措营养餐，让每一个孩子的午餐里能多一些肉、多一份营养。

她的想法得到了身边家长们的热心支持，于是"为爱启航"公益募捐小队顺利组建，许多热爱表演的小朋友们成了队员。公益演出看着不难，办起来却绝非易事。经历了找场地、定流程、排节目、发传单的大事小事，克服了时间冲突、节目改换、场地变更的各种困难，"为爱启航"公益活动终于在许艺的精心筹备下，迎来了首场演出并得到了社会各界的积极响应。

此后，又有了画展、公益行……一次次公益活动的成功组织，让山里的孩子们吃上了营养餐，收到了崭新的课本和文具，也让许艺心中爱的种子长成了参天巨木，伸展到更广袤的天地。

心，为平安家园搏动

2020年新冠肺炎疫情暴发后，看到身边的军人、医生朋友纷纷去一线支援，还在过春节假期的许艺坐不住了："大疫当前，我总得做些什么。"

细心的她了解到，很多公交车司机没有足够的防疫物资，一只口罩一戴就是两三天，这样下去极易被感染。为了筹集医用口罩，她想了很多办法。网上紧急求购，找朋友多方打听，发起爱心募捐，一个又一个的电话、一条又一条的留言，等来的大多是"货源紧张"这一令人沮丧的答复。但是她没有放弃，在拨打了数不清的电话后，她终于问到了一批适用的口罩资源，但是需要即刻付款。她毫不犹豫付

了全款。第二天凌晨 4 点就驱车赶到厂门口，排队等待提货，只为第一时间能把 4000 多个口罩送到四惠公交场站一线公交车司机的手里。在疫情防控形势持续紧张的那段时期，许艺又联系、发动了一家爱心企业，向北京市公安局公共交通安全保卫总队捐赠了 10000 余个医用口罩、10 桶消毒液等共计 11 万元的物资，为守护首都健康安全做出了积极贡献。

"我经常用总书记的话来鞭策自己，"许艺说，"把为人民幸福而奋斗作为自己最大的幸福，才能拥有高尚的、充实的人生。"繁忙的工作之余，她会带着孩子们去看望养老院的老人们，给老人喂饭、整理床褥，陪他们聊天、演节目，给他们送去温暖和慰藉。"公益并不是一时，而是一世要坚持的事情。"面对领导同事和亲朋好友的赞扬，许艺总觉得自己做得还不够，只要想到还有自己可以做、能够做的事情，她的步履就不会停下。

从税二十三年，公益十余载，许艺始终在用自己的方式践行为国为民的誓言。她丈量过光滑无瑕的冰面，走进过机器轰鸣的车间，引领过为爱而行的志愿……红墙之下，一颗小小的红心"扑通扑通"地跳动，力量或许微弱，像潺潺的溪流流过，像小小的浪花飞溅，像照亮一隅的烛光闪烁，可当这颗红心连同千千万万的家国之心一同汇成时代脉搏，就有了奔涌向前、永不停歇的江河，有了浩浩荡荡、气势雄伟的涛波，有了如约而至、有光长明的炬火。

张克成 国家税务总局蒙阴县税务局旧寨税务分局税务干部,曾参加过保卫祖国西南边疆的战斗,荣立个人一等战功1次、三等功2次,1999年转业至税务系统。从税23年来,他始终坚守一线岗位,心系山区群众,被当地纳税人和百姓称为"最亲税管员"。2021年6月,被授予"全国优秀共产党员"荣誉称号。

> 我今年已经58岁了,人生中会遇见许多色彩,但我最难忘绿和蓝,绿是"国防绿",蓝是"税务蓝"。不管在军营还是税务局,我始终提醒自己:"我是一个兵,需要我的地方,就是战场!"这些年我走遍了辖区的每一个村落,对山里的一草一木都有深厚感情。扎根山区,为纳税人和百姓做点实事,我并不觉得辛苦,反而感到很幸福。不管到什么时候,我都是党和人民的兵,是纳税人熟悉的老张,只要山区群众还需要我,我愿意一直在这里为大家服务!

——张克成

需要我的地方 就是战场

他是立下赫赫战功的战斗英雄，他是藏在沂蒙山区的税务老兵。

他叫张克成，今年58岁，国家税务总局蒙阴县税务局旧寨税务分局一名普普通通的税务干部，要讲他的故事，还得从39年前说起。

生死之战 他立下战功

1983年10月，张克成光荣参军，成为一名解放军战士。1985年，张克成所在部队下达防御作战动员令后，21岁的张克成第一个写下请战血书。战友说："这是上战场，不是进考场。"他却说："这是上战场，也是进考场。咱是沂蒙老区的兵，这个时候不能怂！"

1985年5月19日，部队奉命开赴前线，接替阵地防御。张克成所在的八连，初期担任军工运输任务，在运送给养弹药的同时抢救伤员，后撤时还要将牺牲的战友遗体背下来。头顶是子弹，脚下是雷区，随时都有牺牲的危险，张克成总是冲在最前面。

1985年9月8日，在收复某高地的战斗中，张克成主动请战，带领五班配合侦察连作战。他不怕牺牲、英勇善战，圆满完成战斗任务，个人荣立一等功，五班也被评为"大功班"。

名利之战　他不忘初心

1999年8月，从军16年的张克成转业到蒙阴县税务局，成了一名普通的税收管理员。县税务局领导考虑到他是"一等功臣"，想安排他在县城工作。

得知岱崮税务分局离县城50多公里，全是难走的山路，条件非常艰苦，一直缺人手，张克成就主动提出到那儿工作，他说："我是一个兵，哪里需要，我就去哪里。"

妻子田永君万万没有想到，盼星星、盼月亮，好不容易把丈夫从部队上盼回来了，却还是没法团聚，这心里呀，一下子就凉了半截！

张克成却说："比起上战场，这又算个啥？"

看着他坚定的目光，妻子也不再言语。

上班的第三天，张克成在办税服务厅，一位纳税人上前咨询业务，他一问三不知，那人当着面就数落道："你啥也不会，穿着税服在这儿晃悠啥？"

这句话深深地刺痛了张克成。没有本事，怎么干好工作？他不会拼音，就翻出儿子幼儿园的课本，家里挂上了"幼儿汉语拼音挂图"，从最基本的汉语拼音和英文字母学起……

他不懂政策，就跑书店搜资料，找同事学业务，硬是花了超出旁人几倍的时间和精力，终于实现了从"门外汉"到个体税收标兵、计算机操作能手的华丽转变。

有了为人民服务的本领，还要有为人民服务的热心。从小听着红色故事长大的张克成，对山区群众总有一种特殊的感情，他从不以管理者自居，而是真正把纳税人当成自己的亲人。

他惦记着纳税人的经营情况——

艾山前村的邢加存在进货途中，不幸遭遇车祸，生意农活都干不了了。张克成知道后，主动为他办理了停歇业手续，每逢路过，都要去看看他，帮他翻翻身子、洗洗手脚，星期天和节假日还会去帮他干点农活、代买药品。很快，老邢就好起来了，他逢人便说："老张的这份情啊，这辈子是还不上了……"

他惦记着合作社的发展前景——

蒙阴县是全国闻名的"蜜桃之乡"。为了拓宽销路，变"单打独斗"为"抱团取暖"，北楼村的几户果农想成立一家果品专业合作社，不知道咋办，便找张克成求援。

在张克成的帮助下，很快，"迎仙果品专业合作社"成立了。这些年，合作社的业务越做越大，入社果农285户，平均每户年增收2.3万元。果农们感激地说："我们的好日子，多亏了张克成！"

他还惦记着那些家庭困难和需要帮助的人——

2018年，他将获得"山东省先进工作者"的10000元奖金，捐给了5名贫困学生；2019年，他又将获得"全国模范退役军人"的10000元奖金全部捐献出去。

能为山区群众做

点事，给需要的人提供力所能及的帮助，他感到很幸福。

得失之战　他公而忘私

23年来，张克成有多次回城的机会，但他都选择了放弃。

有一次，县税务局领导主动跟他说："你是'一等功臣'，又在基层工作了这么多年，想进城的话，县局优先考虑你。"

"我非常想进城。"张克成坦率地说。

是呀！这些年来，他对家庭照顾得太少，愧对妻儿。

可想法提出后，他一遍遍地问自己：张克成，你还是个兵吗？当年祖国需要的时候，你冲锋在前，难道现在你就做不到了吗？

第二天一大早，张克成就跑到局长办公室，斩钉截铁地说，要继续留在分局。

他说："我想留在离老百姓最近的地方，双脚踏在这片土地上，浑身就充满力量。在战场上，人在阵地在，工作就是战场，岗位就是阵地，没有人来接守，我不能撤！"

其实，同事们都心知肚明：哪里是没有人来接替他呀！是他总觉得年轻人比他更需要回城，他们有更远大的前途，能实现更大的价值。

几十年来，他一心扑在工作上，对身体的大小毛病，早已"置之度外"。

2018年12月7日，张克成在作为临沂市人大代表观摩企业时，突发心血管堵塞，需要马上进行手术。第一次手术之后，他体内安放了3个支架，之后又辗转泰安、济南，一共植入8个支架，这凶险的病情才算得以遏制。稍一稳定，出院后的第三天，上班心切的张克成又准时出现在单位里。

看到他来上班，局长急了，"老张，你怎么就这么固执呢？你岁数不小了，做了这么大的手术，只休息这么几天，身体怎么能吃得消啊？！"

"局长，您就放心吧！我的身体我知道，没问题的，现在正是减税降费的关键节点，我在这儿待的时间长，这里的纳税人我都能叫上名来，干这个工作我可比年轻人要合适多了。"

局长最终也没拗过他，只能同意了。

就这样，张克成蹚过了无数的田间地头，走遍了辖区的每个角落，确保把减税降费的政策红利送到每一位纳税人手中。

这些年，他长途跋涉、翻山越岭，走过的山路长达20多万里，相当于10余次万里长征。他用脚步丈量土地、用真情服务群众，把党的温暖送到了千家万户、送到了老百姓的心坎上……

"路的尽头还有路，山的那边还是山。近邻尚得十里远，世上最亲税管员。"这首流传在岱崮山区的民谣，唱出了百姓的感激，也诠释了老张的坚守。

疫情之战　他冲锋在前

2020年初，新冠肺炎疫情来袭。习近平总书记强调：同心同德、众志成城，坚决打赢疫情防控的人民战争。张克成意识到，一场新的"战斗"打响了。

这一次，作为一名税务人，老兵张克成又成了一名战士，他要在新的战场上，打出税务铁军的风采。

他像战士一样奋不顾身，下沉社区、巡查消毒、管控卡口，马不停蹄地往来于居民之间，每天值班10多个小时。

他像战士一样冲锋在前，电话连线、微信答疑、视频辅导，开通绿色通道，助力企业复工复产。

他像战士一样慷慨激昂，第一时间交纳5000元特殊党费，又捐出1000元爱心款……

小区居民激动地说："你们尽心，我们安心，真是太谢谢你们了！"

初心不因路途遥远而改变，使命不因风雨坎坷而淡忘。

张克成时刻告诫自己："我是一个兵，需要我的地方，就是战场！"

从"国防绿"到"税务蓝"，他始终是一名战士，以军人的姿态投入工作、生活，在人生的战场上活出了一个共产党员该有的样子。

张学东 国家税务总局武汉市税务局第三税务分局（税收风险管理局）局长。在"智慧税务"建设中，他率领"张学东工作室"研发应用了一系列管理与服务软件，为推进依法治税、打击涉税犯罪、优化税收管理与服务作出了重要贡献，被授予全国"人民满意的公务员""全国税务系统先进工作者""湖北省优秀共产党员"等荣誉。

> 从"预警快""捕虚网"到"智税芯"，8年时间，9个税收管理服务软件，创新攻坚之路并非坦途。"聚财为国"是我们税务人的本分，"服务为民"是我们共产党人的本色。初心易得，始终难守。我将永葆初心使命和责任担当，带领"张学东工作室"运用税收大数据，积极投身智慧税务建设，在风险防控的主战场发挥更大作用！

—— 张学东

税务"尖刀班长"

一个有智慧、爱琢磨的人

2020年,新冠肺炎疫情突袭武汉。就在阖家团圆之际,"封城"令下,400万市民被困在家中。

危急关头,武汉市4万多下沉党员奔赴3000多个社区,张学东是国家税务总局武汉市税务局最早下沉的突击队员。

连续60多天,张学东每天在狮南社区守大门、扛物资、量体温、捐钱捐物……下沉党员干的事,他样样不漏,还格外卖力,被社区推选为临时党支部副书记、洪山区"抗疫先锋"。新华社记者专门采访了他,一篇《下沉党员防疫工作组临时党支部里藏了位"税务尖兵"》的报道,短短几天网上浏览量就近百万。

2月中旬,为尽快摸清底数,武汉市启动了为期3天的拉网式大排查,张学东和另外2名下沉党员担负起232户居民的排查任务。

一层层楼跑,一户户门敲,登记信息、了解情况。2月的武汉,天还很冷,张学东他们却常常汗湿了衣裳。

那个时候的武汉,每一条感染信息、每一位身边人感染,都牵动着居民脆弱的神经,他们的情绪随时都可能崩溃、爆发。

张学东负责的几个楼栋因为发现 6 名确诊病例，居民们把心提到了嗓子眼，其中 12 户居民甚至拒绝一切外界联系：敲门不应、电话不接，看不到人影、听不到声音，几乎成了"隐形人"。这给入户排查带来了极大挑战。

怎么办？

张学东开始琢磨起来。他把眼睛盯上了家家户户的水表：水表止码最能反映家庭生活情况，数字在动，就代表这家有人。他和小区物业一起想办法。"隐形"的居民终于打开了大门，排查任务顺利完成。

就这样，"水表数据比对法"在整个社区推广开来，3 天、2913 户大排查，做到了"不漏一户、不漏一人"。

4 月，疫情开始好转，团购、外卖渐渐多了起来，小区快递堆成了山。这时，张学东却嗅到一丝不安。居民扎堆翻找快递，极易引发交叉感染。

张学东又动起了脑筋。通过仔细观察和统计，他记下所有进入小区的货物来源，按网购平台进行分类。在小区广场地上划出网格，货物分区摆放、一目了然。细心的他，还给每个平台标识加上了雨水防护套。人挤人、翻快递的场景从此不再。

习近平总书记强调，"各级党委、政府和各级干部要扛起责任、经受考验，既有责任担当之勇、又有科学防控之智"。

这一仗，张学东干得漂亮！

一个善创新、敢攻坚的人

说起税收信息化，很多人都觉得是个高精尖的活儿，不好搞！可张学东心里装着使命，衣襟沾满星光，他率领团队就像变魔术一样，8年研发9个应用软件，从"预警快""轻松填"到"捕虚网""智税芯"，推动全国税收管理和服务信息化不断升级，挽回和避免国家税收流失60余亿元。

2015年，为快速锁定虚开发票等违法行为，"预警快"软件横空出世，并陆续由1.0版升级到6.0版，成为税务人追捧的"爆款"，受到税务总局王军局长的批示表扬。

张学东团队一路披荆斩棘，先后主导研发"分析准""实名领""打击狠""票链通""面签制"等多款应用软件，成为湖北税务在营改增、增值税改革、发票治理和国税地税征管体制改革中的"金字招牌"。

为了进一步深化税收征管改革，实现税收"精准监管"目标，张学东率领团队集成开发"捕虚网——增值税发票一体化管理服务监测分析平台"，有效破解了从"以票管税"向"以数治税"转变的难题。2021年7月，他在中宣部举办的中外记者见面会上，重点推介"捕虚网"，向社会各界展现了捍卫国家税收安全的坚定信念。

随着大规模减税降费政策陆续出台，更多纳税人在享受改革发展红利的同时，如何填好复杂的申报表，成了一件犯难的"技术活"。

纳税人的难事，就是张学东的心事。经过25天的奋力攻关，一款名为"轻松填"的辅助申报小软件成功问世，实现了在手机上轻松学习、模拟申报。

这样一来，"技术活"一下子成了"轻松活"。

而这项创新，在2020年疫情期间更是派上了大用场。为支持企业战疫，财政部、税务总局先后出台7批次28项税费优惠政策。政策多、发布快，纳税人难以全面掌握，申报漏填、错填明显增多。

张学东和他的团队再次挺在了前头。他白天下沉社区抗疫，晚上与队员们一起攻坚，没日没夜地干，好像忘了病毒就在身边、警报还没解除。

张学东就是这么"一根筋"，他认准的事，决不会轻易改变。经过20多天"白加黑"的研发，"轻松填——疫情防控版"终于在这个特殊时期上线。自动填写、免算填报、"一键享受"的便捷体验，让"轻松填"在湖北省电子税务局刚刚上线，点击使用量就突破230万户次。

在倾情服务纳税人的同时，张学东的眼睛还时刻盯着防范虚开发票的主战场。疫情期间，张学东和他的团队就成功阻断一起趁着"非接触式"办税便利，实施骗领发票虚开的税收违法犯罪行为，并再次升级完善了"预警快"系统。

2020年4月8日，武汉"解封"，抗疫取得了决定性胜利。这时，武汉经济已停滞了3个月。

用税收之力推动经济发展，税务总局王军局长格外关心，税务总局搭建"35+1"全国税务系统帮扶湖北企业复工复产平台。刚从社区撤回的张学东风尘未洗，便迅速投入了新的战斗。

"没有原料，怎么生产？"下游企业焦急万分。

"没有销路，不敢生产！"上游企业担惊受怕。

电话那头的老板们唉声叹气，电话这头的张学东感同身受。他再次沉下心来，向税收数据要答案。他发现，受疫情影响，企业上下游复工复产有快有慢，但仅凭企业一己之力，难以准确匹配供需信息。

企业难做到，增值税发票可以帮上忙。

一遍遍分析、一次次研讨、一个个试验，张学东自创了"四步工作法"：第一步，筛选本地销售额减幅较大的企业；第二步，匹配该企业购销金额减幅较大的上下游企业；第三步，将上下游企业信息推送至所在地寻求支援；第四步，实时监控指标变化，供领导决策。

数据为"媒",牵线搭桥。一批批名单下发,一批批企业对接,上下游产销链顺利打通——

"新疆定了我们30万元的货!"海德龙公司前来致谢;"重庆给我们送来2000万元的轮胎!"上汽通用传来喜讯……八方援鄂的场面,再次因税收数据火热起来。到5月中下旬,武汉企业复产复销率高达80%以上。强劲的数字背后,也有张学东这个税收"红娘"的一份功劳。

一个重情义、讲孝道的人

有人说,教会徒弟饿死师父。张学东可不这么想,他教徒弟毫无保留,大家都打心眼儿里敬佩他这个师父。"张学东工作室"2016年正式挂牌,从最初9人发展到现在200多人,徒弟越来越多,也越来越有本事、有出息,在各自岗位上迅速成长为业务尖兵。陶鹏宇成了第五批全国税务领军人才培养对象,谭月庆走上副处级领导干部岗位,刘晓柳、钟晖等5名干部获评副高级职称。"张学东工作室"先后被授予"武汉市十大优秀党建品牌""武汉市职工(劳模、工匠)创新工作室"称号,被誉为湖北税务创新人才孵化器。

"点亮一盏灯，照亮一大片。"这是张学东一直笃信践行的箴言。他持续摸索团队人员储备机制、学做结合机制、例会项目机制、离队同岗机制等带队育人机制，为引才、育才、用才和人才脱颖而出开辟丰沃的土壤。每有新政策实施、新平台上线，张学东总是第一时间更新知识、拟定课件、开展教学培训，及时为系统内外的同事和纳税人解疑释难。近6年来，他累计授课不下100场，上万人听过他的课，大家亲热地称他为"张教授"。

这位人气爆棚的团队"带头大哥"，这位干起工作不要命的"加班狂魔"，在父母心里，却始终是个不折不扣的"孝顺儿子"。

张学东的父亲患有阿尔茨海默病，很多事已记不清了。母亲说，父亲每天都会把儿子的证书、奖状拿出来翻一翻，放回去，再拿出来。

为了更多地陪伴老人，不管工作多忙、加班到多晚，张学东都要利用周六时间，赶回家给爸妈做一顿饭，多少年雷打不动。

借着到北京领奖的机会，张学东把年迈罹病的父母也带到了北京，看天安门、逛故宫、吃烤鸭……父亲总是紧紧跟着他，随身包里装着的竟然是他的获奖证书和奖牌！

"那一刻，我突然觉得爸妈老了！"张学东动情地说，"父辈的期许，是我做人做事的不竭动力。而穿上这身'税务蓝'的我，能为国家、为税收事业不懈奋斗，则是父母最坚实的依靠、最上心的骄傲！"

陕 闪 国家税务总局深圳市税务局第一税务分局干部，首批全国税务领军人才。作为新时代的特区税务人，她精学细研、不断提升，先后取得注册税务师、法律职业资格、国际注册内部审计师、国际注册内部控制自我评估师等多项资格证书，2021年获评深圳市"十大百姓学习之星"。

> 感谢组织的培养和肯定，感谢领导同事的帮助和支持。今后，我将继续保持对知识的好奇，加强学习，提高素质；保持战胜困难的勇气，事不避难；保持谦虚谨慎的品格，以拙求进；保持敢于担当的锐气，勇于奉献。
>
> ——陕闪

红星耀税月 领军作先锋——陕 闪

"红星闪闪放光彩,红星灿灿暖胸怀……"首批全国税务领军人才、国家税务总局深圳市税务局干部陕闪的名字,总能让人联想起红星的闪耀与光芒。

见到陕闪,一切似乎都没有改变,仍是轻言慢语,气质温和淡然,让人如沐春风。但了解陕闪的人都知道,她内心住着一个乐于挑战自我的灵魂,她把那股子不服输的韧劲儿和钻到底的倔劲儿在工作上发挥到了极致,成了耀眼的那颗星。

学习之星——在自我精进上坚持不懈

"进入税务系统的前10年,我基本是每天最后离开办公楼的人之一。"说这话时,陕闪眼中流露出坚定的信心和淡定的底气。

1997年,香港回归前夕,陕闪作为解放军军官,跟随部队抵达香港,开启了驻港时光。军旅生涯结束后,她转业到深圳市国家税务总局。作为一名没有任何财税基础的"小白",意味着一切都要从头再来。

"刚开始领导照顾我,把我安排到行政岗位,但是,我还是想学税收业务。"陕闪说。

从此，无论是通勤路上抑或出差途中，总能看到她拿着书本认真研读。"有一次我在电梯里遇见陕闪姐，跟她打招呼，她却没反应。我拍了拍她，才发现她戴着耳机在听英语呢。"同事易文君说。

陕闪的爱人在公安系统工作，平时也很忙。那几年，孩子刚上幼儿园，每到周末，孩子在兴趣班上课，她就在附近的图书馆自习。就这样，她从会计从业资格证书考起，先后完成了经济法专业的硕士研究生学习，取得税务师、法律职业资格、国际注册内部审计师、国际注册内部控制自我评估师等多项资格证书。

因为专业知识扎实，2006年底，她转到了税务稽查岗位，这一干就是10年。

2013年，她更是以笔试第一、总成绩第二入选首批全国税务领军人才，2021年获评深圳市"十大百姓学习之星"。

领军之星——在带队育人上言传身教

"成为首批税务领军人才学员是我职业生涯的重要转折点。"陕闪把4年领军培养路定义为重新认识自我、构建自我的珍贵历程。

2013年11月，100多名首批全国税务领军人才学员集结在瘦西湖畔，开启了为期2个月的集训。刚开始，陕闪有点儿迷茫。"进入税务系统前10年努力积累起来的自信，忽然被打碎了，因为大家实在是太强了。"陕闪说。

"困难面前有领军，领军面前无困难！"陕闪迅速调整状态，直面挑战。领军人才培训期间，她自我加压，撰写的《稽查工作信息化思考》被《税务教育（全国税务领军人才培养专刊）》采用，受到国家税务总局王军局长的肯定批示。

红星耀税月　领军作先锋——陕　闪

"4年领军培养的结束，也是对我真正考验的开始。结业后，我要开始展示领军人才的真正使命。"首批全国税务领军人才培养结业时，陕闪写下了这样的感言。

领军，必须有信仰。在政治理论学习中，作为一名有着23年党龄的老党员和支部书记，陕闪积极组织支部人员开展党史学习，坚持走"党建+人才+创新"的路径，引导局里的青年干部不断坚定理想信念。

领军，必须善带队。陕闪所在的综合业务科，被称为"人才培养基地"。作为代培导师，在线上，她组建讨论室，定期分享各类政策解读，大家各抒己见，总能碰撞出思想的火花；在线下，她创建大企业人才库项目制培养模式，鼓励青年干部钻研业务疑难。2021年5月，她指导的5名年轻干部组成讲师团，在线上为大企业开展纳税辅导，吸引近16万人次观看。她所在的科室也荣获深圳市"青年文明号""巾帼文明岗"等荣誉。

服务之星——在服务企业上不断创新

2015年6月，在组织安排下，陕闪从稽查岗位转到刚刚成立的深圳市国家税务局大企业税收管理处，开始专攻大企业税收管理。在深圳，龙头企业、总部企业集聚，新产业、新业态发展快。陕闪说，自己必须不断学习充电，才能在服务手段、服务方式上不断突破创新。

有一次，陕闪带团队到某集团调研，财务人员"吐槽"：同一类型的业务，经常要跑大半个深圳才能把事情办完，真希望在一个办税服务厅就能办完所有业务。

财务人员的话深深地触动了陕闪。为此，她到该集团财务部"蹲点"，和财务人员一起办理每项业务。回到分局后，她立即向领导汇报了相关情况，成立工作专班。她跟团队梳理了几百份数据资料，与十几个主管区局反复沟通，借助专业部门力量，多次升级改造系统，最终实现了集中管理的税收功能。该集团在深企业实现税收在总部所在区局集中办理，全年纳税申报次数减少了480次。这一工作成效获得了深圳市政府领导的肯定性批示。

在大企业税收风险管理方面，陕闪提炼出摸清税务内控、讲清税收政策、查清涉税风险、核清重大事项、理清工作流程的"五清"工作法。面对某集团错综复杂的跨境股权转让案件，她抽丝剥茧拆解集团5层架构7次转让的跨境重组事项，为国家挽回税款损失1.5亿元。

2020年底，工信部发布第二批专精特新"小巨人"企业名单，深圳有36家企业入选。陕闪带领团队立即行动，运用税收大数据，结合现场调研，撰写了《深圳市"小巨人"企业发展现状及问题》的调研报告，获得了税务总局和深圳市委领导的高度关注和肯定，并推动了《国家税务总局深圳市税务局优化"小巨人"企业税收服务工作方案》出台。

星光不负赶路人，唯有奋斗最动人。成绩的背后，是陕闪不忘初心的坚守奉献，是以梦为马的厚积薄发。把最美的青春奉献给最热爱的事业，收获历练与成长，这大概就是最美的样子。

赵小冬 国家税务总局赣州市税务局党委书记、局长。2022年2月履新之前，他从事税务纪检工作十多年，忠诚履职，秉公执纪，用行动守护税务事业，用纪法维护政治生态，引导税务干部向上向善，先后荣立个人二等功1次、三等功3次，被评为"优秀共产党员""优秀公务员""全国税务系统先进工作者"，2021年被授予"全国五一劳动奖章"。

> 监督执纪问责是党赋予纪检干部的神圣使命。我在税务纪检岗位十余年，清楚地知道纪检工作对保护干部政治生命、家庭幸福、事业发展的重要性。在工作中，别人攻不下的难题我上，别人怕惹麻烦的事我来，有时候被人不理解，甚至被人埋怨，但我始终坚信：严管就是厚爱，干纪检不是为了惩罚人，而是为了治病救人。

—— 赵小冬

冬日暖阳

习近平总书记在庆祝中国共产党成立 100 周年大会上的讲话中强调：坚持依规治党。

规矩是先行者的共同约定，是探索者的智慧结晶，是跨越百年的根本遵循；规矩是一声承诺，决定了就要用生命坚守，加入了就要用一辈子践行；规矩是铁的纪律，是血的教训，是凝聚力的保障，更是战斗力的源泉。

约束是为了更好的发展，限制是为了更大的自由，没有规矩，不成方圆；以规矩之剑，铸税务铁军，他是捍卫党纪执剑人，他是税务纪检干部——赵小冬。

你眼里的税务纪检干部是什么样子？

虽然身穿同一套制服，在同一口锅里吃饭，但他们总是忙忙碌碌，经常加班，经常出差，问什么都说保密。有人开玩笑说："他们越忙，我们越慌！"

有这样一位纪检干部，他深爱纪检工作，十多年来一直用"忠诚红"守护着"税务蓝"。他，就是国家税务总局赣州市税务局党委书记、局长赵小冬，2022 年 2 月履新前担任国家税务总局江西省税务局党委纪检组副组长。

规矩，严如寒冬

2012年，赵小冬刚到纪检部门不久，一位老同事因受贿5万元被判刑。同事的妻子哭着问："为什么不早点发现，拉他一把？"她那绝望无助的眼神深深地刺痛了赵小冬。从此，赵小冬深刻理解了严管就是厚爱的意义！

江西境内有大小河流2400余条，水电资源丰富。水电产业的迅猛发展为江西经济带来了巨大的红利，也给相关人员带来了巨大的诱惑。这时，一封举报信寄到赵小冬手上，反映某市税务局一名领导在水电站入股分红。赵小冬核查发现，现有企业登记材料上，写的都是那位领导亲属的名字。

党的十八大以来，随着制度的笼子越扎越紧，违纪违法的手段也越来越隐蔽。魔高一尺，就要道高一丈，打铁的人必须先成为铁打的人。满满21本笔记、超过10万字的学习心得，让赵小冬练就了过硬的本领。为把问题查清，他调取水电站分红转账记录，与相关人员谈话。

那位领导和赵小冬交情不错，电梯里相遇时半开玩笑地说："小冬，都是朋友，至于这么较真吗？"

说不犹豫，那是假的。

查，多年的交情就没了。不查？对得起组织的信任、肩负的职责吗？

想起那道绝望无助的眼神，赵小冬的犹豫变成了坚定。在海量复杂的数据中，他敏锐地发现了对方与亲属、亲属与水电站之间的异常资金往来。有人求情说："大家都是同事，能不能抬抬手、放一马？"

赵小冬说："抬手可以，但抬不过我心里的那道坎儿！"

后来，那位领导受到了应有的处分。

赵小冬，有着寒冬般的严厉。但在严厉的背后，却藏着对税收事业的深情大爱。

党中央制定中部崛起战略，让江西革命老区的经济发展焕发出新的生机活力。税务干部服务着全省152.4万户纳税人、1700多万自然人，他们收受的一条烟、一个红包，都可能撬动几十倍，甚至上百倍的非法利益。严肃执纪，才能防止小错酿成大祸，才是对税务干部真正的厚爱。

但有些人不理解，甚至有审查调查对象当面嘲讽赵小冬："处理了我，你的先进事迹又可以多写一笔了吧！"赵小冬心里却想的是，既然组织让我们干纪检，我们干的就是得罪人的事儿。怕得罪人，就不要干纪检。虽然今天我们得罪了几个人，但能警醒更多的同事，这就是在保护全省两万多名税务干部！

担当，为税护航

严管厚爱，不仅是刀刃向内查处问题，更要营造风清气正的政治生态。赵小冬和同事探索创新"三单一平台"，加强政治监督；利用江西丰厚的红色资源，开展警示教育；针对不实举报，及时反馈澄清。

2017年9月，江西省税务局纪检组多次收到匿名举报，反映某市税务局主要负责人在选人用人上存在不正之风。赵小冬核查了解，原来该局为缓解领导干部队伍年龄偏大的问题，选用了一批优秀的年轻干部。可个别干部不理解，认为自己吃了亏，反复多次进行不实举报。

核查组一次次开展初核，一批批找人谈话，指向的都是那位主要负责人。一时之间，风言风语不断。当时正处于国税地税征管体制改革的关键时期。平稳有序推进改革，七个阶段挂图作战，需要担当作为者！完成全年税收任务，落实减税降费政策，需要干事创业者！

不能让担当作为的人寒心！

赵小冬毅然启动了公开澄清程序。有人劝阻："匿名不实举报，查完就可以了结，不需要反馈。为他人公开澄清，是要担风险的。多一事不如少一事。"

赵小冬说："不能只想自己担的风险，就忘了别人背的包袱。怕担风险，就不要干纪检！"

在江西省税务局党委的支持下，赵小冬到该局召开中层干部大会，对不实问题予以澄清。那位主要负责人终于可以轻装上阵。

税收事业高质量发展，广大税务干部面对减税降费、疫情防控、社保非税划转等一场场大考，没日没夜，任劳任怨，铁军的枪管子都打红了，需要有人在背后保驾护航！

大爱，自有暖阳

为担当者担当，就是为税收事业担当。

赵小冬，还有着暖阳般的温情。

一幅写错单位部门和职务的锦旗，背后却有一个感人的故事。2020年底，正在上班的赵小冬突然接到一个陌生电话，对方情绪激动，语气很冲："有人胡作非为、胡搞乱搞，你们还管不管！"紧接着就是一堆夹枪带棒的话。

赵小冬等对方冷静下来，认真询问原因，原来这名纳税人因经济纠纷举报某企业，没达到目的就告税务干部。

纪检组工作很忙，但赵小冬知道，每个鼓起勇气举报的背后，都是群众对改进工作的殷切期盼，都是群众对税务纪检的真诚信任。他耐心倾听，仔细解释。两个月内，两人通话超过30个小时。最终，赵小冬解开了举报人的心结，换来了他对税务工作的理解和支持。虽然他没弄清楚赵小冬是谁，但他知道赵小冬为了谁。

30个小时的通话，只为解开一个心结，值吗？值！税务纪检干部面对信访举报，回应群众关切积极一点，征纳关系就会更和谐一点！化解矛盾及时一点，党的执政基础就会更稳固一点！怕麻烦，就不要干纪检。

当年苏区干部好作风，日着草鞋干革命，夜打灯笼访贫农，真正把人民群众装在了心里。今天，江西税务为了更好地服务纳税人缴费人，全省429个办税场所都设立"龚全珍工作室"，满足群众差异化办税需求，打造便民利民为民的党建品牌；上线"非税收入信息互联互通平台"，让群众足不出户缴费办证……在这片充满红色记忆的红土地上，税务干部正在为江西的经济发展砥砺前行，税务纪检干部则在背后默默约束和守护着这支铁军。

在赵小冬积极工作的背后，是父母妻儿的默默支持。赵小冬的父母都已年过七旬，以前住在农村，赵小冬每周都会尽量挤出时间，回去看看他们，帮他们打理打理菜园子。近几年，赵小冬把他们接过来住在一块儿，但因工作繁忙、经常出差，一家人依然聚少离多。儿行千里母担忧，但母亲总是把牵挂埋在心底。2021年初，母亲突发脑梗晕倒，醒来后眼睛在病房里找了一圈又一圈。老伴问："是不是在找小冬啊？"她点点头，然后又摇摇头说："莫告诉小冬啊！"

2021年4月27日，税务总局王军局长亲切接见了赵小冬，母亲知道后第一时间发来信息说，她和小冬的爸爸都很高兴，笑得合不拢嘴。知道总局领导、省局领导都像父母一样关心着小冬，要小冬一定要更加做一个勤奋老实的人，更加扎实把工作做好。

在当天的日记里，赵小冬这样写道："领导对我深切关爱，母亲对我殷殷嘱托，今后我要更加努力。如果我的一次谈话、一句提醒，能够真正警醒并挽救违纪的同事，那将是对我最好的奖励。"

税务纪检干部对税收事业的热爱，不同于纳税服务的春风十里，不同于税源管理的颗粒归公，而是用更加深沉的方式，致力于营造海晏河清的政治生态，构建风清气正的廉洁税务，保障税收事业的行稳致远。

黄　伟　国家税务总局青岛市税务局稽查局局长。他带领团队创新税务稽查信息化战法"三项技术",在全国精准打击"假企业""假出口""假申报"虚开发票、骗取退税及税费优惠违法犯罪中发挥了重大作用,获全国打击虚开骗税违法犯罪两年专项行动工作成绩突出个人等荣誉称号。

> 获得这份荣誉,首先是感恩,感恩时代赋予了我们拼搏奋进的时机,感恩祖国的繁荣昌盛给予我们奋斗的沃土,感恩党的不断教诲让我信念坚定。其次是感谢,感谢组织的培养,感谢团队的帮助和家人的支持。最后是激励,在未来的工作中,我将把荣誉化为动力,在税务稽查岗位上履职尽责,不负韶华,不负期望。

——黄伟

税海"护堤人"——黄 伟

税海"护堤人"

2020年9月28日7时30分，就在全国人民喜迎国庆、中秋之际，一场由青岛税务、公安联合专案组精心筹划的异地抓捕行动悄然展开……

为了这一天，国家税务总局青岛市税务局稽查局副局长黄伟带领团队，克服新冠肺炎疫情带来的不利影响，与骗税分子斗智斗勇，已经连续奋战了200多个日日夜夜。

究竟是怎样一起骗税案件，让身经百战的黄伟团队查办得如此艰辛？

"三项技术"克难关

了解出口退税业务的同志都清楚，骗税常与买单配票相伴，有些骗税案件，如果找不到真实货主，就只能定性为处罚较轻的违规申报退税。

为全力推动"双打"（打击虚开增值税专用发票、打击骗取出口退税违法犯罪）工作，市局党委要求坚决打击骗税，维护经济秩序。主攻的重任就落到了黄伟的肩上。

面对骗税定性这一难题，黄伟暗下决心：打，就一定要打痛；攻，就一定要攻克！

就在此时，涉嫌骗税的"7·15"案进入了他的视野。在这起案件中，几家经营服装出口的企业，异地报关舍近求远，在敏感地区采购货物，经排查发现，企业经营人员竟从未踏入青岛半步。在专案组看来，这是买单配票骗税行为的一贯做法，疑点很明确。到外地取证找出真实货主，就成为了案件的关键。

2020年春节期间，正当专案组蓄势待发，准备正月初七奔赴上海等地开展侦查之时，疫情突袭而至。全国各地人流、车流纷纷被切断，侦查工作不得不按下"暂停键"。

怎么办？难道前期的侦办成果就要付诸东流了吗？骗税分子多逍遥一天，国家税款就多一份损失。专案组成员纷纷出谋划策，如果通知当地公安机关实施抓捕，行不行？不行，尚未完全掌控犯罪团伙，不能打草惊蛇。那暂时冻结案件，等疫情结束后再继续侦办，行不行？也不行，线索一旦断掉，将来侦办则无从下手。

看着案件陷入困境，黄伟的思绪不禁回到2018年。

那年4月，税务总局下发了一系列虚开案源，黄伟第一时间带队出击，没想到涉案企业早已人去楼空，专案组一记重拳仿佛打到了空中。

这些企业到底在哪里？他们还在青岛吗？他们究竟是不是一个团伙？针对这些问题，黄伟团队深挖发票数据中的潜在价值，首次将开票设备信息与电信数据充分融合，对虚开窝点实现精准定位。由此，集"甄别、区分、定位"于一体的"三项技术"初现雏形。

运用"三项技术"，他们判定虚开团伙正在济南某小区活动。然而，在侦查的最后环节，意外出现了——锁定的嫌疑车辆在小区的车辆进出系统中居然没有任何记录。热心的物业经理跑前忙后，帮着专案组找监控、问邻居，也没有获得有用信息。

抓捕在即，问题出在哪里？黄伟带领团队连夜研判、蹲点摸排，真相终于浮出水面：小区物业经理居然被犯罪分子收买，对车辆进出系统做了手脚。障碍得到排除，主犯被当场抓获，"三项技术"得到充分验证。

同年9月，国家税务总局王军局长在听取青岛税务"三项技术"专题汇报后，欣喜地说：实践证明，"三项技术"是打击虚开的"杀手锏"，是社会共治的"粘合剂"，是解决征管难题的"金钥匙"。

正是这个"杀手锏"，成了全国税务稽查系统打击暴力虚开的"必杀技"！而王军局长的肯定，更为青岛税务稽查人增添了愈战愈勇的底气！

数据"利剑"斩凶顽

2018年11月，一个更大的挑战来了。

国家税务总局决定，对当时金额最大、链条最长、辐射最广的某涉煤虚开大案，由青岛市税务局作为项目组组长单位，联动全国予以查办。黄伟又一次带队出征！

可是该团伙案的虚开源头并不在青岛。按传统方式，若上游企业不能定性，青岛公司作为案件的中间环节，如何

结案？

要打破常规，另辟蹊径。"中间开花，辐射两端"的查办思路应运而生！黄伟团队依托全国首个省级"四部门联合办案指挥中心"，分析发票数据1亿多条，查证银行资金80余万笔，对虚开成员精准画像，精确锁定。最终，青岛税警历时6个月，对这起涉案企业遍布全国，涉案金额高达365亿元的虚开大案，实现全链条击穿。此案的成功查处，填补了打击煤炭虚开领域的空白，被公安部评为2019年十大精品税案。

犯罪分子自认为"技高一筹"，殊不知，在稽查大数据面前，他们早已成了"透明人"。想到这里，黄伟对"7·15"案的查办又充满了信心。而当下，案件的突破就是要拓展部门合作，要唤醒沉睡的大数据，一场真正的攻坚战已然打响！

疫情限制了人员的流动，却限制不了数据的交互。黄伟团队第一时间联系外汇管理局和公安反洗钱部门，获取涉案人员资金信息，又与快递公司建立合作机制，共享涉案人员物流信息。黄伟团队在全国率先将四部门合作版图，拓展到外汇管理局、公安反洗钱以及物流领域。

通过银行资金信息，他们勾画出骗税团伙的交易网络；通过快递物流信息，他们发现了犯罪分子的藏匿窝点；通过海关舱单信息，他们找到了出口环节的真实货主，涉案企业果然是冒用他人身份报关出口。骗税分子的"狐狸尾巴"终于被揪住，定性骗税板上钉钉！

获知这个消息，公安税侦大队的战友们高兴地说，"以前查办骗税案，最担心证据不足难以定性。现在手里有了'大数据'这把利剑，办案的信心更足了"。

2020年9月28日，"7·15"案收网的日子终于到来。税警联动一举抓获犯罪嫌疑人11名，涉及退税2.3亿元。而这，只是青岛税务稽查人破获案件中寻常的一次。

2020年以来，黄伟团队相继破获了外贸服装、农副产品、家具行业等多起重大出口骗税案件，在深圳、厦门、宜春等10余个城市，为犯罪分子布下一张张无形的大网。就在2021年6月，黄伟又参与了某成品油重大涉税案件，专案组出重拳、揭面纱，案件得以有效突破，为成品油行业的税收治理，提供了精确的"靶向标"！

在疫情防控的常态下，税收构筑了调控经济、推动发展、改善民生的千里长堤，护佑着亿万人民的美好生活。以黄伟为代表的青岛税务稽查人忠诚担当、敬业奉献，他们是税收事业的"护堤人"，是捍卫市场经济秩序最可信赖的人。

历尽天华成此景，越是艰险越向前！在深化税收征管改革的征程中，他们的信念愈发坚定：勇于亮剑、敢打硬仗，不获全胜、决不收兵！

崔勇超　国家税务总局西咸新区秦汉新城税务局收入核算科干部。他牵头创立了陕西省首家"税收大数据创新工作室",创新推出减税降费"九字工作法"、小微企业简易退税法等,先后获得"全国先进工作者""全国五一劳动奖章""中国好人"等荣誉。

"我只是一个普普通通的税务人,能取得今天的成绩,离不开集体的帮助。我将继续扎根西部,一如既往把工作干好。回首30多年的拼搏奋斗,我无怨无悔。站在新起点,光荣与梦想同在,使命与责任共担,我会时刻牢记"为国聚财、为民收税"的宗旨,在平凡的岗位上继续砥砺前行!"

——崔勇超

减税降费有"三招"——崔勇超

减税降费有"三招"

54岁的崔勇超，常被人亲切地称为"老崔"。他在西咸新区名气可不小，都夸他减税降费工作有思路、有方法。不少年轻人常向他请教：崔师傅，你有啥秘诀？老崔笑着伸出了三个手指说："没什么，只要学会这三招。"

老崔第一招："快反应"

2019年1月，刚刚担任减税降费办公室负责人，老崔就遇到了难题。按照新政策，要为近千户纳税人办理退税。在电话核实退税信息时，没想到大部分纳税人对新政策都不太了解。

情况摸清后，他立即撸起袖子投入到工作中，一口气录制了10期减税降费政策辅导微视频，视频在西咸新区和秦汉新城各主要公众号上线了，仅三天时间，视频的播放量就超过了一万次。老崔的快速应对，让纳税人快速了解了政策，享受到了政策的红利。

老崔的快反应，不仅体现在宣传上，还体现在服务中。

2021年3月的一天，老崔在办税服务厅坐班，晨会刚结束，就有位纳税人急匆匆地赶过来问他："我们是咱辖区的机械公司，昨天接到一批订单，但是购买原材料的钱还没凑够，听说税务局能帮忙办贷款，能帮我们申请试试吗？"老崔知道，这两年受疫情影响，小微企业资金普遍比较紧张，看着对方焦急的眼神，老崔立即想到了"税 E 贴"产品，这是秦汉新城税务局联合当地银行，为解决小微企业融资难、融资贵的问题，量身打造的低成本、高效率、安全便捷的融资产品。他立即着手与银行联系，按照规范流程为该公司办理了相关手续。公司经理收到银行发放的贴现回款，高兴地说："我的材料款有着落了，'税 E 贴'又快又贴心！"

老崔第二招："简程序"

2019 年 2 月，老崔发现，小微企业普惠性减税降费政策实施以来，有些多缴税费的纳税人缴费人办理退税的意愿都不太高，他了解到是因为办理退税的流程太繁琐。老崔想：服务，就是要为他们减轻负担。

他立即起草方案并经局领导同意，建立了简易退税流程。根据该流程，对单笔多缴应退税额在万元以下的，逐户逐笔逐税种登记造册，实行批量退税；对单笔多缴应退税额在万元以上的，由税务机关代替纳税人打印资料与退税申请一并提交国库。这一做法极大地提高了退税效率，很快便被陕西省税务局采纳，联合下发文件推广至全省，惠及企业 300 多万户。

在老崔和同事们的共同努力下，自大规模减税降费政策实施以来，秦汉新城新增减税降费累计达 4.3 亿元，为地方经济高质量发展注入了新的活力。

老崔第三招:"贴上去"

从税 30 多年,在老崔看来,越贴近纳税人,越能尽早发现他们的需求,越能体现税务人的价值。

2019 年开始,以零工经济为代表的互联网共享经济在秦汉新城迅速兴起,仅仅两年时间,就累计注册 20000 余人,注册企业 450 多家。这些企业既是秦汉新城小微企业的主力,也是减税降费需要重点扶持的对象。

老崔了解到,这些企业的交易存在碎片化、虚拟化等特征,给征缴税款、开具发票和减税降费都带来了困难,而且全国目前还没有可借鉴的经验。一方是焦急等待开工的几万名网上创客,一方是面临增值税专用发票虚开的风险压力。

看着眼前这片创业的热土,面对新模式、新业态,50 多岁的老崔没有犹豫,他从零起步、虚心请教,和同事一起,迅速投入到一线。

在 40 多天的时间里,与跑腿骑手聊天,与网红主播交流,实地走进直播间,把"双建双促"党支部开到了物流公司,了解实情、采集数据、寻找办法。很快,老崔便摸清了网约车主、电商店主等 10 类网络

零工的管理流程，并联合人社、市场监管、自贸办共同搭建了"零工创客共享服务平台"。

让部门联合发力，让大数据上岗监督，使交易规则不可违、管理流程不可逆、关键节点不可越、操作痕迹不可消，确保平台企业的每一笔交易都处在监管之中，同时，让每一笔减税降费的红利都及时兑现到每名创客的手中。该管理流程获"2019年商务部深化服务贸易创新发展最佳案例"，并在全国推广。

老崔身后还有一支朝气蓬勃的团队。他牵头成立的"税收大数据创新工作室"，是陕西省税务系统首家劳模创新工作室，由最初的4人发展到23人，平均年龄只有33岁。拥有大数据云平台这一"超级武器"，未雨绸缪地为热点、难点、堵点问题"开方抓药"，更让老崔有了敢拼的底气。

2021年以来，围绕"优化执法服务、办好惠民实事"，老崔积极带领团队落实重大项目"税务管家"专业服务，对召开的第十四届全国运动会马术赛场和小轮车赛场、8家重点企业、4个重点项目，实行全方位、全流程、精准化的一对一管家式纳税服务，"量体裁衣"送去税收优惠政策，让减税降费的红利助力企业轻装上阵。某公司财务负责人说："秦汉新城税务局崔勇超团队为我们落实了50多万元的税收优惠，减的是税费，增的是机会和希望，我们更有底气为新城经济发展做出更大贡献。"

负责减税降费工作以来，老崔办理的退税，单笔最大金额6000多万元，最小金额仅为1分钱，就为这1分钱退税款，老崔曾反复三次联系纳税人，忙活了好几天。在老崔看来，办理1分钱退税和6000万退税是一样的，都是为了让国家的减税降费政策能够落到实处。

这三招九个字，说起来简单，但做起来并不容易。成绩的背后，意味着更多的付出和担当。

30多年来，他每晚都坚持自学税收业务1小时。进入信息时代，他又每天坚持学习电脑软件的操作。如今，他不仅能一口气说出42张税收会统报表的配置规则、89类减税降费政策要点，还能精准操作重点税源调查、财税库电子对账等9个软件。翻开他的工作笔记本，每笔退税都有详尽的记录。在他看来，如今知识更新速度快，如果在纳税人缴税人面前"一问三不知"，穿这身税服心里也不踏实。

老崔有时候也会念叨：时间过得可快啊！一晃，离退休也不远了，趁现在还在岗，能为纳税人多做点，就别偷懒，能做好一点，就别凑合，一辈子都在给这身税服长脸，给税徽添彩，别到这时候，还让人看扁了！

习近平总书记说："一切向前走，都不能忘记走过的路；走得再远、走到再光辉的未来，也不能忘记走过的过去，不能忘记为什么出发。"入党35年，崔勇超从老家淳化县，这个陕甘宁边区革命根据地，刘志丹、谢子长、习仲勋等老一辈无产阶级革命家奋斗过的地方，带着红色革命传承一路走到国家级新区。从使用"浪潮286"全英文操作系统的税务新兵，到减税降费的行家里手，他经历了多个岗位的历练，不变的是真心和恒心，不改的是对党和国家、对社会、对税收事业、对纳税人缴费人的初心、使命和担当。

韩宇南 国家税务总局周口市税务局老干部科科长，2015年8月至今，任太康县马厂镇前何村第一书记，先后荣获"中国好人""全国脱贫攻坚奖贡献奖""全国脱贫攻坚先进个人""全国优秀共产党员"等荣誉。

"我是全国税务系统万千驻村干部中的一员，比我更辛苦更优秀的人还有很多。我将继续在带领群众发展产业和巩固拓展脱贫攻坚成果上下功夫，做好乡村振兴工作。作为第一书记，人民至上，初心不改，我以对党的忠诚、对人民的赤诚向乡亲们承诺：前何不富、不回税务。在乡村振兴的道路上，我将一马当先，冲锋在前，勇做踔厉奋发的税务人。"

—— 韩宇南

我叫韩宇南，是河南省周口市税务局驻太康县马厂镇前何村第一书记。2015年，我主动请缨到前何村担任第一书记，一干就是7年。为支持我全心投入扶贫工作，妻子潘丽英也毅然放弃了城市的优越生活，甘当一名志愿者，搬进村里与我携手投身扶贫事业。

前何村地处豫东南一个偏僻的角落，全村607户2329人，其中，贫困户就有173户822人。进村的第一天适逢一场大雨刚过，村中到处都是烂泥塘，一个水坑连着一个水坑，成群的鸭鹅在水中游，小学生上学放学，要靠大人背着艰难跋涉，我是遛着墙根儿进村上任的。村民们对我这个新村官充满了疑虑："他来就是'镀金'的，干不成啥事！""他能解决啥问题，看看门口这条路，晴天一腿泥，雨天蹚水过，别光说不练。"

要想富　先修路

修路是乡亲们最渴盼解决的难题，也是我作为"第一书记"走马上任面临的首要任务。可垫路的土从哪里来？钱从哪里凑？村里的老木匠何富金说："村里修路弄了好几回了，都没弄成。你一个外来户凭啥本事能给我们修成？"村民不服气，我也不服输。一天，周翠萍老大娘拉着我的手说："韩书记，我都80多了，在俺闭眼之前，还能不能看到咱修的路啊？"我说："大娘，一定能！"看到群众的期待和信任，我暗自较劲，既然来了，就要为乡亲们干点事儿！干成事！干，就要干出个样子来！挖坑塘，垫路基。为了公平，让临路的群众多出钱，其他的群众少出钱，这次大家都没了意见，很快收到捐款2万多元。劳动力不足，我就领着村干部一把铁锹从早干到晚。村民说："韩书记都亲自干了，咱还等啥？走，拿着家伙上工地吧！"全村大人小孩全部出动，附近打零工的村民也回来帮忙，共出动1100多人次，挖土800多车，终于垫平水洼，铺平道路。乡亲们走在平坦的大路上，向我竖起了大拇指："韩书记，中！"村里的小伙子高兴地说，"韩书记，路修好了，俺就不愁找媳妇了吧。"通过这件事，我真切地体会到，只有用实干、用真情才能打开群众的心锁，才能取得群众的信任，才能让群众跟着一起干。接下来，在省市县领导的大力支持下，村里又争取各项资金2000多万元，改善基础设施、发展产业项目……

有困难　找老韩

带领村民精准脱贫，是我时刻挂在心头的职责，但要真正脱贫，产业是支撑。然而，在基础薄弱的农村发展产业谈何容易？通过考察确定辣椒种植项目后，群众却不愿意种，都打退堂鼓，"咱种一辈子地了，他一个坐办公室的，他叫种啥就种啥，净是瞎折腾"。为了打消群众的顾虑，我通过多方努力签订了"公司＋农户"订单合同，但是群众仍然不相信，连买辣椒种子的钱都不愿意出。原来群众害怕再像前些年种菠菜一样，种出来了卖不掉，浪费气力还赔钱。为了让大伙儿放心，我说买辣椒种子的钱我出，赚了是你们的，如果赔了算我的。我自掏腰包5万多元，购买了180亩地的辣椒种子。有人笑话我说"你这是疯子的想法，傻子的做法"。当时我想，为了前何村早日脱贫，我就应该"疯着干"！为了村民有福气，我就宁愿"冒傻气"！

这年辣椒喜获丰收，每亩增收4000多元。村民范才强4亩地辣椒收入16500元。种辣椒成功后，村里又采取了一系列增收措施，确保有劳动能力的贫困户有一个以上产业增收项目；有培训意愿的贫困户掌握一门以上就业创业技能；有能力就业的家庭至少有一个人有工资性收入，引领800多人外出务工，78人在扶贫车间就地增收。村里有了产业项目，老百姓的腰包鼓起来了，脸上的笑容多了，发展生产、勤劳脱贫的劲头更足了。父老乡亲逢人便说"有困难，找老韩！"

携妻驻村　夫唱妇随

我的妻子潘丽英退休后到农村志愿扶贫。想当初，听说我要到贫困村去扶贫，她一百个不情愿。她说："你从小在农村长大，现在好不容易来到城市，再说咱父亲都80多了，要是有个好歹，可咋办？"我出发那天，她为我

整理行囊，把我送到电梯旁，一脸哀愁，两眼泪花。

不久，在我的微信朋友圈，她看到前何村村民房屋失火，我站在着火的房顶拿着喷水管子灭火，她心疼地哭着给我打来电话："你不要命了，要是掉到火窝里大火烧着了你咋办！"她很担心我在村里的生活和身体状况，和家人商量后来农村照顾我。她来到村里很快就融入了这个大家庭。她组织妇女们编藤椅、织渔网增加收入，还自任教练组织成立舞蹈队，丰富村民文化生活。我俩把村里的孤寡老人和留守儿童像亲人一样照顾。7年来，自掏腰包爱心帮扶累计近3万元。寒冬里，她为孤寡老人买来防寒的棉帽，为残疾儿童买来上学的轮椅……

每年的除夕，我俩还在村里与孤寡老人一起过春节。忘不了，村里的孤寡老人何金居大爷临终前，我俩一直守候在他的床前，我握着他的手，弥留之际他已经不能说话了，但他还目不转睛地望着我。我紧紧地拥抱着他，贴在他的耳边，喊着他"大爷、大爷……"我俩和在场的人都泪流满面，相伴着他安详地离世。以前由于工作，我母亲在老家去世时，我都没能见上她最后一面，但何金居大爷去世时，我俩却像儿女般地守候着他为他送终。

好日子　一起干

如今的前何村，路宽了，灯亮了，人精神了！打了机井、建了桥梁、架了高压，党群服务中心建好了，农民体育广场建起来了，扶贫车间开工了，光伏电站发电了，小学教学楼建起来了，自来水、电力、宽带户户通，天然气也入村了。2020年，前何村人均纯收入由2015年的6856元提高到15628元，是原来的2.3倍，村民的幸福感、获得感大大提高。

而我也先后荣获"中国好人""全国脱贫攻坚先进个人""全国优秀共产党员"等荣誉称号。以我们的事迹制作的视频《驻村夫妻》被作为"精品党课"入选全国党员干部现代远程教育课程。

2021年7月1日，在党的百年华诞之际，我有幸在现场参加了庆祝大会，看到天安门广场花团锦簇、旌旗飘扬，我心潮澎湃，无限激动，内心的自豪感、幸福感油然而生。尤其是听到习近平总书记向全世界庄严宣告"经过全党全国各族人民持续奋斗，我们实现了第一个百年奋斗目标，在中华大地上全面建成了小康社会"时，我再也控制不了自己，眼泪无声地流了下来。脱贫攻坚，是中国共产党创造的伟大壮举，作为一名共产党员能够投身其中，我何其荣幸！

在从北京回前何村的路上，我一遍一遍地在心底问自己，前何村到天安门有800公里，韩宇南，你只做了一名普通共产党员该做的事，凭啥能三次走进人民大会堂，三次现场聆听总书记讲话，凭啥能从前何村来到天安门，亲身见证这百年庆典呢？

我想起了宋素梅大嫂。她偏瘫不能说话、不能行走，可每次看到我时，都会紧紧抓着我的手，嘴里发出"啊啊"的声音，眼里饱含着喜悦的光。

我想起了92岁的高素真大娘。她经常摸着我的脸说："听声音就知道你是韩书记，我看不见，摸摸你的脸就知道你长啥样。"

我想起了前何村小学的孩子们。每次看到我去，他们就像小鸟一样向我扑来，围着我、抱着我，喊着："韩爷爷、韩爷爷，你看我是不是长高了？"

我想起了前何村村民按下鲜红手印的挽留信。这封挽留信，都被大伙的手揉烂了，如今，信被放进了中国共产党历史展览馆干群关系展柜里。

想着欣欣向荣的前何村，想着满脸欢笑的前何人，一个声音回响在耳畔：打江山、守江山，守的是人民的心！党派我去前何村扶贫，前何村2329名老百姓又把我送到了天安门，送到离党中央最近的地方去汇报工作，去接受检阅。这一切让我明白：你对老百姓有多好，老百姓就对你有多好；老百姓对你有多好，就是对党有多信任。

这份信任是对我过往工作的肯定，更是对我带领他们过上美好生活的期待。脱贫攻坚任务完成了，乡村振兴开始了，我向税务总局党委报告：这一次，我又继续留任。我已经跟前何村的老百姓说好了，"有困难，找老韩！好日子，一起干！"

请党放心，振兴有我；请党放心，兴税有我；请党放心，强国有我！

2020—2021年『担当作为你最美』先进典型事迹

朱光涛 国家税务总局北京市税务局征管和科技发展处处长，带领团队支撑全市 200 万纳税人、1000 万自然人税费收入的征收管理，实现 99% 以上业务"网上办"，信息化建设在全国位居领先水平。近年来，连续 2 次获国务院大督查通报表扬，个人 4 次荣获三等功，2019 年荣获"全国先进工作者"称号。

> 新的时代需要科技创新，智慧城市呼唤智慧税务。作为首都税务征管信息化的支撑者、智慧北京税务的建设者，我们聚焦数据驱动、坚持科技赋能，服务最新型产业主体，增添最强劲经济动力。我们满怀的，是对党和人民的忠诚。我们坚信，税收现代化前进的每一步，都是为了让人民向着美好生活更进一步！

税收现代化路上的"追光者"

如果你身在北京，国贸商务区的 CEO（首席执行官）可能会从你身边经过，穿梭在金融街的 CFO（首席财务官）可能跟你打过照面，但你真不一定见过首席信息官——CIO，因为全球 CIO 屈指可数，他们大都活跃在顶尖的大企业，是信息化的操盘手。北京税务就有自己的 CIO，他就是国家税务总局北京市税务局征管和科技发展处负责人朱光涛。

坚持创新破局　让企业感受首都技术

京东税务总监提起朱光涛，都不由得竖起大拇指。京东作为全国数一数二的自营电商平台，每天能开出 120 多万张发票，"6·18""双 11"的开票峰值更是达到了 405 万张。这个量级，不止在全国，在全球都是首屈一指。如火如荼的互联网经济，让发票验旧的老业务遇见了新问题。

传统模式下，大厅干部一半靠系统，一半靠人工，一分钟也就能验旧上百张发票。而现在，京东一天的开票量够一个干部干上整整一年，企业验旧难、大厅干部累，这可怎么办？

就在大家急于应对又无法破题时，朱光涛也陷入沉思：验旧售新，是金税三期系统发票申领的规定动作，但面对电子发票这种新形式、自营电商这一新业态，能不能换个工作思路？

"对！就是流计算。能够实时处理海量、复杂数据的流计算。"当朱光涛说出自己的设想时，大伙儿都兴奋了起来，得到北京市税务局党委支持后，他决定放手一搏。

可又有人提出担忧，税务系统没有应用流计算的先例，一旦出现问题，影响的可是全市 200 多万家企业。朱光涛却说："不变一变旧模式不可能满足新需求，领导把任务交给我，有风险我来担。"

改变，需要精力和时间的加倍投入。朱光涛沉浸在数字空间中，反复测试流计算适用性，几乎食不甘味。

改变，也在不懈努力中发生。2020 年"双 11"前夕，当京东忙着给消费者发红包时，意外收到北京市税务局发给纳税人的"红包"——发票自动验旧。流计算的成功运用，从根本上变更了发票验旧的逻辑，电子发票实现即开即验，验旧速度从每秒 55 张跨越到每秒 1 万张，提速近 200 倍。"科技赋能"悄然改变着纳税人和税务人的生活，验旧岗的干部解放了，验旧结果反馈更快了，电子发票的优势更明显了。

牢记为民之责　让市民感受北京温度

技术"大咖"也会遇到难题。

2020 年，社保费划转的关键时期，朱光涛接到朋友的电话："听说社保要交给你们税务了？那我的积分落户有影响吗？"

是啊，提到在北京安家，头等大事就是落户。朋友急切的话语，说出了无数"北漂"的心声，也牵动着北京税务人的心。专题会上气氛凝重，社保费划转是中央的决策部署，关系到百姓切身利益，出不得丝毫差错。

一班人讨论再三，认为社保划转难就难在技术上卡了脖子，信息系统不打通，划转工作就不可能完成。大家不约而同地将目光投向了技术"大咖"朱光涛。谁都知道这是个"烫手山芋"，但他毫不犹豫，接了下来。

临危受命的他，索性把家安在了办公室，挂帅点兵当天就位，分组培训、通达思路、指挥作战，7 大风险分放各组，4 种技术手段活学活用。3 个月内，一次性清理近 20 年 220 余万参保企业的历史数据，联通 16 家商业银行，打通电子税务局、社保缴费等 7 个系统……

2020 年 11 月，北京社保费如期"无感"划转，却让 1600 多万百姓、100 多万企业更"有感"。缴费查询更便捷、征收模式更优化，保障了积分落户等资格查验，切实节约了企业资金成本。

看到朱光涛消瘦的面孔，大家才知道他熬了多少夜，跑了多少次银行。大家劝他歇一歇，他却说："这都是关系百姓生活的大事，不抓紧干怎么行，要干还要干到最好。"

坚持首善标准　让世界感受"双奥"风采

说到大事，2022 年北京冬奥会就是件名副其实的大事，场馆建设热火朝天、奥运健儿蓄势待发，世界一流赞助商、供应商云集在此，其中也少不了税务部门的保障。

北京市税务局是全国唯一一家承接冬奥会增值税退税服务的单位。如何在疫情期间服务好冬奥会，彰显中国税务形象，至关重要。朱光涛又站了出来，他带领团队完善系统、精简流程，2 个月内，在北京市电子税务局推出"冬奥退税申请专栏"，面向全球 273 个退税实体，提供"一网受理、国际通办"退税服务，用税务力量诠释国际大都市的北京担当。

"冬奥退税"只是北京市税务局退税业务的一小部分。2020年，国外受疫情影响企业停工停产，国内出口企业订单激增，为抢占国际市场，企业资金周转急需加速。

一位负责出口退税业务的副局长找到朱光涛说："老朱，咱们北京退税体量大、效率要求高，靠我大厅里的那几个人根本行不通。你说放开出口退税网上办理的事，能行吗？放开了，这么大的风险，兜得住吗？"朱光涛说："合法经营的企业，不该替违法企业'背锅'，按照王军局长'非接触式'办税要添力的要求，我们先从技术上想办法。"

出口骗税的犯罪分子狡猾，他们多是打一枪换一个地方，很难精准监控。朱光涛团队发现，如果给系统安上"眼睛"，通过"实名认证+人企互认"机制，构建起立体监控体系，就能大幅度避免骗税风险，让业务主管部门有了"放得开"的底气和"管得住"的能力。

2020年4月，北京市所有企业4类62项全流程出口退税业务实现100%网上办，501家出口企业实现100%"容缺

办"。当年 11 月,国务院的通报表扬也随即传来。朱光涛带领团队又交出了一份完美的"北京税务答卷"。

从税 24 年,朱光涛已经从"技术宅"成长为首都税收征管信息化的负责人,他 8 年获得 12 个证书,拿下信息化资质"大满贯",取得数据库认证专家(Oracle OCP)证书时,全球只有 3.5 万人拥有。现在,他思考更多的是服务和管理的内涵,从源头上追寻税收现代化发展的方向。

有人曾问朱光涛:"为什么有公司开出几百万年薪和价值不菲的股权,也挖不走您呢?"他说:"税收信息化技术有血有肉,有感情,不能只兑换成钱。我和他们一起成长,看着金税工程一期期的建设,就像看着孩子长大一样,我还想看到它插着金色的翅膀飞起来!"

陈卫华 　国家税务总局北京市西城区税务局第一税务所副所长。他曾任"张思德班"第31任班长，转业到税务系统后，他用实际行动诠释了"共产党员""人民公仆"的深刻内涵。从税十余年，他先后被评为"优秀共产党员""北京市劳动模范""北京榜样""全国最美退役军人"，获得"首都劳动奖章"。

> 做"张思德"式的税务干部，是我毕生追求。军中十九载苦练本领，从税十一年恪守初心，为回报每一份信任，我会将感谢与感恩化为行动，继续担当尽责、砥砺前行，从优化纳税指标、创新管理方式、提升服务品质出发，全心全意为纳税人缴费人服务，为新时代税收事业做出新贡献！

—— 陈卫华

誓做头戴税徽的"张思德"

在首都北京，中南海新华门的影壁上，镌刻着5个金光闪闪的大字：为人民服务。这是毛泽东同志在纪念张思德同志时提出的。国家税务总局北京市西城区税务局第一税务所副所长陈卫华，正是从"张思德班"走到税收战线的。人如其名，保卫中华，从军19载，从税11年，从"张思德班"到西城税务，转变的是岗位，不变的是责任与担当，是历经岁月从未改变的为人民服务的初心。

1990年，17岁的陈卫华入伍，来到武警北京总队二支队"张思德班"。当兵第一天，重温着毛泽东同志《为人民服务》的著名讲话，年轻的心被深深触动了。张思德同志对党无限忠诚，全心全意为人民服务的精神，激起了陈卫华对于理想信念的向往与追求。军旅生涯19载，从一名普通战士成长为"张思德班"第31任班长，他多次荣立个人三等功，并带领班组多次荣立集体三等功，他被评为和平时期带兵模范，他和战友们一起用热血青春守卫红墙。

得益于苦

2010年，36岁的陈卫华转业来到距离中南海仅

2公里的西城区税务局，加入到办税服务厅。在感到自豪的同时，他也有不小的压力。俗话说：三十不学艺，四十不改行。面对专业的税收业务和流程，没有一点基础的陈卫华学起来特别头疼。靠着军人不服输的韧劲和拼劲，他加倍努力，一个个挑灯奋战的夜晚，始终陪伴他的，是税法书籍、服务规范，还有书桌上那张与战友们的合影。半年之后，他已能熟练地为纳税人办理业务，待到年底，全所进行综合考评时，陈卫华得了第一名！

更让大家钦佩的是，半路出家的陈卫华有一双"火眼金睛"。那是2015年的一天，一位女士拿着"拆迁协议"来办理契税减免业务。看到协议的第一眼，他就觉得不对劲。"远看人、近看证、对着相片看钢印"，是他在当警卫员时练就的基本素养。参加税务工作的这几年，他精益求精，从协议的文号、字体、合页分页、公章甚至纸张手感都总结出自己的一套鉴别方法。他可以肯定，这份协议有问题！陈卫华立即派干部稳住当事人，同时与拆迁办取得联系，最后证实这份协议确实是伪造的。靠着这双"火眼金睛"，仅这一次，他就为国家挽回税款20多万元。

善于学习、甘于吃苦是"张思德班"给予陈卫华最好的礼物。这份礼物从17岁初入警卫班时就内化于心。在税收战线上，他以自身行动展现了军转干部的风采，体现出首都税务干部争首善、创一流的卓越追求！

师从于行

北京市西城区位于首都核心区，是诸多国家机关、社会团体所在地，更是每年世界银行营商环境评价的主要数据核验地。西城区税务局服务近 8 万户纳税人，其中大型、特大型央企集中，又以金融、电力等总部经济为主。在具有这样特点的一线工作，陈卫华和同事们深知，一言一行都代表着首都形象，反映着首都意识，体现着首都水平，服务标准必须要高！

2018 年末，某金融机构通过自查，发现了数百笔对外付汇还未进行代扣代缴，涉及税款近 10 亿元。陈卫华立即组织所里的干部，展开了与时间的赛跑，打响一场速决战……终于赶在截止日期零点前，完成了全部欠缴税款的申报，避免了国家税款的流失，更帮助纳税人将滞纳金损失降到了最低！当大伙儿还沉浸于喜悦之中时，陈卫华却开始琢磨了，在西城，这样的大型金融机构还有很多，怎样才能提供更优质的服务呢？一个想法在他心中萌生……

2019 年初，在北京市和西城区两级党委的大力支持下，西城独有的"大宗业务办税服务室"开张了！小小一间服务室，把复杂耗时的涉税业务与日常涉税业务清晰划定，专人专岗集中攻克，这极大缓解了纳

税人排队等候的压力；同时，它兼有高精尖企业"绿色通道"功能，助力首都核心区产业结构优化再升级。开张首日，服务室就为某银行企业办理业务146笔，征收税款2.4亿元，节省了办税时间三分之二以上。

纳税服务永无止境，军人的速度与效率，推动了服务水平的不断提升。没过多久，纳税人又惊喜地发现，大厅多了个"新设企业受理专区"，"一日准营"四个字分外醒目。通过税务和市场监管等多部门联动，整合办税流程，提供套餐式服务，实现"e窗通"，即时办结……一系列做法打通了企业开办的"最后一公里"，得到国务院督查组的充分肯定，被作为优化营商环境典型案例予以推广，世界银行营商环境专家团队给予高度评价。在这背后，是以陈卫华为代表的首都税务人一个又一个的不眠之夜……

始于担当

2020年春节，本应是一个安乐祥和的节日。陈卫华难得回趟老家，想多陪几天病重的岳父。但新冠肺炎疫情突如其来，打乱了他原有的休假计划。心系工作的陈卫华大年初一连夜驱车630公里赶回北京，回到西城税务抗疫的最前线。

在他的带动之下，大家鼓足干劲，落实"四力"要求，服务"六稳""六保"大局。减税降费专岗、"退税突击队"迅速成立，"云宣传""云辅导""线上办"迅速开展。西城区税务局57名军转干部，与其他党员干部一起组成170人的队伍，迅速支援社区疫情防控。这一次，陈卫华又是第一个报名的。西长安街街道，他一站就是100多天，这里紧邻中南海，是"红墙意识"的发源地。能在"红墙"下站岗，他说自己仿佛又回到了当年的警卫班。从"橄榄绿"到"税务蓝"，变的是衣服的颜色，不变的是"张思德班"带给他最初的信念："哪里需要哪里就是战场！"

转业以来，不讲价钱、不提条件、不计得失的军人品质被陈卫华带到了税收战线，他实现纳税服务零差错、零投诉。当年"张思德班"的带兵模范，成长为大厅的带队模范，他是年轻小伙伴们的"兵哥哥"，是西城税务人的"服务标尺"，更是纳税人心中的好所长。从税十余年，他先后荣立三等功3次，被表彰为"优秀共产党员"4次，被评为"北京市劳动模范"、获得"首都劳动奖章"等荣誉。2020年12月4日，他被评为"全国最美退役军人"。他说："不管到哪儿，我都是党和人民的兵，绝对不会因为时间流逝、岗位转变，就忘记了服从和忠诚的使命！"

古老而又现代的北京西城，鳞次栉比的高楼大厦，错落有致的京韵胡同，多元的文化造就多样的精彩。时代变迁，初心不改，陈卫华同首都1.5万名税务干部一道，心系人民群众，不断提升纳税服务水平，为建设国际一流的和谐宜居之都、服务首都经济高质量发展贡献新时代税务力量！

白　平　国家税务总局保定市莲池区税务局五四路税务分局局长，先后被国家税务总局授予"全国税务系统减税降费专项工作三等功""全国税务系统精神文明建设先进工作者"等荣誉。

"
作为一名税务分局局长，能够真真切切地为纳税人、为老百姓做点事儿，我觉得特别值得。今后的工作中，我一定会植根在人民群众之中，让心里充满力量；我一定会植根在人民群众之中，让分局建设根深叶茂，生机勃勃。
"

把小事当大事干

白平，2018年10月任国家税务总局涞源县税务局金家井税务分局局长。他是国税地税征管体制改革后金家井分局的首任分局局长。

税收改革工作攻坚者

第一次到位于村里的分局办公地，虽然有足够的心理准备，但条件的艰苦还是让他吃了一惊。

金家井分局的办公用房是1999年乡镇分局撤并时留下来的。推开门，正前方是满院子半人高的杂草，左右一看，墙皮已经脱落，扑面而来的是牛羊粪便的气味。走进房间，抬头看，蓝天白云一览无余，屋顶上的瓦片都掉落了。就连厕所，也是室外的旱厕。

面对这些，白平笑了。幸好墙还算结实，哪知一使劲，就连土坯墙也晃晃悠悠，墙皮直掉，吓得他赶紧躲到了一边儿。

里里外外看了几遍，白平心里有了主意：一个月整修完毕，两个月开门办公。局长说，行吗？上级要求年底前必须到位。放心吧，保证完成任务！

创业嘛，没别的招，撸起袖子加油干呗！草多，割！墙破，刷！臭味难闻，水冲！至于这屋顶和墙，只有请专业的施工队加固整修。白平每天吃住在现场，既当监理，又当小工。不到两个月，干净整洁、窗明几净的新分局落成了。

2018年12月18日，他和分局的6名同事正式开门办公。

真没想到，办公的第一天就遇到了大考验：没水！涞源冬天的气温低至零下20多度，水管全冻崩了。开春之前修通无望。咋办？那段时间，白平和同事轮流到老乡家去挑水。一来二去，和老百姓熟悉了，对当地的情况了解得更具体了。但了解得越具体，脑壳就越大。

为啥这么说？分局所辖3个乡镇42个村都是贫困村，共有213户纳税人，其中重点税源企业有3家，更多的是种植、养殖型农民合作社和零零散散的个体工商户，大部分属于减免税范畴，但需要按期申报。由于历史原因，有五六十户纳税人个别税种长期未申报，必须罚款处理。虽然钱不多，大多只有几十块，但在老百姓看来，白平他们是来"找事"的。有的甚至说："白局长，刚到金家井来就给我们难堪，你什么意思啊？"

在白平看来，解决这问题并不难，因为这源于老乡们对税法不了解，只要把宣传工作做到位，群众还是通情达理的。

口干舌燥地送走了一个又一个的上门纳税人，终于解决了历史遗留问题，下面就该啃"硬骨头"了。

有一户石料加工企业，年销售收入2000多万元，应纳税额近300万元，由于对税收政策理解偏差，少缴税款108万元。白平他们了解这一情况后，决定到企业实地看一看。第一次走访企业，还没怎么说话，一听说要补缴税款100多万元，负责人急眼了，当即下了逐客令，让会计送他们出门。

这可咋办？同行的年轻干部直挠头。白平笑了笑，没事儿，多来几次就好了。企业并非恶意逃税，没有必要硬来。再说，一看企业负责人，就知道他纳税意识虽强，对税法了解却不多。说到税法，这也是白平的专长，转业到税务系统第3年，他就进了河北省税务局稽查和税收管理员两个人才库，在稽查岗位上，曾依法为国家挽回税款损失7200多万元，查实虚开增值税专用发票734份、涉案金额6608万元。

没过两天，他们又去了这家企业。这次白平跟企业负责人讲减税降费，一听说国家政策能省不少税费，负责人两眼放光，于是白平因势利导，跟他讲解税法、说明利害，很快便消除了误会，企业也及时补缴了税款，还把他当成了纳税顾问。

这两件事在当地反响不错，纳税人说，白局长这个人待人和气，这税缴得服气！其实，白平的脾气也并非那么好，他曾经在部队工作15年，也是个雷厉风行的急脾气，尤其在稽查局工作，看到虚开作假的，就气不打一处来。只不过，这人到了分局，这脾气也得改一改。毕竟，老百姓挣钱不容易，税务干部得设身处地想一想，带着感情，讲清道理，讲明法规，同

时尽可能帮他们享受政策红利。一旦老百姓知道是为他们好，分局也就在老百姓心里扎下了根。

税法宣传和政策执行的服务者

对重点税源企业做好风险防范，向普通老百姓做好税法宣传，对所有纳税人做好纳税服务，就这样，分局的工作每天紧张而又忙碌。然而，没过多久，分局的同事对白平又有意见了。有的说应该把精力放到重点税源企业上，而他三天两头往老百姓家里跑，把时间都浪费在了不缴税的小规模纳税人特别是个体种养殖户上。

分局设在老百姓中间，就得有为民服务的思想。在支部会上，白平给大家算了三笔账。第一，政治账。在老百姓眼里，不管你是哪个部门，都代表着党和政府。老百姓认可了税务干部，也就是认可了党和政府。这是对政治机关的基本要求。第二，经济账。随着涞源县经济腾飞，小企业总会长大，税务干部服务多一点儿，他们就能成长得快一点。这是涵养税源。第三，社会账。税务部门是服务推进国家治理体系和治理能力现代化的重要政府部门，税务干部帮帮纳税人，让他们的生活有了奔头、有了希望，社会不就更加稳定和谐了吗？这是由分局的位置决定的。

思想的扣子解开了，大伙为纳税人服务的劲头更足了。有一家饲养黑山猪的合作社，经营者不知道发票怎么领、怎么用，一直无法与外地大客户达成合作协议。发现这个情况后，白平他们上门指导他申领、使用发票，帮助他打开销路。

还有一家蔬菜种植合作社，种的茄子又新鲜又好看，可是只在县城的菜市场批发，价钱低不说，销量也不大。白平多次建议他们拓宽思路，主动帮合作社联系外地市场。后来，他们和北京一家农贸市场签订了购销协议，茄子由每斤1块钱涨到4块钱，利润也翻了番。

就这样，一年多来，经过白平和同事们的不懈努力，纳税人的态度有了180度的大转弯，从开始拦着不让进门，变成舍不得他们出门。有一次，白平去外地培训，一位会计给他打电话，"白局长，你去哪了，是不是调走了？""没有，没有，我去外地培训了。"会计舒了一口气，"噢，这我就放心了。"挂了电话，白平心里百感交集。

服务群众的先行者

2020年初，新冠肺炎疫情暴发，涞源加强疫情防控工作。分局的同志是离老百姓最近的税务人，那段时间，白平深深感受到了在基层设立分局的重大意义。

离老百姓最近，就意味着更能与群众同呼吸共命运。白平他们肩扛着分局周边3个村、700余户百姓、2个检查站的疫情防控任务，无论是在简易帐篷中值守，还是口罩、消毒液的发放，都让老百姓看到危难时刻税务人的坚守。那一刻，白平他们就是百姓的看门人和守护者。

离老百姓最近，就意味着更能听到纳税人真切的呼声。辖区内有30多户纳税人不会自主申报，每次都是分局帮助办理，疫情来临，更让他们手足无措。人相隔，心相连，白平他们把分局架设到"云端"，利用互联网，微信视频一对一帮助纳税人及时完成纳税申报，解除了他们的后顾之忧。那一刻，白平他们就是税法宣传员和政策执行者。

离老百姓最近，就意味着更能感受到停工停产给企业带来的困境。2020年春节过后，100多户企业无法复工复产，刚脱贫的老百姓又没有了收入来源。老百姓愁，企业也愁。白平他们迅速摸排走访，1000

余通电话，加班加点帮助企业对接市场、拓宽渠道，把企业的损失降到最低，也让无数个家庭不因疫情失去生活保障。那一刻，白平他们就是群众服务员和贴心人。

新冠肺炎疫情防控，让白平对税务分局的职能和作用有了更深的体会：关键时刻，税务干部就是守卫群众安全的最美逆行者；关键时刻，税务干部就是连接党中央政策红利和纳税人缴费人之间的桥梁纽带；关键时刻，税务干部就是老百姓最亲密的战友、最温暖的亲人。

植根在人民群众之中，白平心里充满力量；植根在人民群众之中，分局才能根深叶茂，生机勃勃。

白平出生在涞源县上庄村，村子不大，却出了个抗日小英雄王二小，就是那个把日本侵略者引入埋伏圈的放牛娃。白平说，作为来自英雄故里的一名普通共产党员，他满怀信心，迎接未来的考验！

滕梦利　现任国家税务总局抚松县税务局党委委员、纪检组长。他扎根长白朝鲜族自治县边疆基层二十多年，获评全国"人民满意的公务员"荣誉称号。

> 这身税服，不是天然的荣耀，靠的是一代代税务人的努力。我愿意像老一辈税务人那样，当一棵长白山上的红景天，扎根基层、向上向善，为"人民满意"这个光荣而神圣的使命，尽职尽责、忠诚担当、无怨无悔！

——滕梦利

一身税服，寄托着母亲的希望；一身税服，让理想闪闪发光。他是滕梦利，从穿上这身税服的那一天起，他的人生春风十里。为国聚财、为民收税、报答家人、报效祖国。他常说，愿意做一株长白山下蓝色的红景天，把对蓝色税服的珍惜与税收工作的热爱，洒在白山黑水之间。

税徽中闪耀希望的光芒

滕梦利常常回忆起第一次穿上税服回家时的情景。那是1997年11月的一天，当滕梦利穿着崭新的蓝色税服，突然出现在妈妈面前，正在收拾家务的妈妈愣住了。他看到妈妈的眼里特别明亮，满脸的皱纹一下乐开了花。

妈妈伸出手，想在他身上摸一下，又把手缩了回去，长年跪在种植人参的大棚里辛勤劳动，那双手早已不再光滑，妈妈怕把他的新税服弄坏了。

他拉起妈妈的手说："妈，想摸就摸吧，摸不坏的。"

妈妈一边摸着他的袖子，一边说："好啊，咱家终于有一个吃公家饭的人了。不容易，得好好珍惜！"

说到这里，滕梦利的眼眶湿润了。他说，从小在农村，是妈妈一手把他们兄妹四个拉扯大，受了多少苦，遭了多少罪，一言难尽。

这一身税服，对他来讲，不只是一份职业的骄傲，更给妈妈还有这个家庭带来了新的希望。

带着这份希望，滕梦利走上了第一个工作岗位——长白县税务局八道沟分局。那里地处东北高寒山区，离县城将近300里。

"晴天一身土，雨天两脚泥"。在这样的环境中，滕梦利穿着黄胶鞋或者水靴子，骑着老税务留下来的旧摩托车，走村串户，进店入厂，上门收税。

好多人都说这里条件艰苦，可他却从来不觉得。他说，跟小时候在农村的生活比，跟那些还在砍树伐木、农田劳动，出大力干重活的同学比，这又算啥？

滕梦利至今还记得，第一个月领了工资，他就开始不安，发了这么多工资，可是感觉自己好像也没干什么呀！税务局给了太多太多，而他觉得自己却做得太少太少。

每当想到自己是学林业的中专生，税收基础几乎为零，滕梦利就非常着急。他在向书本学、向老税务学的同时，还参加了吉林大学法律本科自学考试。

滕梦利说："咱可不能给这身税服丢脸！"

肩章上扛起使命与担当

2005年，因工作扎实肯干，表现突出，滕梦利被调入长白县税务局政策法规科。

长白县在长白山东南麓，每年五六月，漫山遍野的白桦树，整片整片的映山红，把这个边陲小城装扮得格外美丽。

然而，没过多久他发现，突然之间，山上多了很多坑坑洞洞，就像一个个伤疤触目惊心。滕梦利从国土资源局了解到，吉林省硅藻土储量占全国的一半多，而优质硅藻土又主要集中在长白县。作为新兴环保材料的原料，由于门槛较低，许多小矿主就到处打井钻洞，无序开采。

这么美丽的家乡，不能任由这些人破坏！

2006年，滕梦利和同事们深入生产一线，对硅藻土企业进行全面比对和测算分析，撰写了《关于调整硅藻土资源税适用税额标准的调查报告》，并上报国家税务总局。

经过各方协调努力，财政部、税务总局联合下发了《关于调整硅藻土、珍珠岩、磷矿石和玉石等资源税税额标准的通知》（财税〔2008〕91号），将硅藻土资源税由每吨3元调整到20元，大大提高了行业准入度。在为国家大幅度增加税收收入的同时，有力地促进了硅藻土开采的规范、有序。

滕梦利拿到文件的那一刻，心里甭提多高兴了："咱也能给这身税服长脸了！"

直到现在，硅藻土产业仍是长白县的重点税源之一。

后来，滕梦利又在稽查局工作2年多，带领同事累计查补税款340

多万元,在长白县这个当时一年税收收入只有6000多万元的小县城,那可是个大数目。

那段时间,每天上下班,走在县城的街道上,他都格外带劲儿,工作的热情那真是芝麻开花——节节高。

没想到,工作带给他的收获一个接着一个。

长白县某公司派驻某国家合营会社,按照我国税法规定,中方员工的个人所得税由母公司代扣代缴。

2014年以来,外方多次要求该税款在该国境内缴纳,并要求照会说明。当年7月19日,受县局领导委派,滕梦利与外方代表首次进行非外交途径交涉。

让滕梦利感到意外的是,外方高度重视,坐在对面的竟然是该国财政省税务局负责人。那一刻,他倍感压力,一想到要代表中国税务,情不自禁理了理税服,挺直了腰杆。

滕梦利向对方详细解读宣传了中国税法,友善专业地表达了中方立场。最终,外方接受了他的建议,暂不对中方员工征税。当他与外方代表握手告别时,心里充满了骄傲。

没过多久,这件事被税务总局《国际税收工作动态》专刊发表,吉林省税务局领导专门到白山市给予充分肯定。

大伙都说,滕梦利这次可不简单,不仅代表了长白税务,更代表了中国税务!

税服里藏着温暖和力量

无论是面对什么类型的纳税人,无论是面对什么级别的领导,谈到税收业务,滕梦利从不心虚,聊个三天三夜都没问题。不过,他也有自己的死穴，那就是，除了聊业务，不会聊别的，同学同事叫他一起去吃饭，不谈业务时，他一言不发，谈到业务他就滔滔不绝。

就这样，到了27岁，滕梦利还是单身，这在东北的小县城已是老大难，很让领导着急。自由恋爱看来是没机会了，单位的大姐就给他介绍对象，还特意叮嘱："滕梦利，相亲时，你一定要穿着税服去，让税服给你壮壮胆。"真没想到，这身税服还挺好使，第一次相亲竟然就成了。后来，他妻子说，穿上税服的滕梦利，显得格外精神，让人觉得心里踏实。婚后，妻子全力支持他的工作，真正成了他的"贤内助"。

在家人的支持下，滕梦利意气风发地开启了人生新征程。在白山市税务局工作不到两年的时间，由他负责推进的行政执法公示、执法全过程记录、重大执法决定法制审核"三项制度"改革试点工作，创新探索出了"4+3"法制审核新模式；他本人获得"业务能手""稽查能手"等荣誉。2019年6月，滕梦利更是作为全国"人民满意的公务员"，在人民大会堂受到了党和国家领导人的亲切接见。

至高的荣誉意味着至高的责任。从北京回来后，滕梦利更加努力地工作着……2020年初新冠肺炎疫情袭来，在本该阖家团圆的时刻，他穿上税服，主动请战到社区彻夜值守。元宵节的夜晚，头顶飞舞的雪轻抚着花灯，滕梦利低头看看身上的税服，望着落雪后变得晶莹的税徽，身体的疲惫仿佛瞬间一扫而光。回想起与税服相伴的日日夜夜，滕梦利心潮澎湃。他在日记里写道：

蓝色税服啊！

是你，助我成家、立业、成长，让我见识到一个从未想过的世界。

是你，给一个贫苦的农村家庭带来新的希望。

是你，让不擅交流的人，拥有了一个美好的家庭。

又是你，让我感受到全身心投入一份工作所带来的快乐与满足。

还是你，让我在维护税务机关形象、规范经济发展秩序、建设美丽家乡、服务一方百姓中，实现了人生的价值。

刘红丽　国家税务总局大庆市税务局系统党建科副科长，被授予全国"人民满意的公务员"、"全国巾帼建功标兵"，曾荣获"黑龙江省岗位学雷锋标兵""龙江好税官"等荣誉。

"
十几年的服务一线工作，收获远远比付出更多，每当看到纳税人缴费人满意的笑脸，我都更加热爱这份事业。我是幸运的，生在一个有奋斗就有精彩的时代，身边有一群想干事、能成事的伙伴，还有为我们提供强大支持与保障的组织。有了这些，才有我在精细服务道路上不断开拓前行的勇气和力量。生而有涯，为人民服务的路正长，我会以大庆精神和铁人精神为指引，继续做好纳税人缴费人的贴心人，用更多更好更高效的服务，把"税务名片"擦得更加闪亮。
"

您好，红丽在线

"欢迎大家做客'红丽在线'直播间，我是红丽。""听红丽姐姐讲税收小知识，做税务小达人。""您好，这里是红丽在线，请问有什么能够帮您？"每天，刘红丽都是在这样的忙碌中开始一天的工作。作为黑龙江省首家税务主题工作室，刘红丽和她的团队把党建业务融合提升作为品牌定位，倾力打造"红丽在线"特色服务品牌，为油城经济发展传递税务声音，贡献税务力量！

红丽在线，纾困解难

2020年8月28日，刘红丽的一条微信朋友圈收到153个点赞："十年不改初心志，税苑红梅谱新篇！"在这一天，以她名字命名的红丽税务工作室在大庆正式挂牌成立了！而这一天，恰好是刘红丽到办税服务厅工作十年的日子。

望着工作室醒目的红梅标识，泪水一次次模糊了刘红丽的双眼。这泪花是她十年如一日的无悔坚守，是她梦想终成真的骄傲与自豪，更是一路走来从身边收获的感动和温暖！从这天起，"红丽"不仅仅是一个名字，更承载着高效执行百分之百、问题解决百分之百和满意反馈百分之百的使命和责任。

2019年8月,国家税务总局王军局长到黑龙江调研时,曾亲切地称刘红丽为"北国税苑的一枝红梅",并叮嘱她要做办税服务厅的"明白人"和纳税人的"贴心人";同年12月,刘红丽作为全国税务系统担当作为的先进典型站在了税务总局的宣讲台。载誉归来,初心不改,在税务总局、省局和市局的大力支持下,刘红丽把特色志愿与精细服务融合发展作为新的选题,筹备建立"红丽税务工作室",全方位打造"红丽在线"这一特色服务品牌。

红丽一直在线。庚子新春,一场突如其来的疫情席卷神州。举国抗疫,全民皆战。刘红丽第一时间向组织递交了请战书,从2020年2月4日开始,办税服务厅党员组成的"青年抗疫志愿服务队"就始终奋战在政务中心的服务一线,不断扩大非接触式办税的业务范围,网上办、掌上办、视频办、寄递办……身虽有距,心从未远。

新冠肺炎疫情期间,作为全市唯一开放的不动产交易大厅——刘红丽她们一方面加快不动产信息共享平台的搭建,用数据传输代替纸质流转,一份资料三家共享,同一业务操作时间缩短30%以上;另一方面探索完成窗口岗责整合,将受理、申报、缴税、开票从"一人专职"向"一窗多能"拓展。提速,再提速!简化,再简化!不动产交易全流程办理时间从原来的两三个小时缩短到现在的二十几分钟。少一分接触,大家就少一分危险;多一点承担,纳税人就多一点心安。效率高了,等待少了,循环快了,当整座城市因为疫情陷入停摆,她们却用无声的坚守告诉大家,别怕,我们在!

2020年3月15日,大庆血站告急,刘红丽瞒着家人偷偷加入了献血队伍,献完血后她顾不上休息,带着团队开着"红丽工作车"直接奔赴防疫税收优惠政策宣传落实的最前线。在新转型的口罩生产企业车间，她们送上生产疫情防控物资的优惠政策，为企业提供现场办的业务便利；在大庆市出口退税重点企业，她们持续关注协调解决企业遇到的外汇支付疑难；疫情稍缓，她们又马不停蹄地建立税银助企通道，帮助小微企业获得金融支持，尽快地复工复产。

纳税人的需要就是税务人努力的方向。受孩子在家上网课的启发，刘红丽开始试着用直播的方式讲政策。2020年7月，刘红丽的第一期"红丽在线"直播和大家见面了，她选取了"买房缴税那些事儿"作为首场主题。第一次做直播，刘红丽的内心紧张又忐忑，可是随着与大家的积极互动，她的心情便逐渐放松下来。"尤其是能够帮助更多纳税人解决疑难，那种感觉特别棒！"刘红丽说。刘红丽的直播首秀，在线观看人数超千人，收获点赞数500多个，现场解决疑难问题9个，原定一个小时的直播延长到了90多分钟。直播第二天，一个姓陈的女士打来电话说："红丽啊，多亏你了，要不是听了你的讲座，我卖房子就得多付给中介好几万，哪天有时间，我一定请你吃饭！"

首战告捷，刘红丽又一鼓作气在抖音和钉钉平台接连推出"红丽姐姐讲税收""红丽在线解难题"等系列宣传节目，用自己的力量讲好税务故事，传递税务声音，使"红丽姐姐"专业、亲民、温情的形象深入人心。

红丽帮办，税惠送暖

随着疫情防控形势好转，刘红丽带领团队从场所服务扩展为"主动出击"，瞄准复工复产中的重点行业和特殊群体，将"红丽在线"升级为"红丽帮办"，探索从人找政策到政策找人的转变。

2020年8月初，刘红丽了解到大庆有很多自主择业、创业的退役军人。刘红丽想：如果能帮助脱下军装的他们更好参与经济社会建设，不也是为"六稳""六保"工作做贡献吗？于是，她找到了大庆市退役军人事务局谈合作。8月中旬，红丽税务工作室退役军人服务站挂牌成立。工作室先后多次组织走进退役军人创业的典型企业进行税收政策辅导，开通了"退役军人税收知识大课堂"专题直播，在全市13个办税场所建立了退役军人服务绿色通道。

大庆市一家无人机技术开发公司的马总是一名军转干部，2019年他和战友共同创办公司，主要生产军用及应急抢险无人机专用配件，前期技术研发费用投入了700多万元，取得多项发明专利。红丽税务工作室上门服务时，一方面根据企业的经营现状帮企业做税收辅导，另一方面帮助联系科技局和发改委了解高新技术企业认定流程。马总感慨地说："我前半生一直在部队，退役后发现想做点事真的挺难，尤其是办企业，更是步步艰难。你们税务部门能够主动上门帮我们让我很意外，更多的是感动，有你们保驾护航，我有信心把这个企业办好！"

从2020年9月起，红丽税务工作室在大庆市哈大齐工业走廊人才服务中心获得了一个"常设席位"。每周五上午她们都会在服务中心举办的公益招聘会现场进行政策推送和答疑解难，有针对性地把各种税收优惠政策精准推送给每一户企业和每一个应聘者。一家招聘企业的

财务负责人姚姐拉着刘红丽的手说："其实有时候我们自己理解这些政策挺费劲的，到具体操作的时候就更懵，可又不好意思总拿这些小事麻烦你们，现在好了，你们在这里，有啥不明白你们能一点点帮我们讲清楚，可是解决了我们不少难题！"

把普通的事情坚持做，就是不普通；把平凡的工作一直干，就是不平凡！工作室运行以来，红丽在线已进行钉钉直播 8 期，抖音短视频点击量超过 2 万次，讲解各类税收政策 300 余条；"红丽帮办"走进全市多家企事业单位提供政策帮扶 30 多次。"红丽"的声音正在油城大地越传越远，"税务有难题，记得找红丽"，也成为纳税人寻求税务援助的"快捷键"。

心有所爱，万难无碍

曾经有人问刘红丽："你是怎么做到天天这么有干劲儿的？"刘红丽回答："有爱不觉天涯远，望尽灯宵惟有家。"

刘红丽的爱人是一名铁路警察，几乎是常年不在家。有时候刘红丽只能趁火车到站的间隙和爱人在站台上匆匆见上一面。结婚十几年，她们相互扶持，共同进步。爱人需要时，红丽是一人扛起家庭重担的好警嫂；红丽需要时，爱人是全力支持她冲锋陷阵的"贤内助"。

刘红丽刚到办税服务厅工作时，爱人就去了西藏执勤。孩子才 26 个月，家里没有人照看，她就把孩子送进了幼儿园。孩子小总生病，实在没办法她就把孩子带到了办税服务厅。怕孩子乱跑，刘红丽就用绳子一头系在孩子手腕上，另一头系在等候区的长椅上，有时玩着玩着孩子就趴在长椅上睡着了。儿子长大后，刘红丽问儿子："你怪妈妈吗？"儿子却说："不会啊！能看见你我就开心，天天看你那么忙，我觉得你还挺厉害的！"懂事的儿子从小就一个人上学放学，早早地就学会了自己洗衣服做饭。无论刘红丽加班到多晚，他都会为妈妈留着一盏灯。刘红丽知道，这是儿子对母亲默默的守护和牵挂。

儿子留下的那盏灯，温暖了母亲前行的脚步！而无数像刘红丽一样的税务人，用自己默默的坚守和付出，点亮纳税人缴费人拥抱美好生活的灯火。刘红丽和她的工作室团队，用便民惠企的精细服务去点亮更多人民安居、城市繁荣的灯火。

何春明 现任国家税务总局常州市武进区税务局洛阳税务分局局长、党支部书记，3次荣立三等功，2021年被表彰为"全国税务系统百佳税务所长"。

> 脚踏实地，坚定向前，以个人的点滴奋斗成就更多人的美好生活。从税34年，我和我的团队，从一窗通办到科学分流，从智囊服务到税校合作，在探索更优质、更高效、更智能的税费服务中一往直前。荣誉属于过去，我也不再年轻，但作为一名共产党员，我将始终坚持努力奋斗，有一分热，发一分光！

——何春明

武进，北临长江、东接太湖，地处长三角几何中心，是"苏南模式"发源地之一。从季子圣贤，到"中国实业之父"盛宣怀；从革命英烈瞿秋白、张太雷、恽代英，到一代大家华罗庚、刘海粟、周有光，带着江南温儒之风的常州人顺应时代洪流，接续奋斗、永不言败，创造了一个个奇迹。国家税务总局常州市武进区税务局第一税务分局局长何春明，也有他们一样的特质：温和内敛，但充满思考和行动的力量。

首家"一窗通办"，在这里诞生

江苏省常州市武进区云集了 20 万户市场主体，2020 年贡献税费 377 亿元。可如果走进常州市武进区税务局办税服务厅，会惊讶大厅里没有印象中的嘈杂人群，有的是静谧与秩序。

时间回到 13 年前。当时，国税地税分设两个大厅，为响应政府职能转变，减轻纳税人"两头跑"的负担，一些地方加强国税地税协作模式，建立了联合办税服务厅，在同一个场所办公。

身为武进区原国家税务局征管科科长的何春明觉

得，联合办税服务厅如果仅停留在场所的整合、流程的"小打小闹"上，解决不了实质问题。往往纳税人办完了国税业务，又急匆匆地穿过一扇小门，去办地税业务。明明只隔一扇门，怎么就不能省去这两分钟的路程呢？纳税人也有这样的抱怨。

如果两边的业务在一个窗口通办，行不行？当然他也知道，体制的限制、系统的区别，冲破人员、技能、权限种种障碍，这不是一件简单的事！想到了，就去做！在区局领导的支持下，历经一年半，终于，他们成功推出"一人一屏双主机、物理切换一窗办"的联合办税模式，全国第一家国地税业务"一窗通办"办税服务厅诞生。

2016年，作为国税地税合作样板，他们被中央电视台《新闻联播》进行了专题报道。这个小小的县级办税服务厅，竟在6年前就把联合办税做成了。

2分钟等候，见证税务速度

2016年，何春明被任命为武进区国家税务局一分局分局长。

那时的办税服务厅，也不是现在这样的。

在"大众创业、万众创新"和"放管服"改革的激励下，武进市场主体"井喷式"增长。随之而来的就是办税大厅业务量的急剧上升。

用何春明的话说，当时的大厅就像个"菜市场"。窗口人员每天8小时连轴转，连上个厕所都要一路小跑，虽然区局已经配备了近20名工作人员，但拥堵依旧。另一头，办税人员每次一进门，乌泱泱一大片，等上半天也办不完。每到征期，分局从上到下严阵以待，焦急、焦虑，充斥着大厅。

何春明看在眼里、急在心里，既心疼干部，又对纳税人心怀歉意。

那段时间，他更加频繁地出入窗口内外，统计业务量、分析业务报表……一个月后，他"出手"了。挑选骨干，"十秒对话"就能准确分流人员；科学配置，为90%的常规业务配足窗口，为5%的复杂业务设置专窗；开辟简事易办专区，办税人员即办即走……2分钟，这个远低于全省14分钟的平均办税等候时间，很快让拥堵的问题得到了解决。

智囊团"会诊"，让服务不再唱"独角戏"

办税量大的问题解决了，涉税"疑难杂症"又来了！

在经济全球化背景下，越来越多的中国企业深度参与国际合作。武进民营企业势如破竹，涌现出一大批行业龙头，新技术、新业态、新商业模式，也给纳税服务带来了全新的问题和挑战。

2018年的一天，当某集团财务总监走进何春明办公室时，何春明知道，这家被誉为行业内全球领跑者，并且拥有专业财务部门的大公司，一定遇到了不小的难题。原来，上亿元的研发费用，如何准确归集才能享受最大政策红利，让企业犯了难。

收下资料的何春明无法立刻给出答复。这样的问题，不准确处理，企业税收优惠就不能应享尽享；按咨询辅导日常流程，这一问题要在税政、征管等部门间反复流转，耽误的时间就更长了……能不能精准分析、能不能集中处理、能不能一步到位呢？经过反复斟酌，何春明又出手了！他把区局税政、征管等部门专家请到一起，召开了第一次大会诊。困扰新誉集团的研发费归集问题，不到两天便迎刃而解了，企业当年即享受研发费加计扣除7000万元。

受此启发，一支打破机构壁垒、由各领域48名业务骨干组成的武进"税收智囊团"正式成立。2018年当年就开展了11场专项涉税问题

"会诊"，帮助企业落实优惠达 1.25 亿元。

截至 2021 年，税收智囊团成员已增加至 88 人，为全区 900 多户高新技术企业、42 家上市企业，推出"一户式档案"等定制服务，解决上市重组、股权转让等复杂涉税难题上千个，助推武进经济实现一轮又一轮的飞跃升级。

开拓校税融合，闯出职教一片蓝天

办税效率的提升不仅取决于税务人的业务水平，也取决于办税人员的专业素养。2018 年以来，何春明发现，总有一些年轻的财务人员，虽然经常来，但每次办业务都磕磕绊绊。交流中发现，他们大多毕业于附近一所职业技术学校的会计专业。这些学生明明是科班出身，怎么连基本的办税操作都不会呢？

带着疑惑，何春明来到这所职校一探究竟，没想到一开口，校领导就诉起了苦水："职业院校无论从师资力量、理论水平还是实习资源，都比不过高校，培养出来的学生不能很好地适应社会需要，我们也很头疼。"

早在 2010 年，常

州市把建设"中国职教名城"作为战略目标，推动30多家职业教育学校在这里落户，每年招收10万名以上来自全国各地的学生，为长三角一体化发展源源不断地提供人才支撑。

一头是实体经济发展的强劲需求，一头是千家万户的未来和希望。每一个职教生，承载的是社会和家庭的共同期待。培养出一名优秀的财务会计，利企、利民、利社会，也便利了税务部门，怎么才能把这一举四得的好事办好呢？

何春明主动和当地教育部门协调，推动行业协会和学校签署合作协议，编写财税教材，提供实践岗位，为学生的成长送去税务关爱。

"有了税务老师的助力，尽管我们是会计新手，但已经是办税'老手'了。无论是线上办，还是线下办，我们都没问题，放心吧。"如今，在武进，越来越多的职校毕业生特别是会计专业的学生，在学校时有税务和行业协会的专家不定期授课，毕业时还能得到他们的双重"认证"。人才的"适销对路"，让这些学生还没走出校门，就被企业"一抢而空"。

能为职业教育出一份力，何春明倍感欣慰。

从一窗通办到科学分流，从智囊服务到校税合作，何春明和他的团队，在探索更优质、更高效、更智能的税费服务中一往直前，努力向精准化服务的目标一步步前进。

回首过往，才知道已经走出了多远。今天，新"苏南模式"不断转型升级，"武进板块"始终傲立潮头。96%以上民营企业，贡献近九成税收收入。全国综合实力百强区、工业百强县、民营经济最具活力区第一名，武进这一方水土因民营经济风生水起。这一经济奇迹的背后，是无数个像何春明一样的江南工匠，心怀柔情、点滴奋斗，深沉执着，又充满力量……

朱　海　国家税务总局苏州市税务局党委委员、总会计师。作为一名资深的反避税专家，他在捍卫国家税收权益和服务经济社会发展大局方面作出了突出贡献。先后获评"全国先进工作者""全国五一劳动奖章""中国优秀青年卫士"。

"成绩和荣誉属于过去，我将始终不忘初心，继续坚守对国家利益的无限忠诚，继续坚持对税收事业的执著追求，继续谱写无悔青春的崭新篇章，去争取反避税工作的新突破，作为一块石、一粒砂，铺在实现中国梦的伟大征程上！"

——朱海

国际税收舞台上闪亮的中国"星"——朱 海

国际税收舞台上闪亮的中国『星』

经济全球化的今天，跨国税源的争夺日趋激烈，将税收留在哪个国家，考验着各国的征管能力。

绝不允许利用跨国关联交易转移利润，造成主权国家税款流失。

绝不允许利用避税洼地不缴税或者少缴税，破坏公平公正的市场环境。

有避税，当然就有反避税。

朱海，中国国际税收领域"重量级"的反避税专家，苏州市税务局反避税团队负责人，"全国先进工作者""全国五一劳动奖章"获得者、"中国优秀青年卫士"。提起朱海，苏州的外商企业耳熟能详。有人称他是蓄意避税者的"克星"，更多的人称他是依法纳税者的"福星"。

谈判专家

时间回到 2014 年。

"明天就要和跨国企业谈判了，我得抓紧时间，再把准备工作做细一些！"午夜时分，朱海仍在办公桌前伏案工作。

"产量占 60%，净利润只占 8%？子公司的获利水平与对集团的价值贡献明显不匹配，避税嫌疑很大。"一家世界500强的知名跨国公司A集团进入了朱海团队的视野。

主动出击，绝不放过任何一个疑点。经过周密的准备，终于到了谈判的那一天。

对手，是A集团副总裁，一位在国际税收领域深耕近40年，对国际通行税收规则了如指掌的谈判高手。身后，还有聘请的国际顶尖的两家会计师事务所和一家律师事务所的精兵强将。

面对朱海和他的税务团队，A集团一开始居高临下，咄咄逼人。

狭路相逢勇者胜！

朱海团队充分准备，从容应对，他们收集的各类信息数据量达6个多G的分量，将这些资料全部打印成册，有三四米高。

每次磋商谈判前，朱海团队都要反复模拟演练。凭借扎实的业务功底和多年积累的实战经验，朱海见招拆招。

经过20轮唇枪舌剑，A集团终于见识到这位中国税务专家的厉害，最终补缴税款及利息14亿元，其江苏子公司在集团的利润占比一下子由8%调整到近40%。这也成为首个中国反避税单案补税额度超过10亿元的案件。

"国家利益，分毫必争。"朱海坚定地说。从事反避税工作以来，朱海带领他的团队通过反避税补征税款120多亿元，单案补征税款超亿元的案件达25个，奏响了捍卫中国税收权益的最强音！

业务达人

作为一名资深的反避税专家，朱海深知，只有提高国际税收话语权，才能在激烈的全球税源竞争中维护中国税收的正当权益！

攻坚克难方显税官本色。朱海带领团队向反避税前沿的一座座桥头堡发起冲锋。"利用刻意抵消交易实施避税"的识别方法，针对"来料加工"企业的反避税调整……一个接一个首创性、原创性方案展示了朱海团队的骄人业绩，创造了反避税领域10多项全国第一。

在人口多、成本低、需求旺、容量大的中国市场上，跨国公司获得的高于本国市场的利润，这块蛋糕，怎么分才算公平合理呢？

"得规则者，得天下！"为了在国际税收舞台上发出更多中国声音、注入更多中国元素，朱海还带领他的团队在国内率先探索与实践了成本节约和市场溢价反避税理论。

这两条理论出现在了联合国年度转让定价手册上。安永会计师事务所合伙人洪吉丰对此评价："它们为发展中国家参与重新分割国际税收蛋糕提出了理论方法，是对新的国际税收规则的积极贡献。"

跨国公司面广量大，如何准确判断，谁是风险高、遵从差的避税者呢？

以往，反避税调查对象的选择犹如"隔墙扔砖头"，谁被选中有较大的偶然性。而且，被调查企业的风险并不一定最高。"这显然不利于鼓励企业主动遵从，也不利于营造公平竞争的税收环境。"朱海思考着。

要用同一把尺子衡量企业！在国家税务总局和国家税务总局江苏省税务局的大力支持指导下，朱海团队在国内率先构建了"全球一户式"跨境利润水平监控系统，用科技创新推进智慧税务，实现跨国公司关联交易的有效监控，跨国企业税收遵从意识明显提高了。

这项创新在全国得到推广，还作为唯一基层实践的"中国经验"，在第一届"一带一路"税收征管合作论坛上分享，帮助"一带一路"沿线国家提高税收征管能力。

服务明星

他不但是专家、学者、达人,还是一名响当当的"服务明星"。

某日资企业被朱海团队实施反避税调查,补缴税款近 5000 万元。但是,由于日本母公司已将企业转移的利润向本国进行了纳税申报,导致被重复征税。朱海主动告知企业可根据税收协定,提请中日双方税务当局进行磋商。依托前期高质量的反避税工作,通过有理有节的谈判,最终日本国税厅完全认可朱海团队的调整方案,由日方向企业退还了双重征收的税款。该公司高管称赞说:"江苏是一个讲税收法治,守国际惯例,重纳税服务的好地方。"

对于税法遵从度高的跨国企业,朱海团队主动加强服务,积极推进企业与税务机关签署预约定价安排(APA),就企业未来年度关联交易的利润水平进行约定。

近年来,朱海团队共推动 50 多家跨国公司与主管税务机关签订了 APA,帮助跨国公司消除了双重征税风险,稳定了投资信心。在苏州投资的世界 500 强企业由 2006 年的 81 家增加到 2019 年的 156 家,不少跨国企业还纷纷增加了投资。前面提到的补缴了 14 亿元税款的 A 集团不仅没有撤资,反而向江苏子公司增资 1 亿多美元。

高质量的服务也实现了政府与企业的共赢。时任苏州市委常委、常务副市长周伟强深有感触地说:"起初政府担心反避税会给投资者带来压力,影响当地的投资环境,企业不仅没跑,反而还在追加投资,这是我们没有想到的,朱海同志带领的反避税团队功不可没。"

2020 年初,新冠肺炎疫情对许多外资企业的生产经营造成了不利影响,朱海看在眼里,急在心里。如何帮助企业纾困解难呢?他和团队第一时间联系苏州处于预约定价安排执行期的企业，了解企业受疫情影响情况，经过充分沟通协商、认真分析评估，允许企业在原约定的利润水平基础上单独扣除因疫情增加的成本。

另一家世界500强的企业向税务部门提出了约定未来关联交易利润率的申请，但担忧疫情影响，一时签订不了。没想到的是，企业在提出申请后不久，就收到朱海团队的视频回复。视频一端的朱海团队悉心指导着，每次视频商谈多达几个小时。在10多轮磋商后，终于顺利地达成了协议。

及时高效的税收服务出乎企业意料，多家企业集团总部高度赞许，分别向国家税务总局王军局长和江苏省委书记、省长写信，衷心感谢税务部门，表达将继续深耕江苏、扩大投资的意愿！

在国际税收领域声名鹊起的朱海，成为各大会计师事务所和跨国大公司争相邀请的对象。数百万高薪挖不走他，世界一流的企业聘不动他。面对纷纷伸出的"橄榄枝"，朱海经常笑着说："NO！NO！NO！"说"NO"的时候，朱海很自豪，也很享受，因为初心与使命已经融入他的血脉之中。他享受着代表国家与国际税收精英一一过招，底气十足；他享受着身穿税服捍卫中国税收权益，成就满满；他享受着每一次为国旗税徽增光添彩的幸福时刻，无比荣耀！

他是国际税收舞台上闪亮的中国"星"！

刘双燕 国家税务总局安徽省税务局党建处一级主任科员，连续九年扎根农村担任贫困村第一书记，被誉为"党的好女儿、人民的亲闺女"，先后获得"全国先进工作者""全国脱贫攻坚奖贡献奖""全国第八届道德模范提名奖""全国三八红旗手标兵""最美公务员""最美职工""中国好人"等荣誉。

> "心中有信仰，脚下有力量！"习近平总书记的话一直激励着我前行。九年的驻村扶贫，让我的脚下沾满了厚厚的泥土，心中盛满了对贫困群众的浓浓真情。脱贫攻坚让我的生命变得更有价值、更有意义。新的征程上，我将继续弘扬伟大脱贫攻坚精神，践行初心使命，把为党尽忠、为国奉献、为民服务作为毕生追求，为实现中华民族伟大复兴的中国梦不懈奋斗！

——刘双燕

做贫困群众的"亲闺女"——刘双燕

做贫困群众的"亲闺女"

刘双燕驻村的经历,还要从 2012 年说起。当时,她被选派至安徽省亳州市利辛县最偏远的陆小营村。

了解到陆小营村的情况后,刘双燕心里直犯嘀咕,担心自己担不起带领村民脱贫的重任。到村的第一个晚上,呜呜的北风声中,刘双燕辗转反侧,拨通了母亲的电话,哭诉着条件的艰苦。妈妈却鼓励她说:"没有困难,组织上派你去干啥!可不能被老百姓指着脊梁骨说你是来混日子的!"妈妈的话坚定了刘双燕的信心,要强的她下决心在村里好好干下去,绝不让组织失望、让妈妈失望。

陆小营村地处偏僻,村里全是泥巴路,村民最大的愿望就是把路修好。但在 2012 年,对于一个国家级贫困县来说,修路的资金数额无异于天文数字。刘双燕经过无数次奔波,50 万元的修路资金终于到位了,水和泥的路真的变成了水泥路!看到卡车开到村头,粮食蔬菜能运出去,村民的生活也更有了奔头,她更是铆足了劲,要带着乡亲们甩掉贫困,一起致富。

当她沉浸在忙碌的喜悦中,噩耗突然袭来。一向硬朗的妈妈居然得了肺癌,刘双燕几次想要放弃驻村回家照顾母亲,可是母亲却安慰她要安心工作。

· 113 ·

子欲养而亲不待，五个月后，母亲走了。刘双燕强忍着悲痛，牢记着妈妈的嘱托，又回到了村里。她始终记得母亲说过：不光要做妈妈的闺女，还要做乡亲们的"好闺女"。

2014年11月，三年任期结束，刘双燕毅然选择继续驻村，担任朱集村第一书记、驻村工作队长。朱集村是一个深度贫困村，脱贫任务特别重。

看到村里来了个女村官，很多村民说："城里的女干部，是来'镀金'的吧？""俺们村穷得叮当响，就凭你能让俺们过上好日子吗？"听着乡亲们的你一言我一语，想想要让七百多贫困群众脱贫，过上好日子，刘双燕感到压力倍增，一刻也不敢懈怠。

贫困户周文峰夫妇有着轻微的肢体残疾，但不妨碍正常劳动，为了鼓励他们发展养殖业，刘双燕天天往他们家里跑，老周的媳妇嘟囔着："俺们家的门槛都被你踩塌了，养鸭子、养鸭子，还要让俺们贷款？这赔了咋办呢？"虽然被怼、被呛、被拒绝，但刘双燕始终没有放弃。

她想方设法联系专家指导技术，协调签订销售合同，最大程度地降低了风险。老周夫妇终于卸下思想包袱，贷款养起了鸭子，现在一年可出6棚鸭，每棚能挣8000多元。老周两口子不仅脱了贫，还成了当地身残志坚的致富典范。

村民周亚军家里有四口人，两个孩子读书，妻子长年患病，家庭十分贫困。了解到情况后，刘双燕又成了他们家的"常客"，一次次找周亚军谈心，引导他通过养羊脱贫。"我又不识字，还不知道咋喂，要是养砸了谁赔？"周亚军始终心怀顾虑。

"养成功了赚了钱是你的，赔了算我的，你一分钱不用掏。"刘双燕这句话让他吃下了定心丸，开始养第一只脱贫羊。

做贫困群众的"亲闺女"——刘双燕

为了确保养殖的成功,刘双燕再一次领着技术人员上门指导,找企业解决销售难题……就这样,周亚军越养越有劲,每年养羊的数量翻倍增长,收入也逐年增加,成了当地小有名气的"羊老板"。

两年多的时间,刘双燕带领村民们,修公路、改电网、接通自来水、营建产业扶贫基地,村民收入大幅提升,贫困群众"两不愁三保障"问题得到有效解决。朱集村由一个深度贫困村,摇身一变成为安徽的省级美丽乡村示范村。

村民们一开始叫她"刘书记",后来喊"双燕",现在村里的老人们都喜欢叫她"闺女"。老人们常说:"现在,吃得好、住得好,感谢习总书记,感谢共产党给俺们派来了这样的好干部、亲闺女!"

2018年3月,任期即将结束,刘双燕的女儿也即将参加高考,是走是留,她犹豫不决。班主任不止一次地打来电话说:"你到底是多大的官啊,家长会你一次都没来过!"更让她感到揪心的是,女儿经常在电话里说:"妈妈,我又长高了!""妈妈,我想你了!""妈妈,又要开家长会了,你能来吗?""妈妈,同学们都说我是没妈的孩子。"她可以圆村里贫困子女的读书梦,却圆不了自己女儿的小小心愿……如果再留三年,她就驻村九年了,可是脱贫攻坚正逢攻坚拔寨的关键时期,作为冲锋在一线的战士,只要还有一名群众没有脱贫,她就绝不能当逃兵!

爱人知道她的心思,安慰她说:"你放心留任吧,等女儿考上大学以后,我也和你一起扶贫去!"就这样她又一次留在了村里。

后来,刘双燕的女儿顺利考上了重点大学。接到大学通知书那天,一家三口特别高兴,一起吃饭庆祝后,刘双燕安心地回到村里。但万万没想到,几天后的清晨,噩耗再一次突如其来,女儿在电话中撕心裂肺地喊:"妈妈、妈妈,爸爸,他……"

爱人突发急性心梗骤然离世,刘双燕怎么也不敢相信,几天前的

"庆功宴"竟是他们一家三口"最后的团圆"。一向要强的刘双燕怎么也没想到，20多年来为她遮风挡雨的爱人就这样天人永隔，她满脑子想的都是离家时爱人的叮嘱，还有那再也等不到的团圆……

扶贫不是浪漫的抒情诗，在脱贫攻坚的道路上，有坚守，就有遗憾，有获得，就有牺牲。

长期高强度的扶贫工作，让刘双燕患上了严重的髌骨软化症，组织上了解她的情况后，要求她提前结束驻村回城工作，但是刘双燕实在放不下像父母一样爱她、需要她的乡亲们。

2020年，突如其来的新冠肺炎疫情，给扶贫工作带来严峻考验。村里春节期间从重点疫区返乡人员高达80多人，疫情随时可能在村里暴发。刘双燕得知消息，立即主动放弃休假，大年初三便赶回村里，组织村民24小时开展疫情防控。经过60多天的日夜坚守，村里无一例感染者。

在疫情稍微缓解时，她又抢抓县城企业复工复产招工的机会，收集招聘信息，多方奔走联系，帮助不能外出打工的50多位村民找到工作。与此同时，她还多方联系招商引资一家企业，采取"公司＋农户"的合作模式，引导村民种植千余亩中药材黄蜀葵，使更多的村民在家门口也能有个好收入。

曾经有人问刘双燕:"你去农村一待就是9年,你到底图个啥?"

图的啥呢?"图的是,让精准扶贫政策在村里落地生根;图的是,让村民们的美好生活愿望早日实现;图的是,让九泉之下的母亲和爱人骄傲和安心!"这就是刘双燕的答案。

现在的朱集村,成片的淡黄色黄蜀葵花竞相绽放,散发出阵阵清香,沁人心脾,为乡亲们铺就了一条幸福的小康路。

古有"我是江南第一燕,为衔春色上云梢",今有"安徽税务衔泥燕,飞入万家报春晖"。刘双燕,就像一只衔泥春燕,九年如一日,飞翔在脱贫攻坚的战线上,无怨无悔,义无反顾。

贫困群众喊刘双燕"闺女",这是安徽老百姓最亲近、最认可、最有分量的一种称谓,是对她辛勤奉献最高最好的褒奖。

"心中有信仰,脚下有力量"。她是父母的亲闺女,牢记妈妈的嘱托,扎根乡村,赢得了老百姓的认可和信赖。她也是乡亲们的亲闺女,让老百姓的生活"芝麻开花节节高"!她更是党的亲闺女,在坚守初心中砥砺情怀,在为民服务中担当使命!

张前宝 曾任国家税务总局广德市税务局新杭税务分局局长、党支部书记，现任国家税务总局广德市税务局经济开发区分局局长、党支部书记，税务师、经济师、审计师，安徽大学客座讲师，国家税务总局安徽省税务局货物和劳务税专家库专家、国家税务总局宣城市税务局兼职教师。2021年被表彰为"全国税务系统百佳税务所长"。

> 基层税务分局直接贴近纳税人缴费人，是税收管理服务的最后一公里。只有不断地走近纳税人缴费人，才能做发现问题的能手；只有不断地思考，积累工作经验，才能做分析问题的高手；只有不断地学习，熟练掌握各项政策，才能做解决问题的好手。

—— 张前宝

"前"进路上磨炼"税"月法"宝"
——张前宝

展开长三角地图,在苏浙皖交界,有个"一脚踏三省"的小镇——安徽省广德市新杭镇。

十年来,这里孕育了石灰石、水泥、汽车等产业,传统与现代共融共生、竞相迸发;

十年来,这里客商云集,税费收入从3.2亿元跃升至12.5亿元;

十年来,这里受益于长三角一体化国家战略,从一个名不见经传的小镇发展成为全国中部乡镇百强镇……

这蜕变的背后,融入了一名税务干部十年的坚守。他,就是"全国税务系统百佳税务所长"——国家税务总局广德市税务局新杭税务分局局长张前宝。

变"不能办"为"全能办"

2012年,35岁的张前宝刚到新杭分局,望着眼前设备老旧、功能单一的办税窗口,内心是忐忑不安的——新杭镇优越的地理位置、较低的用工成本吸引了大批苏浙客商,分局办税厅也因此承受了"被比较"的压力。张前宝明白,外地客商的期望值高,是因为他们见识过高水准的纳税服务。他下定决心,服务水平一定要迎头赶上！

该怎么办才能满足纳税人的需求呢？开超市的李大爷说出了他的苦恼："每次为代开一张发票也得跑趟县城，去一趟来回折腾大半天，要是镇上就能办，那该多好哇！"这话说得张前宝心中一震，纳税服务无论在哪儿，哪怕是最基层的农村分局，也要让老百姓都能办成事！

说起来容易，干起来可没那么简单，他走访了近百户纳税人，根据他们的需求，撰写了《关于农村税务分局职能定位问题的思考》，分析健全优化农村税务分局办税厅功能的必要性和紧迫性。他拿着笔记本，挨个记录纳税人来办的事，整理出大家最常办理的业务类型，合理设置窗口分布；他还每天抽出两小时，自己在前台办理业务，拿着秒表计时，测试窗口办税速度……就这样，前后忙活了四个多月，"全城通办"的"全能厅"在大家的期盼中如愿建成了。

就在2020年，这个不起眼的农村办税厅实现了"全市税务系统4%的人开出了全市10%的发票、服务全市20%的企业、入库全市30%的税收"。

从"独角戏"到"大合唱"

2015年的一天，某特钢公司的财务总监心急火燎地找到了张前宝说："我们公司到国外投资，对涉外税收问题一窍不通，我都快急死了！"

张前宝也犯了难，在基层分局，这类问题可从没接触过。为了弄清楚他们的难事儿，他专门买了涉外税收的书，每天琢磨到深夜，甚至利用周末，坐车四个多小时，跑到省城找国际税收专家，见了面赶紧请教问题。凭着这股钻劲，张前宝自己也成了这方面的专家。之后，陆续有几家涉外企业也来咨询类似的问题，每一次他都能对答如流。大家都说:"什么问题也难不倒他,前宝局长啊,就是我们的'法宝'!"

可还没等张前宝喘口气,新的问题又来了,有多家建筑企业反映:"那些'开矿山的老板'就是不给我们开发票,这部分的进项税抵扣不了,可怎么办?"张前宝一听,敏锐地意识到其中有很大的涉税风险。

于是,他带领大家走遍了辖区内的矿产企业,多次到国土、供电等部门沟通,独创了一套"四量预警"管理法,通过"开采测绘量""国土资源出让量""用电量""申报量"四要素,进行综合评估分析,倒逼企业加强财务管理:一个月内,就有7户矿山企业自行申报补税329万元,矿产行业税收入库明显增长,行业风险大幅降低。紧接着,他们又探索出琉璃瓦等5个行业税收预警模型,这些简便易行又行之有效的税收管理"法宝",引得苏浙两省兄弟分局多次前来取经学习。

纳税人的满意、同行的认可,这背后是张前宝无数个日夜的苦读和钻研。他的这股学习劲头"激活"了新杭分局税务干部的热情,看书学习成了他们新的放松方式。57岁的分局副局长范传清深有感触地说:"他呀,只要不是在工作,就是在学习!我就想,那我也不能掉队啊!"在张前宝的带动下,这个平均年龄近50岁的基层分局,全员参加了"三师"考试,已考试的科目通过率达100%。

这些年,新杭分局向上向善的氛围越来越浓厚,还为省市税务局输送了不少人才,每一个从这里走出去的干部都成为各自岗位上的行家里手。曾有人问张前宝:"你带队伍有什么秘笈?"他笑着说:"在我看来,无论是带好队伍,还是干好税务,学习都是制胜'法宝'。"

让"三地人"如"一家亲"

基层分局就是要成为连接党中央政策红利和纳税人缴费人的桥梁

纽带。2018年，部分行业增值税留抵退税政策出台，符合条件的纳税人可以提出申请，再由税务机关审核退税。张前宝却不愿等，他说："真正为纳税人着想，就要把纳税人的事当成自己的事来办，要把税收政策精准滴灌到企业的最渴望处。"于是，他主动"出击"，通过分析比对，发现某汽车公司符合退税条件，可以申请5000多万元的退税。他马上告知企业，带着公司会计人员驱车100多公里，找到出差在外的审批人，只花了一天就走完了原本一个月的流程，第一时间完成退税。

那个时候的他并不知道，就是这么一个小小的举动，为地方经济振兴，打开了巨大的发展空间。

"主动退税"的消息传回该汽车企业位于浙江萧山的总公司后，集团老总深受感动，直夸新杭的环境好、服务优，当场拍板"我要把更多的公司开到那里去"。在得知总公司追加了5.8亿元的投资，又把另一家子公司迁到新杭的消息后，张前宝激动地说："我早就盼望着有这么一天，只要服务和管理到位了，小镇也能迎来投资的春天。"几年来，受益

于区位优势和优质的营商环境，长三角地区企业纷纷来此投资，71个项目落地，总投资额超127.36亿元。

2020年，习近平总书记在扎实推进长三角一体化发展座谈会上强调："以一体化的思路和举措打破行政壁垒、提高政策协同，让要素在更大范围畅通流动，有利于发挥各地区比较优势，实现更合理分工，凝聚更强大的合力，促进高质量发展。"在习近平总书记重要讲话精神的指引下，国家税务总局安徽省税务局党委提出，税务部门要主动融入长三角一体化。张前宝率先落实，主动联合江苏张渚镇、浙江煤山镇，倡议"三镇"税务分局党支部开展党史三地联学、支部三地联建、实事三地联办；从"三镇"税务分局共享信息，到互派业务骨干挂职锻炼，再到协同处理涉税事项，用跨区域合作的方式，打开了新的发展思路。浙江湖州、安徽宣城两地税务部门，在互通交流的基础上，成立了"长兴税务—广德税务"税收协作先行区。

从广德到新杭，整整31公里。那是张前宝上下班的必经路，也是他的追梦路。十年来，他在这条路上来来回回5000多趟，将日复一日的单调旅途，走成了建功新时代的灿烂通途。他说："这是我的故乡，我站在这片土地上，就要把她建成最美的地方！"

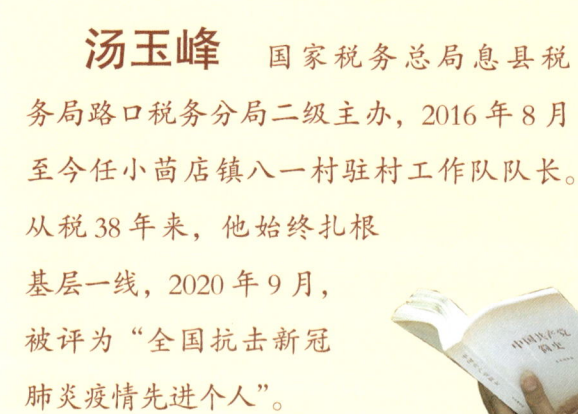

汤玉峰 国家税务总局息县税务局路口税务分局二级主办，2016年8月至今任小茴店镇八一村驻村工作队队长。从税38年来，他始终扎根基层一线，2020年9月，被评为"全国抗击新冠肺炎疫情先进个人"。

> 我只是一名普通的共产党员、一名基层税务老兵，做了我应该做的事情，可是党和国家给我这么高的荣誉！在全国税务系统中还有千千万万个奋战在脱贫攻坚和疫情防控一线的同志，他们默默无闻地坚守和拼搏在一线，这不仅是我个人荣誉，更是我们全国税务系统的集体荣誉！今后，我将把这份巨大的荣誉转化为服务地方经济社会发展和税收事业高质量发展的不竭动力，继续带领八一村父老乡亲在实现乡村振兴的道路上奋勇前进！

—— 汤玉峰

乡亲·母亲——汤玉峰

"交接鄂豫皖，贯通江淮汉"。被誉为"中华第一县"的河南息县，豫风楚韵，生机勃勃。位于息县东部的八一村，四年前，还是道路泥泞，十年九旱，人们生活窘迫。穷则思变，而改变，就从国家税务总局息县税务局派驻八一村扶贫工作队队长到任开始。现如今，15公里的水泥路连通各村组，清洌的自来水喷涌而出，三禾雪梨、水产养殖红红火火，村民实现了家门口就业，村子摘掉了"贫困帽"，父老乡亲的脸上也露出了久违的笑容……

似一缕春风，可以消融尘封的霜雪；似一汪甘泉，可以荡涤心灵。他看似平凡，却用真诚和执着支撑起了不平凡的人格。他就是汤玉峰。

倾力帮扶　村民是他眼里的亲人

一天，汤玉峰正带着八一村的村民咨询税收政策，同事们都打趣他："呦，老汤，你这是又带着娘家人办事儿来了！"他只是微微一笑，黝黑的国字脸上盛满了河南老乡的质朴与憨厚。

同事所说的"娘家人"来自于汤玉峰那句挂在嘴边的口头禅——"我有两位放不下的亲人，一位是生我养我的娘,另一位就是八一村的父老乡亲们!"

与这两位亲人的故事还得从2016年的8月说起。那天,汤玉峰离任分局局长,大家都觉得为税收事业奉献了半生的他,该轻松轻松了,没想到的是,他竟主动要求到八一村担任扶贫工作队长。

农村工作有多苦,没有人比他和妻子更清楚。妻子无奈又心疼地说:"你在农村干了三十多年,多少次回城的机会都让给了别人!现在退职了,你还主动去村里受苦受累!"汤玉峰知道,妻子虽然会心疼地埋怨他几句,但是总会默默地站在身后支持自己。然而,最令老汤心中不安的,还是家中那位八十多岁的老母亲。

汤玉峰是个孝顺的孩子,母亲含辛茹苦将他们兄弟姐妹抚养长大,他平时忙于工作,少有时间陪伴。如今该去膝前尽孝,好好陪陪母亲了,可驻村这样的大事怎么跟老娘解释,汤玉峰犯了难。

周末的小院里,洒满阳光,汤玉峰陪着母亲闲坐在荫凉下唠家常,几次想开口却欲言又止。眼看日头向西,老母亲瞧着儿子憋出来的一脑门子油汗,啥也没说,拿出了自己亲手缝制的一对护膝。

"吃饱穿暖,照顾好自己,多帮帮乡亲们,家里啊,不用你惦记!"

原来,母亲早就知道了汤玉峰要下乡扶贫的事。母亲这句话让汤玉峰的心里满溢着温暖和感动,也像一颗定心丸,让他在八一村一干就是四年。

四年间,得益于党和国家的好政策,得益于息县税务部门的大力帮扶,也得益于像汤玉峰这样全身心投入扶贫的好干部,八一村取得了一个又一个脱贫成果。一桩桩、一件件,听着、看着,妻子从无奈、心疼变成了支持、鼓励,老母亲的笑容里也满是骄傲和自豪。

在八一村宣布脱贫的那一刻,村民们激动地簇拥着老汤,紧握着他的手,老汤眼眶一红,动情地说:"大家不用谢什么,我在八一村待了三年，八一村就是我的娘家，我就是乡亲们的孩子，这都是我该做的。全面小康，咱八一村一个也不能少！"

奔赴"疫线"　母亲是他心中的牵挂

日子转瞬到了 2020 年春节，村里热闹的节日氛围被新冠肺炎疫情打断了。八一村所在的信阳市是河南省的"南大门"，有近十万人从湖北返乡，其中有八万余人来自武汉。特殊的地理位置让信阳市确诊人数一度位列全省之最，而八一村距离武汉市区仅 200 公里，处于河南省战"疫"最前线，疫情防控难度极大。

大年初二，母亲因病入院，正在医院忙活的汤玉峰接到县委紧急通知，春节假期取消，全员返岗开展疫情防控工作。看到病榻上的母亲，他不忍离去，但远方八一村的父老乡亲同样让他挂牵。看着窗外纷纷扬扬的雪花，汤玉峰内心却如同燃烧着一团焦灼的火焰。

"去吧，家里人都在呢，妈没事儿，记住啊儿子，你是公家人！"母亲的声音透着疲惫，可偏偏又是那么坚定。

汤玉峰不舍地告别母亲，全身心投入到忙碌的疫情防控第一线。全村 18 个村民组 1095 户群众，家家户户都留下了他的足迹。他还主动给 20 名武汉返乡人员送去酒精、口罩和生活用品。正在汤玉峰忙得不可开交的时候，被居家隔离的陈磊却发了难："我们一年难得回来几天，你凭啥不让俺串亲戚？"汤玉峰耐心地劝导他说："我母亲现在还在医院里，因为疫情，我也陪不了她。只要咱们同心协力战胜疫情，就都能和亲人团聚了！"为确保万无一失，他和两名村干部在陈磊家门口搭起了帐篷，无论刮风下雪、寸步不离。陈磊不由得心生愧疚："老汤！您回去吧！我服从安排，保证不离家门，不给大家添乱！"

漫天风雪中,身患二级残疾的贫困户张桂芝打来求助电话,说她高血压又犯了,但家里一粒药都没有了。汤玉峰一边让工作队的同志迅速赶往她家照看,一边不顾危险,顶风冒雪骑着电动车往返20多公里到镇上买药。当看到浑身湿透的汤玉峰从怀中掏出包裹得严严实实的药品时,瘫痪在床的张桂芝眼泪夺眶而出。

在为村民忙碌的同时,老汤心中始终藏着一个放不下的牵挂——"疫情一好转,我马上就回去看您,娘!"

牢记嘱托　他把尽责当尽孝

2020年2月8日,元宵节。正在值守的汤玉峰,突然接到了哥哥打来的电话,听筒那端的声音有些颤抖地告诉他,母亲的病情不容乐观,让他务必请假回去一趟。

纷扬的雪花中,热泪禁不住地流淌下来,厚厚的积雪上留下了一串串徘徊的脚印。记忆如同开闸的洪水——他清楚地记得,也是同样寒冷的冬日,母亲拿着家里仅剩的麻雀脑,用自己生满冻疮的手小心翼翼地涂抹在他的手上,轻柔地叮嘱:"玉峰啊,读书写字都要用手,可不敢给

冻坏了，好好学习，将来建设咱国家！"

他是多想回去陪陪自己的娘啊！可现在是抗击疫情最关键的时刻，他却不能回去。手掌轻抚着腿上的护膝，汤玉峰呆立在雪地中喃喃自语："娘啊，您一定要等着我，忙完这几天，我马上回去！"

可是，老母亲终究还是没能等到他回来。2020年2月13日凌晨，汤玉峰接到了母亲病逝的噩耗，就连最后一面也没能见到。那一刻，他这个在任何困难面前都不服输的硬汉子失声痛哭。内心被愧疚和遗憾占满，他想起了离家时母亲让他"多帮帮乡亲们"的殷殷嘱托，想起了八一村脱贫"摘帽"时母亲那自豪的笑，他知道娘会理解的，会理解的……

两天后，他为母亲料理完后事，拖着疲惫的身体再次回到了八一村战疫前沿，为总人口达8万多人的小茴店镇实现新冠肺炎"零确诊""零疑似"作出了一名共产党员应有的贡献。

冰雪消融，河畔的垂柳吐出了鹅黄的嫩芽；稻田涌动，饱满的稻穗孕育着收获的希望。在八一村的办公桌上，汤玉峰工作牌上习近平总书记那句"人民对美好生活的向往，就是我们的奋斗目标"格外醒目。旁边摆放的那张他与老母亲及家人的合照微微泛黄，照片中老母亲慈祥的笑容时刻激励着他不断奋勇前行。他将带着母亲的嘱托，让八一村的父老乡亲过上幸福的生活！

胡惠东 国家税务总局武汉市硚口区税务局宗关税务所四级主办。在2020年武汉新冠肺炎疫情防控阻击战中，他不顾个人安危，第一时间投身抗疫一线开展志愿服务，不幸感染，入住方舱医院后，加入临时党支部，协助医护人员开展工作。荣获"全国优秀共产党员""全国抗击新冠肺炎疫情先进个人"等荣誉。

> 作为一名从税33年的基层税务人，我始终觉得在别人看来的"逆行壮举"，只是源自平凡岗位的坚守，在这份坚守中深深感悟到共产党员和税务干部的责任担当。无论是税收工作中还是志愿服务中，只要坚持把每件"小事"做到极致，只要在关键时刻站出来，平凡中的人性之光就会照亮一切。

—— 胡惠东

站出来，凡人就是英雄

顶着疫情，他站了出来！

庚子之春，疫情肆虐，武汉按下了"暂停键"！

路封了、城空了，挤满脑子的病毒信息让人窒息、惊恐，然而，有一群人却不惧生死，志愿逆行，在空荡荡的大街上、在冷清清的小巷里，他们搬运物资、接送医患、封控值守、买菜送药，为保一座城倾己所有、为护一国人舍生忘死。胡惠东，就是他们中的一员。

2020年1月24日，大年三十，武汉"封城"第二天。窗外呼啸的寒风，夹杂着一辆辆救护车刺耳的声音，胡惠东的心也跟着一阵阵抽紧。

"我的城市我的家，就这样任由病毒打击、伤害吗？"

"不！我是武汉伢，我要站出来！"听说硚口区招募志愿者，胡惠东坐不住了："我有车，我可以当司机！"

可是，父母已年近九十，父亲还患有阿尔茨海默病，妻子刚做完手术，需要人照顾，这个时候出去，家人怎么办，感染了怎么办。

但看到在习近平总书记的亲自指挥下，无数医护人员白衣执甲、勇敢逆行，一幕幕感天动地的救援场景，让胡惠东心潮澎湃。他毅然决定，瞒着家人报名参加武汉市第一批交通运输志愿者。认领了新身份的胡惠东高兴得像个孩子。

第二天早上六点，怕吵醒熟睡的家人，胡惠东轻手轻脚收拾利落。没有防护衣，没有N95，他便带上最普通的口罩、手套，上了"战场"。向医院运送救援物资、协助转运急诊患者、接送医护人员上下班、为社区居民买药办事……日夜连轴转，成了他的日常。

记得那天武汉天寒地冻，胡惠东一出家门就打了个寒战。刚下楼，志愿者微信群急促响起："有一批企业捐赠的电暖器，需要送到11家社区卫生院。"

胡惠东顿时心里一紧：这么冷的天，早一分钟送到，就早带去一丝温暖。"让我来！"胡惠东像往常一样，第一个响应。

顶着瑟瑟寒风，在空荡荡的街道上，胡惠东一脚油门踩到底，马不停蹄跑了好几家医院。

他搬来搬去，跑上跑下，虽然汗水湿透了衣服，却有一股暖流从他心底涌起。

此时的武汉，每天新增确诊病例都在2000人左右，大量病患扎堆医院，一不小心就有可能被狡猾的病毒缠上。而去往医院，是胡惠东绕不开的任务。

即使得知12名医务人员感染的消息，胡惠东也没有停下运送物资的脚步。他说："站出来，就不能退回去；忙起来，也就顾不上怕了。"

2020年2月，疫情防控进入最关键的时期，武汉疫情防控指挥部向广大党员干部发出下沉一线的号召。

刚刚结束运输志愿服务的胡惠东，顾不上休息，顾不上家人，再一次站了出来，主动向组织请缨："让我去吧，党员就该冲锋在前！"

2月3日，作为单位第一批下沉社区的党员突击队员，胡惠东紧急奔赴硚口区仁寿社区防控一线，协助开展站岗值班、发放口罩、宣传防疫知识，他又忙开了。

不惧病情，他站了出来！

然而，命运并没有眷顾胡惠东。他的身体很快出现了不适，被确诊感染新冠肺炎。

得知结果，这个50多岁的铁汉子心乱如麻，他呆坐在车上半个小时："是什么时候感染上的？会不会传染给家里人？接下来我该怎么办？"

此时的胡惠东想起了英雄的爷爷。爷爷在抗日战争中失去了右眼，却仍然坚持战斗、屡建奇功。"我又怎么能害怕？必须跟身体里的病毒作殊死搏斗！"

隔离期间，妻子每天隔着窗台给他送饭。不能走太近，她就远远地守着，等他吃完，用精心搭配的

一日三餐来体现对他的鼓励和支持。

看着欲言又止、转身抹泪的妻子，胡惠东鼻头一酸："老婆，辛苦了，等我回来！"流过眼泪后，他更加坚定了战胜病毒的信心和勇气。

2月13日，胡惠东住进了方舱医院。经过治疗，身体逐渐好转的他，又闲不住了。协助医护人员发放盒饭、帮助清洁人员清理垃圾、积极加入方舱临时党支部……他说，作为一名党员，只要有需要，在哪里都应该挺身而出，在特殊的方舱医院更要这样。

胡惠东成了病友们心目中的"区域长"，遇到棘手事儿，大家都习惯找他"救火"解围。洗漱不方便、灯光刺眼影响睡眠、隔音效果不好等问题，到了胡惠东这里，都能得到妥善解决。

为了向病友传递信心和力量，胡惠东鼓励大家在空地上唱歌跳舞动一动、画画作诗乐一乐……一曲《明天会更好》唱响方舱，驱散阴霾！

要出舱了，医护人员舍不得这位乐观有爱的病人，拉着他拍照留念；小护士张晓坤还特意塞给胡惠东一盒爱心巧克力。医患之间结下了深厚的情谊。

心系民情，他站了出来！

4月，春暖花开，"解封"的武汉渐渐抚平伤口、恢复元气。

回到工作岗位的胡惠东又开始了另一番忙碌。

汉西二手车市场的一个商户发来微信求助："胡哥，受疫情影响，我们还没复工，资金链也快断了，咱们税务局有没有什么支持政策？"胡惠东赶紧联系税政和服务部门，商量纳税信用贷款的办理条件和流程，又找到在银行工作的同学，对接落实了贷款资金30余万元，解了企业的燃眉之急。

除了解决资金难题，胡惠东还积极落实各项税费优惠政策，主动提供贴心优质的办税服务，帮助解决纳税人具体经营困难。到5月底，他所服务的412户企业实现了100%复工复产。

企业活了，胡惠东心里的石头也落了地！

初心如磐、使命在肩。在生与死的较量中，胡惠东不畏艰险，奋勇前行，用共产党人的初心和使命，向心中永恒的信仰交出了一份"忠诚"的答卷。胡惠东也因此荣获"全国抗击新冠肺炎疫情先进个人""全国优秀共产党员"称号，在人民大会堂受到了习近平总书记的亲切接见。

面对至高荣誉，胡惠东却说："我只是一个平凡的人，一个普通的税务干部。"可就是无数平凡的人，在危难之际站了出来。这才有了"英雄的城市，英雄的人民"。

只要每个人都发好自己的微光，武汉的明天就会越来越好！中华民族的伟大复兴定将风雨无阻勇向前！

李幸福 国家税务总局岳阳市君山区税务局退休干部。20多年来，他一直扎根在税收征管一线，荣获"湖南省税务系统优秀共产党员"等荣誉。

> 从青丝到白发，我骑着自行车趟过了君山无数田间地头，走遍了辖区每个角落，把责任和温馨送到纳税人心中。20多年来，自行车成了我朝夕相处、如影随形的亲密朋友。在未来岁月里，它仍将是我人生路上履职尽责最真挚的陪伴。"幸福骑行"我仍在路上……

——李幸福

幸福骑行——李幸福

幸福骑行

自 1999 年从湖南省税务学校调到岳阳市君山区税务局以来，李幸福就从一名教师变成了忙碌在征收一线的基层税务干部。从青丝到白发，他骑着自行车，趟过了君山无数田间地头，走遍了辖区内每个角落，把税收好政策和税务人的温暖送到纳税人心中。纳税人亲切地称呼他为"单车税官"，而他却把这 21 年的风雨兼程，称为"幸福骑行"。这心爱的自行车，不仅让李幸福骑出了健康，骑出了快乐，也骑出了一名共产党员的幸福担当。

一部单车，架起征纳连心桥

君山区北靠长江，南临洞庭，面积约 628 平方公里，受河湖阻隔，交通不便。当时，辖区内零星分散着大大小小的个体工商户近千家，个体税收难管易漏。为服务好个体工商户，来君山不久，李幸福就买了第一辆自行车，就是那辆凤凰牌二八大杠。骑着它，每天一大早就出门，走大街、串小巷，挨门逐户地寻访个体商家。一开始，骑着自行车征收税款时，只要听到自行车铃声，不少纳税人总会露出不悦的脸色，李幸福有时会被纳税人在背后骂，有一次还被恶狗咬伤。尽管这样，他没有放弃，没有畏缩，把委屈当激励，把伤痛当磨炼。这些年来，他在全力做好征管服务的同时，还十分尊重纳税人的习俗，有些生意人"讲究"，上午不欢迎他去，他就下午去、晚上去，遇到大风天气，一天奔波下来，整个人灰头土脸，狼狈不堪。

一辆自行车承载力是有限的，但是凭借它可以把贴心服务发挥到最优。有家新开张的餐馆老板，起初听到李幸福的自行车铃声后要么躲避，要么找茬。李幸福从侧面了解到老板是一位下岗工人，可以享受税收优惠政策，于是积极沟通协调，帮助他办好了下岗证，让他享受了税收优惠政策。自此以后，只要听到李幸福的自行车铃声一响，餐馆老板总会走出店门，笑脸相迎，主动纳税，还经常骑着自行车陪李幸福东奔西走，宣传税收政策，甚至周末同他一起在美丽的洞庭湖畔快乐骑行，成了他最好的"骑友"。2020年受新冠肺炎疫情影响，餐馆受到不小的冲击，好在国家及时推出一系列助力复工复产的税费减免政策，当餐馆老板听到李幸福说"自2020年1月1日起，对纳税人提供生活服务取得的收入免征增值税"时，他按捺不住内心的激动，推出自行车笑着说："幸福铃声响，税政红利到！走，陪你一起送税政'大礼包'去！"

自行车既是李幸福和纳税人的连心桥，也是他工作上的好帮手。一次，李幸福骑车下户，发现长江外堤一处偏僻的地方有家砖厂开工，却没办理税务登记。他多次上门，厂长总是搪塞，还找到他的朋友拎着些礼物找李幸福说情，希望能网开一面。被李幸福拒绝后，他又叫人放掉李幸福车胎的气，拧掉车铃。李幸福郑重地告诉他："轮胎的气放了可以再充，车铃拧了也可以再装，但国家的税款，休想跑掉一分。"在李幸福的牛脾气面前，砖厂终于如实补缴了税款。

铃声阵阵，送来税惠好声音

2020年新冠肺炎疫情来袭，君山实行交通管制，自行车灵活便捷的特点再一次让它派上了大用场。李幸福和他的自行车加入了社区抗疫志愿者的队伍。他给自行车装上小喇叭，摇身一变成为"防疫宣传站"，每次骑着它去驻点值守，沿途播放防疫知识、派发防疫宣传单，都会受到街坊们的赞许。疫情形势好转后，商户们纷纷投入复工复产大潮中。他就骑着自行车逐户宣传国家助力复工复产的税收优惠政策，辅导他们享受政策红利，尽量弥补损失，增添商户战胜疫情、快速"回血"的信心和底气。

多少个日日夜夜，多少个寒来暑往，自行车驮着李幸福到底走过多少路，进过多少门，受过多少委屈，收获多少欢乐，他已记不清了，但他能真切地感受到君山的纳税服务越来越好了，征纳关系越来越和谐了。2020年落实减税降费政策、助力企业复工复产的任务特别重，

许多纳税人都盼着税务人多上门服务，君山区税务局的年轻税务干部就和李幸福一样骑着自行车走街串户，访商家、送服务、解民忧，把优惠政策一个一个地送到他们心坎上。令大家欣喜的是，君山的税收由20世纪90年代的3000多万元增长到2020年约4.7亿元，2020年落实各项税收优惠5800多万元，企业复工复产率达到100%。这一串串跳动的数字就像李幸福的自行车铃声，化作动人的音符，谱成了君山经济社会高质量发展的美妙乐曲。

幸福骑行，老李仍在征途上

这些年来，几任君山区税务局领导都对李幸福说："老李，你年岁大了，风里来雨里去的太辛苦，是不是考虑到机关来？"李幸福总是笑着回答："骑着自行车，跑着泥巴路，锻炼了身体，还能广交纳税人朋友。一旦离开熟悉而依恋的征管一线，真是舍不得啊！"

有人说："有辆自行车，活着就很快乐。"是啊，21年来，自行车成了李幸福朝夕相处、如影随形的亲密朋友。滚滚的车轮把他的生活渲染得充实而宁静，在未来岁月里，自行车仍将是李幸福人生路上履职尽责最真挚的陪伴。不论是过去艰苦环境下的走街串巷、颗粒归仓，还是如今把惠民税收政策送上门，让纳税人缴费人有更多获得感，幸福骑行，他乐此不疲。

从壮年到花甲、从青丝到白发，李幸福回想起骑行为纳税人服务的日子，他见证了家乡的变化、国家的发展，亲历了税收事业的壮大，他热爱这身蓝色税服，热爱税收工作，三十四年、一万二千多天的税务时光，每一天他都过得努力而充实。

"幸福骑行"，仍在路上……

龚少雄 生前系国家税务总局张家界市税务局党委副书记、副局长（正处长级），2020年3月30日在主持市局疫情防控专题会议时突发脑干出血，经抢救无效不幸去世，年仅53岁。曾荣获"湖南省优秀共产党员"称号，入选"湖南好人榜""中国好人榜"，被评为"敬业奉献好人"。

他将"党员红"和"税务蓝"，揉成服务人民的底色；他以鲜血和生命，书写坚守担当的答卷。都知道他朴实勤勉，却不知他忍受过多少病痛折磨；都知道他挺身而出，却不知他熬过多少不眠之夜。就算生命最后一刻，他还在岗位上忙碌。

他是儿子，是丈夫，是父亲，是兄长，是同事，是朋友，是最好的自己，是这个时代的中流砥柱。亦余心之所善兮，虽九死其犹未悔。"雄"心一片铸税魂，是他一生最美的勋章。

一片"雄"心 铸税魂

秋家湾，永定区沅古坪镇往西 8 公里，是一个人口不足 300 人的小山村，山清水秀，一条小溪穿村而过，青石板铺路，吊脚楼依山而建。

"快看！少雄上电视了，习近平总书记接见他，跟他握手了！"

"是他！真的是他！"把手机画面放到最大，母亲十分肯定地告诉乡亲们。乡亲们的奔走相告，让寂静的小山村顿时炸开了锅。大家伙儿翻开手机画面，身材高大、穿着"税务蓝"、戴着大红花的龚少雄正在被习近平总书记接见……

助残有爱

2014 年 5 月 17 日，习近平总书记等党和国家领导人在人民大会堂会见全国自强模范暨助残先进个人。因残保金改革试点成效显著，龚少雄是受表彰的代表之一。

可是，就在几年前张家界有 10 万残疾人，残保金收入却不到 300 万元，残疾人就业率不到 5%……着实让人揪心。

"这么多年都过来了，何必出这个风头？"

"我家里也有残疾人，我知道他们日子有多难！"

到了这个时候，龚少雄知道，改革已经不得不开始！从解决温饱入手——安置残疾人就业。要知道，为残疾人找工作，可不是一件容易的事儿。他从全市70多家企业中挑选出10家，计算对比，为50名残疾人"量身订制"用工企业。桑植县一家农产品加工企业的负责人有顾虑，龚少雄反复去做工作，最后这家企业的负责人终于松口，愿意试试看。为了让残疾人朋友们能够端牢饭碗，龚少雄决定长期"蹲点"。他与负责人交心，倾听他们最真实的想法；他和残疾人交朋友，鼓励他们自强自立。龚少雄的一举一动，企业都看在眼里、记在心里，也渐渐消除了对残疾人用工的偏见。

他走遍全市100多家残疾人企业，残保金征缴企业从628户增加到1877户，残保金收入足足增长了四倍。在以龚少雄牵头落地的残保金征缴"张家界模式"，为湖南省残疾人就业立法提供了现实样本和成功经验。更值得骄傲的是，2015年，以该模式为蓝本的残保金"新政"在全国广泛推行。

脚下有多少泥土，心中就沉淀多少真情。正是因为他能扎根于农村、扎根于基层，正是因为他有敢为人先的胆识、不畏艰难险阻的决心，和一颗永远为人民谋权益的初心，才让人民拥有更多的安全感、满足感、幸福感。

心系扶贫

2018年的国税地税征管体制改革中，担任"一把手"仅3个月的龚少雄由"正"转"副"。"正"转"副"后，位子变了，可是心态不变；职责变了，可是担子不减。他全力化解"四合"进程中的矛盾，深入了解干部需求，督促各方协作完成任务。正是凭着这颗矢志不渝的初心，2019年张家界市税务局被评为全省税务系统"四合"示范单位。

朱法纯，是南坪村最早脱贫致富的建档立卡户，他们家里种了九亩的蔬菜地，本想在春节期间卖个好价钱，稳稳地赚一笔。可当了解到湖北武汉的疫情远比想象中严重得多，立马决定将自家的萝卜捐赠给武汉，其他村民也纷纷响应。而在这特殊时期，还是急缺劳动人手和运输车辆。

"这可怎么办啊？"这可急坏了在一旁的老朱。

"有困难，找龚大哥！"

作为"两项帮扶"工作组组长，龚少雄是联系村的常客。工作之余，他三天两头就往联系村跑，大家都开玩笑地说，他对联系村的事儿比自家的事儿还上心。是的，当接到电话时，他立即联系车辆，组织人手。

长时间的站立和高负荷的重物搬运，压得他喘不过气来。为缓解疼痛，龚少雄从口袋里抓了把药，塞进嘴里，来不及歇口气，便投入到紧张的劳作中。田间地拔完萝卜、砍完白菜，他来到村部大卡车旁，从村民手中接过背篓、箩筐，将蔬菜货物，一箱箱装上车，一层层码好。当满载 20 吨高山无公害蔬菜的大卡车驶出时，龚少雄已经累得满头大汗，脸色煞白，浑身没有了一点力气。

他实在是太累了……

是啊，他太累了，尽管身体已经累得直不起来，尽管双手的老茧已经磨破，龚少雄坚守着自己举起右手宣誓时的那颗为党和人民服务奋斗终身的"初心"。

"战"疫在前

让我们把时光的指针，再拨回到 2020 年 1 月 23 日。新冠肺炎疫情汹涌来袭，九省通衢的武汉宣布封城，整个中国按下了"暂停键"。在这场没有硝烟的战争中，是谁，冲在了最前面替我们负重前行？

"我是书记，我来上！"又是他，在大家都不知道怎么办的时候，龚少雄又冲在了第一个。

那是正月初五，位于城中心的雅典小区一家 5 口从外地返回，经证实，他们与确诊患者有密切接触史。消息一传出，整个小区陷入了一片恐慌。龚少雄没有半点犹豫，说："我来想办法，交给我！"可是，在这两千多人的小区，仅凭监控中一段模糊的影像，准确快速地找出这户人家，谈何容易？

疫情之下，所有人都在跟死神赛跑。龚少雄立刻带人分头行动，跑上跑下，一层一层地找、一户一户地问。最后，终于找到这户人家。在龚少雄的劝说下，一家 5 口最终同意隔离。可他们不知道的是，此时的龚书记已经整整 48 个小时没有合过眼。

坚守初心

党的需要就是冲锋的号角，人民的期盼就是奋斗的目标。任何困难都阻挡不了龚少雄践行初心的步伐，哪怕生命中的最后一刻，他还在不停地忙碌着……

2020年3月30日上午9:00，参加每月工作例会，龚少雄跟同事们打成一片，有说有笑……

12:10，龚少雄在办公室吃盒饭。

13:32，听取两个联系村迎检工作汇报时，他不时用手搓揉太阳穴，疼得厉害，同事劝他去医院看看吧，他轻声说："没事儿，老毛病了！"

14:30，研究部署主题教育相关工作时，他终于忍不住说："好困，想睡会儿！"并用手使劲掐自己的下巴，让自己保持清醒。

16:48，召开疫情防控专题会，他又使劲敲打太阳穴，手不听使唤地抖，拿不稳笔，怎么努力都握不住……

17:25，他趴在了会议桌上。这一趴，他就再也没有抬起头来……

4月4日，经过5天5夜的紧急抢救，龚少雄还是走了。

"雄"心一片铸税魂。这"雄"心是为纳税人得红利的初心，是为人民谋幸福的初心，是为国家助复兴的初心。他无声的背影和他的名字，永远留在了他深爱的土地上，永远写在了为民服务的春风里，永远刻在了人们的心中。这片"雄"心将永远激励着税务人乘风破浪，奋勇向前！

刘 莹 国家税务总局永顺县税务局党建工作股干部（四级主办），现任永顺县颗砂乡新寨村驻村第一书记。她坚守脱贫攻坚第一线18年，先后获评"全国先进工作者""全国五一巾帼标兵"等荣誉称号。

> 感恩时代赋予我拼搏奋进的机遇，感恩祖国的繁荣昌盛给予我奋斗的沃土，感恩党的不断教诲让我信念坚定。生逢盛世，为了中华民族的伟大复兴，我有幸参与脱贫攻坚，实现我们的中国梦，脱贫致富的路上我们没有落下一个人。我将把荣誉化为动力，投身乡村振兴，为建设社会主义新农村继续努力，不负韶华，勇于担当。

——刘莹

村子里来了个"刘老师"

在湖南西部边陲的大山深处，藏着一个回龙村。几百年来，村民们日出而作，日落而息，日复一日，年复一年，早已习惯了贫穷和落后。

2005年，村子里突然来了个刘老师，打破了小山村原本的宁静。村民们很快发现，村里的一切都变了样。

第一次和乡亲们见面，刘老师就把大伙给惊住了。别看她穿衣打扮很时尚，可一张嘴就是一口地道的土家话。才来没几天，就赶上村里过小年杀年猪，可村里的杀猪师傅却摔伤了手，拿不了刀，就在村民们着急的时候，正在走访的刘老师二话不说，拉上几个村民，提起刀就把猪给杀了。在场的庄稼汉一个个惊得目瞪口呆：这么斯文的妹子，居然还会杀猪！

留守娃的最美"妈妈"

会杀猪算个啥，刘老师给大家带来的惊喜，还在后头。5岁多的留守儿童小汪杰患有自闭症，从不开口说话，整天只知道坐在门槛上，眼神空洞得就像没了魂一样。乡亲们都说，这孩子，怕是没救了。

可刘老师不信邪。平时只要有空，刘老师就会带上糖果和玩具，去小汪杰家陪他玩耍，找他说话。有一天，刘老师在陪小汪杰看动画片的时候，看到小汪杰的眼睛里突然有了光彩，嘴巴还一动一动，原来他是在模仿动画片里的一句台词，似乎是想发出点什么声音。这让刘老师找到了突破口。后来她就经常扮演动画片中的角色，用里面的台词和小汪杰交流，一字一句地引导他开口说话。

那天下午，小汪杰放学经过刘老师的办公室。刘老师正准备跟他打招呼。小汪杰突然羞涩地对着刘老师叫了一声"妈妈"。什么？刘老师震惊了："孩子开口说话了，他叫我妈妈。"她望着小汪杰已经远去的瘦小背影，内心充满了欣慰。

村里人看着不会说话的小汪杰居然开了口，都给"刘老师"竖起了大拇指："这个妹子还真是神了啊！"。

帮扶村的最美"农民"

但这认可的背后，也有人不以为然。"她要真有本事，就给我找个婆娘来。"40多岁的"光棍汉"李士跃就是其中的一个。

回龙村是有名的"光棍村"，全村2127人，像李士跃这样的光棍汉就有132个。他们最大的愿望就是"找个婆娘成个家"。就连村支书老张也抱怨说："咱们回龙村穷啊，到村里相亲的妹子，十个来了九个跑，留都留不住。再这么下去，咱们村可就后继无人了哟。"

不想当光棍，那就得栽下"梧桐树"，引来"金凤凰"！刘老师知道，妹子不愿意来村里，这"病灶"就是"穷"，穷就穷在村里位置偏，穷就穷在生活条件差。是啊，只有开对了"药方子"，才能拔掉"穷根子"。这样，村里的光棍汉才能找得到婆娘。

而这"药方"之一就是修路。刘老师说干就干。她一边找勘探队设计乡村路线规划图，向组织申请专项修路资金，一边发动乡亲们一起开山修路。

三个月后，回龙村通了水泥路，县里的班车第一次开到了村民们的家门口。可是光有路还不够，还得让乡亲们富起来。这一直是刘老师最牵挂的事。

望着村民们世代生活的大山，刘老师陷入了沉思：都说靠山吃山，还是要从大山里找法子。可是这么大一片山，种点什么好呢？这时，她突然想到了上次农博会上认识的湖南农业大学的王仁才教授，她立马打电话给王教授。王教授告诉她，"需要采集土壤样本，根据土壤的性质，才能确定适合种植的品种。"

刘老师听到后，立即戴上草帽，顶着烈日，爬遍了村里的每个山头，用铲子铲了 60 多份土，加起来足足有一百多斤。霸蛮的刘老师，硬生生地把土壤样本扛出了大山，扛上了通往长沙的列车，扛到了王教授的实验室。看着门外汗水湿透了衣服的刘老师，王教授说："你这样扶贫，以后你的事，我全包了。"很快，检测结果出来了，油茶经济价值高，生命力强，最适合当地的土壤！

专家的答案让刘老师乐开了花，兴冲冲地赶回村里，把这个消息告诉了大

家。没想到，村民们当头泼了一瓢冷水："你叫我们种油茶，到时能卖得出去吗？"面对乡亲们的担忧和质疑，刘老师背着背篓，挨家挨户地送茶苗，跟他们说："你们只管放心种，销路早就给你们想好了！"

刘老师一边联系专家给村民指导技术，手把手教村民栽种、施肥、剪枝，一边张罗油茶的销路，找厂商签订预售合同。这下，村民们悬着的心彻底落了地，干起活来更加有劲头。现在，村里的油茶树树挂果，茶油品质不断提高，市场价格越来越好，仅此一项，当年村民人均增收了一千多元。

同时，刘老师还带领村民成立了多个农产品合作社，村民收入越来越高，回龙村焕发出了勃勃生机。外出求学的大学生回来了，出门挣钱的人也回来了，一个个新媳妇也顺着新修的水泥路嫁进了回龙村。看着"光棍村"变成了"幸福村"，张支书逢人就说："乡亲们手头活了，老光棍们的媳妇也进了门，要说这扶贫啊，我就服刘老师。"

时间过得飞快！刘老师已经在大山里待了16个年头，她成了村里娃的好妈妈，成了光棍汉的大红娘，更是乡亲们过上好日子的带头人。说了这么久，这个刘老师到底是谁呢？她呀，就是国家税务总局永顺县税务局四级主办，驻永顺县西岐乡瓦厂村扶贫工作队队员，她叫刘莹。

这16年来，她把工资拿去资助贫困群众，直到现在还租住在40平米的小房子里。

她帮扶的11个村全部"脱贫摘帽"，1347户贫困户5139名贫困群众都实现了全面脱贫。

总有人问刘莹："你在大山里待了16年，究竟值不值？"她总是坦然一笑说："只要能为村里的乡亲们做点事，只要能让他们摆脱贫困，过上好日子，我就觉得特别值。如果乡亲们需要我，我还会继续干下去，让山更美，让水更甜，让山里人的日子过得更红火！"

张国航 国家税务总局防城港市港口区税务局党委委员、副局长，注册会计师、税务师，国家税务总局企业所得税管理人才库和大企业管理人才库成员，参加全国税务系统税收征管业务练兵比武获得广西第一名，先后荣获"全国税务系统百佳税务所长""自治区激励干部担当作为'六稳''六保'专项奖励"等荣誉。

> 10年来，我像工作的第一天那样，对工作充满激情，对纳税人充满热情。日复一日用心、用情、用力、用责的税收工作，也让我开始问自己，我是一名合格的税务人吗？一名优秀的税务人还应该具备什么？当我落实减税降费近12亿元，让企业轻装上阵；当我辅导核电公司享受先征后退6.3亿元，为"华龙一号"走向世界贡献税务力量；当我不断得到纳税人的认可，我明白了何为一名优秀的税务人。

—— 张国航

青春好做伴　建功北部湾——张国航

在北部湾畔，有一座小城，"海上丝绸之路"从这里出发，"一带一路"从这里经过。昔日的小渔村广西防城港，如今已经成了国际化的生态海湾之城。这飞速发展的背后，凝聚了无数青春奋斗的故事。而与这座城市一起成长，并为之贡献税务力量的35岁青年干部——"全国税务系统百佳税务所长"张国航，就在这里留下了故事。

让企业轻装上阵

2010年，我国西部地区第一座核电站落户防城港，它是国家"华龙一号"核电示范项目，建成后每年发电量将接近半个三峡水电站。

但是，这样一个国家战略项目，在享受增值税先征后退优惠政策上，却遇到了难题。

2008年，国家出台了核电专项税收优惠政策，明确核电企业可以按照单机组核算，实现边建设、边发电、边减税。可实际上，现有的申报表却只能以整个公司进行申报，无法实现单机组核算。这意味着必须要等6台发电机组全部建成才能享受优惠，这一等预计需要20年的时间，这一等损失将接近20个亿。

为尽快解决这个难题，张国航马上行动，带领团队前往深圳、大连、宁德等地学习考察，但却发现并没有现成的经验可学。怎么办？事情没法推进，想要解决问题，必须另辟蹊径。但是，大胆创新，又是否会有风险，会被追责？张国航辗转反侧……

落实减税降费政策，"让企业轻装上阵"本来就是税务人应有的担当！张国航说："有风险，我来担！"当时刚满32岁、初任税务分局负责人的他，带领团队反复研究，方案起草了十几稿，针对性地对策提出了几十项，笔记整整写了5大本。终于，通过逆向思维，他找到了一条既严格遵守税收政策，又能够实现单机组核算申报的方式，大家称它为"华龙防城港号方案"！这一方案顺利为防城港核电1号、2号机组办理增值税先征后退，为"华龙一号"走出中国、走向世界贡献了税务力量。

作为西部陆海新通道的重要枢纽，国家对防城港寄予厚望。但港口却分属四个公司，规模小，协作性差。要做大做强，企业必须重组！

重组工作涉税业务复杂，企业知道要有税务部门的指导才能事半功倍。

"张局，帮帮我们！"焦灼的目光又一次落在了张国航面前。

企业的信任不能辜负。可张国航对重组工作涉税业务并不熟悉，答应了就意味着没日没夜地加班，刚给妻子"多照顾照顾家庭"的承诺，又将成为一句空话。但是"帮助企业解决税收难题，不就是我们应该做的吗？"

在他的努力下，半年后，企业不仅顺利完成了重组，还节省了税款。重组后的码头公司变大变强了，满载的货物输送到了"一带一路"沿线国家。仅2020年，防城港码头完成货物吞吐量1.21亿吨，实现了疫情当下20.13%的逆势增长，创下历史新高。

为民生倾情投入

防城港还是全国最大的一批食用油加工基地之一，全国每8桶食用油里就有1桶产自防城港。可是2020年新冠肺炎疫情暴发时，面临困境、急需政策支持的粮油企业却没有一家出现在第一批疫情防控重点保障物资生产企业的名单上。

"有困难，找国航！"张国航的电话再一次响起。但，正准备着手帮忙的他却听到了不同的声音："这不是税收业务，不是你能钻研出来的，涉及这么多个部门的事，人家能听你的吗？"其实，他心里也没底。

询问清楚企业当前的情况，仔细研究了20多份粮油物资文件后，他发现，在农业部门给一家粮油企业的认定中，提到了粮油是重点保障物资。这就是突破口！

他立即到农业部门确认相关情况，得到了肯定的答复。随后他又来到了发改、财政、工信等部门，把能想到的部门几乎都跑了个遍，从粮油的保障作用到企业当前面临的生产难题，一一分析。

终于，全市12家粮油企业都出现在了第四批重点保障物资生产企业的名单上。2.79亿元的税收减免，帮助全市粮油产业迅速复工复产，2020年全市粮油产量占全国总产量的近七分之一，实现了7%的同比增长，产业发展形势喜人。

在防城港广袤的海域旁，生活着全国唯一的海洋民族——京族。这个拥有14项非物质文化遗产的民族，总人口加起来才3万余人。"靠山吃山、靠海吃海"，勤劳的京族人民世代以打鱼养鱼为生，即使迈入了现代社会，"税收"两个字对他们来说也很陌生。近年来，防城港市海水养殖业迅速发展，但是渔民们认为成立公司开展规模化养殖，要缴税，收入会减少，仍坚持传统的家庭养殖模式。

张国航看在眼里，记在心上，一有机会就往渔村跑，告诉渔民们，"公司＋农户"的经营模式不仅可以减免税，还能扩大规模，收入会大幅提升！

渔民们起初并不相信：你一个税务干部，口口声声说不收税，那你来干啥？

张国航愣住了：收税并不是税收工作的全部啊，我们还有服务群众、服务国家的责任。渔民们一时不理解，没关系，是我做得还不够，为了渔民们的幸福生活，这件事，我一定要干下去！

慢慢地，羊森养殖公司、荣泉养殖公司……越来越多的渔民带着对美好生活的憧憬，加入了公司，享受到了现代化大规模渔业养殖带来的红利。如今，连片的蚝排、满满的虾塘无比壮观。京族人民人均年收入已达3万多元，在乡村振兴的征程上日子越过越红火！

向未来青春正好

每天上山下海的张国航，其实还是税务系统里有名的"青年才俊"。注册会计师、税务师，入选国家税务总局大企业税收管理人才库、企业所得税管理人才库……慕名而来的企业向他抛来了橄榄枝；可是，面对更高的发展平台、翻了几番的工资，他都谢绝了。

每次面对追问，他却不愿多说，只是会常常想起上学时必经的那条小路。小时候，家里穷，是哥哥姐姐不得不辍学打工、乡亲们一分一毫地拼凑，才让他从那条蜿蜒小路走出了大山。家乡这片广袤的大山，是抵御外敌入侵的前线，这也意味着，想要走出去，就要付出比一般人更多的艰辛。

2007年，作为县里的高考状元，他怀揣着国家西部奖学金走进了中国青年政治学院的大门。毕业后，他成了税务大家庭的一员，这个山里娃从未想过有一天还能穿上这身"税务蓝"。他把税务工作当成了回报社会最好的选择。

记忆中，他从未忘记前行路上，每一双温暖的手，每一个关爱的眼神；是倾囊相授的师长，是并肩作战的同事，是激情满满的团队，是渔民们的一张张笑脸，是纳税人的一声声"谢谢"……

这份充实与感动是任何事情都替代不了的，张国航的生命已经融入了这片山，这片海。

他说："生机勃勃的北部湾方兴未艾，而我们，青春正好！"

吴　娟　国家税务总局重庆市税务局企业所得税处副处长，参加过第六次和第七次的个人所得税改革，带领团队推动了第七次个人所得税改革的平稳落地，将个人所得税改革的温暖送到千家万户，先后荣获"全国先进工作者""全国巾帼建功标兵"等荣誉。

> 入党25年，从税24载，我作为"攻坚手"和业务骨干参加了多轮征管税制改革。我很骄傲，因为我们的努力让税收更好地服务了经济社会发展；我很幸福，因为我们的拼搏让纳税人缴费人的生活更加美好；我更是幸运的，只是做了自己该做的事，却得到组织和大家的认可，荣誉满满。奋斗在新时代征程上，我将不忘初心，踔厉奋发，不辜负组织的信任和厚爱，用心用情写好税务故事，用自己的实干和奋斗书写一个共产党员应有的样子！

—— 吴娟

让个税改革的温暖直抵人心

专项附加扣除传递的"人民至上"

从 20 世纪 90 年代起，个人所得税改革就从未停止过脚步，28 年间就经历了七次，而 2018 年这次更是让上亿的工薪阶层减了税，是老百姓眼里最温暖、最有温度的改革。没错，这次税改起征点从 3500 元提高到 5000 元，史无前例地设立了六项专项附加扣除，无不传递着"幼有所教、老有所养、住有所居"的人间最暖烟火气。

纳税人享受每项优惠政策的背后，沉淀着无数税务人的汗水和努力。最让吴娟难忘的，是将赡养老人纳入专项附加扣除的前前后后，那时她正在国家税务总局参与税法条文的修改工作。谁家没有老人，谁又没有老的时候，孝老爱亲是中华民族的传统美德。可是在前期调研中发现，没有主管部门可以提供赡养老人信息。那么，怎么核实所填信息的真实性？非独生子女家庭还涉及分摊，引起家庭纷争怎么办？这些问题和压力困扰着税务总局的领导同事，也困扰着吴娟这个敢想敢干、永不服输的重庆妹子。

"脱下税服回到家，咱也是普通老百姓，也要关心柴米油盐，也要操心老人孩子。在充满烟火气的城市里，有多少不认识的人正扛着生活的担子负重前行？"想到这儿，吴娟和大家又有了前进的动力。吴娟和大家逐字逐句研读法律条文，借鉴国际经验，讨论扣除标准和范围；跑了民政部、公安部等十几个部委，反复磋商协调数据口径，建立了信息共享机制……在税务总局东小楼彻夜灯火通明的会议室里，他们向一个个改革难关发起冲锋，经过充分论证，提出了专项附加扣除实施方案。

当吴娟走出办公室，看着初升的朝阳，心中充满了自豪。因为她心里明白，一项扣除虽只能为纳税人省下几十元或几百元，但足够给孩子买一个玩具，给老人买一件衣服，给一个家庭多一次聚餐的机会。仅重庆，专项附加扣除就减税23亿元，这不就是个人所得税的温度吗？这不就是人民至上的温暖吗？吴娟为自己能参与其中感到骄傲，但这骄傲与传递这份温暖一样，都来之不易。

首次年度汇算大考的"冲锋陷阵"

2020年4月，重庆某高校部分学生发现自己的个人信息被不法企业冒用，吴娟了解之后，马上意识到这种情况是税改之后出现的新问题，她立刻和同事们辅导学生在App上进行申诉，维护了学生的合法权益。她们通过大数据，快速追踪到窃取学生个人信息的企业，找到了幕后黑手。这件事也推动了全国税务系统与公安、教育等部门通力合作，依法查处了一批冒用个人身份信息偷逃税款的不法企业，让税改的红利更公平地惠及老百姓。

看到事情顺利解决，吴娟松了一口气，但一想到即将开始的"没有硝烟的战斗"，她的心又一次紧张起来——个税汇算，是新税制落地

让个税改革的温暖直抵人心——吴 娟

的期末大考，能否快速精准地将税款退到纳税人手中，关系到能否将这份温暖直抵人心。让所有人都想不到的是，突如其来的新冠肺炎疫情，让战斗变得更加急迫。当看到原来人头攒动的解放碑门可罗雀，灯火璀璨的洪崖洞暗淡无光，穿梭往来的长江索道早已停摆，小区封闭、工厂停工……她内心隐痛，再也坐不住了，马上和同事们联系，提前返岗。因为她知道，受疫情影响，纳税人会有更多的时间来关心自己的抵扣情况和退税进度，哪怕能多退一笔，或许就能为纳税人米缸里多加一袋米，餐桌上多添几道菜，让疫情中渴望温暖的人们再多一份温暖，于是她带领同事向税改的"最后一公里"发起了冲锋。

退税信息审核，听起来很简单，做起来却困难重重。因为不管是税务人还是纳税人都是第一次接触，纳税人难免漏填、错填甚至是乱填，无论哪一种情况，都可能涉及成千上万人，都意味着大家必须要付出更多的时间、耐心和汗水去宣传、去解释、去关怀。在超负荷运转的工作状态下，他们忙碌了近两个月，审核退税数据近七万条，退税三亿多元，在快看见胜利的曙光时，一个突如其来的任务，让大家措手不及。

临近下班时，系统突然又刷新了几千条需要审核的数据，瞬间"硝烟四起"。吴娟的手在颤抖，心也在颤抖，这已经是连续工作的第28天了。经开区税务局的小王，孩子还在哺乳期；江北区税

· 161 ·

务局小张的婚期已经一拖再拖；就连吴娟自己都已经好久没和儿子说说话，握握手了……面对这么艰巨的任务，怎么办？她们没有忘记曾经的誓言：让个税充满温情，让温暖直抵人心！唯有兑现承诺，负重前行。为了能更高效地办理退税，吴娟带领大家编写了23个内部工作指引、政策掌握口径；为了更快速地释放红利，她带领团队又主动承接了3万多条"征纳互动平台"的咨询任务……看着这些骄人的业绩，吴娟觉得就算再难都值得。

首战告捷，温暖频传，但吴娟深知，个人所得税改革只有进行时，没有完成时。《中共中央关于制定国民经济和社会发展第十四个五年规划和二〇三五年远景目标的建议》指出，要促进社会公平，增进民生福祉，不断实现人民对美好生活的向往。怎么办？继续奋斗！为了让个人所得税的温暖直抵人心，为了让公平正义惠及更多人民群众，为了在推进国家治理体系和治理能力现代化中贡献更多税务力量，税务人一直在努力，永远在路上！

袁镇涛 重庆市税务局退休干部。有着65年党龄的袁镇涛，坚持一辈子做好人好事，撰写近百万字的《反腐倡廉警世录》，全力投身公益事业，积极参与脱贫攻坚，被当地群众誉为"最高龄的扶贫志愿者"，先后获评第八届"全国道德模范提名奖"、"全国最美家庭"、"重庆市文明家庭"、"重庆好人"。

"
作为新中国第一代税务人，我始终认为税务干部在职时收税是为人民服务，退休了也要为人民服务。所以不管在哪里，我都坚持要做一个合格的共产党员，把党的宗旨具体化为给老百姓办好事、给社会办好事。退休后，我坚持为人民服务的不变初心。今后，我要振奋精神、继续前进，只要生命不止，为党的事业奋斗也永不停歇。
"

—— 袁镇涛

党旗下的"90后"

守护邻里亲情的热心肠

在一次社区老年活动中,一群"80后"和"90后"的老人们包出了一笼笼热气腾腾的包子,一位目光如炬、精神矍铄的老人被大家簇拥在中间。这位老人就是已经90多岁高龄的"全国道德模范"候选人袁镇涛。

袁老蒸包子这事儿,还得从几年前说起。2018年,老年大学考虑到老年人的身体原因,调整了招生范围,这让很多老人慌了神。看着老邻居们想读书却无处可去,袁老坐不住了,他就决定自己办一个读书会,而且不设门槛、全部免费。

2019年9月,社区读书会终于成立。为了吸引大家参加,袁老就打算在"开学第一课"上教大家蒸包子。当天一大早,他和老伴儿把家里的蒸箱、案板一件件抬到了活动室。

从蒸包子到教大家使用微信,从唱红歌到回忆革命故事,从讲税收政策到学习习近平总书记讲话,每月的24号也就成了远近闻名的社区老年节。

其实,让社区老人"老有所学、老有所乐",只是袁老为民办实事、办好事的一个缩影,热心的袁老还有一个重要的身份,那就是有着 55 年税龄的共和国第一代税务人。

守护清风正气的老税官

袁老出生于 1931 年,童年时,国民党的横征暴敛,让维持家中生计的糕点铺子几次歇业。后来,袁老进入学校读书,受教于两名中共地下党员。这两位老师带他认识共产主义,教育他要读书、要刨穷根。从那时起,一颗共产主义的种子就在他的心中扎下了根。

新中国成立前夕,为了躲避国民党拉壮丁,他连夜从四川泸县逃到重庆巴县,改名换姓,继续学习。当时的重庆,正面临着敌特分子的疯狂反扑,在地下党老师的鼓励下,他带领学生参与护校运动,还登上城头,见证了重庆解放的历史瞬间。

1950 年 1 月,袁老被分配到正在组建的巴县税务局,但童年对国民党税务机关层层盘剥、压榨百姓的印象让他颇为抵触。解放军代表了解情况后对他说:"你恨的是国民党,现在是共产党要你为人民收税,你干不干?"袁老想了又想,说:

"共产党需要我，我就干！"军代表勉励他说："我知道你的顾虑，你要记住，共产党的税官，欺负老百姓的事不能干，共产党也绝不允许你干！"这两句话，袁老记了一辈子，也守护了一辈子。

在长达55年的税务生涯中，袁老收获过很多不同的评价。在拿钱"通路子"的小老板眼里，他是"软硬不吃的犟骨头"；在许以职位、房产挖墙脚的大公司眼中，他是"不好对付的死心眼"；而在领导同事心目中，袁老则是"一生从税，两袖清风"。

1998年的一天，他从报纸上得知，一位老朋友因贪污受贿落马，袁老痛心疾首地说："这种人毁了自己，害了家人，更坏了我们党的名声！"

从那一天起，袁老开始用小剪刀把报纸上看到的有关反腐倡廉的报道一篇一篇地剪下来。在袁老决定编书的时候，剪下的报纸摞在一起比他人还要高。

坐在电脑前，看不清屏幕，他就戴上两副眼镜，在头上绑上矿灯；不会拼音，他就用手写板一个字一个字地写；后来又自学了拼音，他就用一根手指，一个字母一个字母地往上敲。

但编书的困难远不止这些。27岁那年，为了保护工友，袁老左手的中指不得不被截除。一到阴雨天，裸露的神经总是钻心地疼。每当看见外公因为打字手疼得厉害，还在上小学的小外孙总会跑过来，捂着外公的手说："您歇会儿，我来帮您弄！"初稿完成后，老伴、儿子、儿媳都帮他校对。就这样，这本书从他60多岁写到80多岁，历经17年，整整48万字。

2015年，三易其稿的《反腐倡廉警世录》终于完成，得到国家税务总局、重庆市纪委和各级干部群众的高度评价，还被作为重庆税务"三严三实"的学习材料广泛印发，成为廉政教育的生动教材。

袁老除了数十年如一日地守护着税务形象的"清"，绿水青山的

"青"也是他的心头之重。

守护美丽家园的老党员

1996年,袁老发现窗外的江水越来越浑浊。他拿起相机,开始在窗边定点拍照记录,这一拍又是14年。这些照片成为嘉陵江生态修复、嘉滨路从无到有和三峡大坝蓄水后大轮船往来嘉陵江的生动见证。

袁老从中选取了127张照片,命名为《窗前巨变》。2010年,一家机构找到袁老,开出数万元的高价购买版权,他毫不犹豫地拒绝了。随后,他主动找到重庆市城市建设档案馆,将14年的心血无偿捐赠。档案馆专家激动地说,这"填补了重庆市城市建设史库中的缺项",而袁老则被媒体誉为"嘉陵江的瞭望哨"。

这些年,袁老不仅做了这些大事,也关注着身边的小事。小区道窄车多,安全隐患大,他就在小区门口一辆车一辆车、一个司机一个司机地讲危害;在报纸上看到有个小学生失去父母,就和老伴买了学习用品带上钱托报社转交;看到公交司机大冬天喝不上热水,就购买了300个保温杯送给他们,还手写了数十万字的《公交好事日记》,重庆市道路运输管理局向袁老赠送锦旗"耄耋犹未老,深情系公交"。

袁老常说:"我是一名党员,只要对党有好处,对老百姓有好处的事,就干!退休不能褪色,离岗不能离党!"

袁老就是这样一个"90后",一个比"90后"更年轻的"90后"。有人问袁老其中的秘诀,他笑着说:"我就是闲不住,也停不下来,我还年轻,还可以再干20年!"袁老矫健的步伐和挺拔的身姿,映照着共和国第一代税务人的模样,也映照着一名入党65年的老党员的模样。一身"税务蓝",一生"党旗红"!

李媛媛 国家税务总局成都高新技术产业开发区税务局干部。她勤学苦练本领，坚守咨询服务岗，为纳税人提供上万次解答，被称为"行走的知识库"，协同团队创新推出"智能语音平台""人工坐席有效时长考核办法"等项目，充分展现税务青年的先锋本色。曾荣获"四川省先进工作者""四川省优秀共青团员""成都新青年"等称号。

"
未来属于青年，希望寄予青年。我是一名"90后"税务青年，6年的工作磨炼，让我在这"一平米"工位见证纳税服务的革新和变迁。用税务人的辛苦指数，换取纳税人缴费人的满意指数，我感到非常值得。我将继续提升自己的业务水平和服务能力，继续传递税费服务的情怀和温度。
"

——李媛媛

让"一平米"青春绽放光彩

习近平总书记在庆祝中国共产党成立 100 周年大会上的讲话中指出："未来属于青年，希望寄予青年。"李媛媛，一个爱笑又爱美的"90 后"女孩儿，四川省税务系统最年轻的全省先进工作者；入职六年，她在三个"一平米"岗位上，坚守平凡却不平庸。

青春从脚踏实地开始

2015 年，李媛媛考进成都高新区国家税务局。入职后，她跟着"青蓝导师"在办税服务厅实习。在导税台，每天扑面而来的是源源不断的纳税人、五花八门的问题、焦躁的情绪，连喝水都要掐时间。那是李媛媛的第一个"一平米"岗位。也是从那之后，她与税务结下了不解之"媛"。

大厅该吃的苦，她一样也没落下。同在大厅实习的同事向她抱怨，她却笑着说："我的父母都是老师，一辈子守着三尺讲台，假期还跑去边远地区支教。他们常说，要善待每一个奔向自己的人。在这里我更理解他们的执着了。导税台虽然只有这么小一块地儿，但每一次看到纳税人在我们耐心地解答后满意离去，都让我觉得我的'一平米'就像爸爸妈妈的三尺讲台,有了那么一点点被需要的信任感和幸福感。"

为了回答得更快更好,李媛媛坚持"闭关修炼",在工位学,在家里学,连走路坐地铁都在听课。她每天下班第一件事,就是总结共性问题,"复盘"疑点难点,像在备战一场永不结束的考试,而纳税人就是出卷人。有一次,她寻找政策文件熬到半夜两点多,就为了把白天的问题弄明白。可找政策就像大海捞针,不确定纳税人描述的是否准确,她就这么一个又一个文件地比对,一年又一年地往前找,折腾了半宿,才终于解决了这个"大冷门"。第二天上班,这个"小太阳"居然又元气满满地出现在导税台,笑眯眯地给纳税人答疑。

大厅实习结束,同期的18个小伙伴都要去新岗位,只有李媛媛主动申请留在大厅。她说:"实习只有3个月,为纳税人服务的很多奇思妙想还没落地呢!"

半年后,一名同事到大厅找李媛媛收集调研资料,她直接将对方拉进了一个"高新税务疑难问题交流群",里面聚集了各科室业务"大咖",三两下就解决了问题。同事问她是怎么说服这些"资深前浪"的,她说:"无论前浪后浪,都是要让我们的工作乘风破浪。而我,只是找到了共识。"后来,这个群就成了区局的第一个专家支撑团队群。

李媛媛好像一点儿没变,还是钉在导税台,微笑面对来来往往的纳税人;但又的确变了,她已经是"首席导税员"、纳税人的税务"活字典"。

在2017年"岗位大练兵、业务大比武"中,李媛媛获得了纳税服务类12366坐席人员序列全国第三名的好成绩。有人向她讨教经验,她说:"全国竞技舞台,很大。但所有题目,都像我曾经在导税台小小的'一平米',为纳税人解答过的问题那样熟悉。"

李媛媛用行动诠释了,想要向上生长,就要先向下扎根。"一平米",小是方寸之地,转身尚且艰难;大是人生舞台,足以容纳诗和远方。

青春因平凡坚守而荣耀

2017年,因为能力突出,李媛媛被抽调到四川省局12366纳税服务中心,这是她的第二个"一平米"岗位。和上一个"一平米"不同的是,这里能让她施展的空间更小了,连纳税人的面都见不着,只有一根电话线。

导税台是看得见的"一平米",电话线连接的却是看不见的千家万户。在李媛媛看来,这里的舞台不是小了,而是大了。她还是那么拼命,那么执着。

但没想到,高强度的接线工作,让她出现了"高频听力受损"。这个病折磨得李媛媛连续失眠了好几天,焦虑得不行,也有了两个大眼袋。可这位美少女税官又有奇思妙想了,她说:"这眼袋像不像卧蚕?画个眼影肯定很好看。"

她的病让领导和同事们也都很担心,被调去后台做学习委员,兜底解答疑难杂症。没想到,她居然自己又把工位挪回了坐席区,就为了离小伙伴们更近一点,也

更快一点响应一线坐席的"火线求媛"。

她还每天下班后给小伙伴们补课,精心整理"答疑套餐",每周更新,收获了"花式"夸奖。"媛媛同学的'导税一本通'也太好用了吧,要什么有什么。""媛媛老师说这题肯定要考,第二天真的有好几个纳税人问!"

2018年,四川省局12366纳税服务中心荣获"全国三八红旗集体"称号,李媛媛作为代表参加表彰。从小小的"一平米"工位走到了人民大会堂,听到了优秀女性代表分享的经历,她说:"苔花如米小,也学牡丹开。"

李媛媛就是一朵小苔花,在她的"一平米"努力绽放。小小"一平米",对她来说已经成为服务数以万计纳税人缴费人的大使命,李媛媛以实际行动证明,青春向上,国家向前!

青春在创新创造中闪光

省局借调结束,李媛媛回到区局,担任咨询团队负责人。这是她的第三个"一平米"岗位。

和前两个"一平米"又不一样,这个"一平米"的责任大多了。随着"非接触式"办税缴费全面推行和新冠肺炎疫情的影响,区局的公开咨询来电从每天300个暴涨到3000个,坐席从3人增加到15人,也还是接不过来。近20万户纳税主体的问题涉及几万条政策,每接一个电话都像开"盲盒",根本不知道对方会问什么。改变,刻不容缓!

李媛媛和几个"90后"的小伙伴大胆提出,创建一个智能语音服务的新平台。但这么大的项目,意味着大量的人、财、物支持,还有失败的风险,所有人心里都没有底。

然而，他们并没有退缩。因为成都高新区税务局的税务干部入职的第一课，就是担当创新。早在 1996 年，大厅的年轻干部就为了方便纳税人，提出了"高柜变低台"，把办税柜台从 1.2 米降低到 0.8 米，让纳税人从站着办税变成了坐着办税，被《人民日报》盛赞"柜台降一尺，观念进一步"。全国"人民满意的公务员集体"奖牌挂进了荣誉室，包容创新的种子也在这里生根发芽了。

智能语音的提议和税务总局"加快建设智慧税务"的工作要求完美契合，但做起来实在太难了。没有参考先例，没有知识库，怎样才能让人工智能和接线员一样准确？

李媛媛和小伙伴们一头扎进了智能语音平台攻关工作，自己设计方案，自建政策库，联通掌上办税平台。一个人的打拼，变成了一群人的奋斗！

现在，区局的公开电话接通率达 99.8%，智能语音平台就能独立解决七成问题。

李媛媛和小伙伴们并没有停下脚步，他们创新了远程受理服务和人工坐席有效时长考核办法，把"要我干"变成了"抢着干"。办税服务厅荣获"全国青年文明号"称号，助力成都高新技术产业开发区在"2021 园区营商环境"榜单上首次夺得全国第一，还得到了国务院督查组和《人民日报》的肯定和宣传，智能咨询团队也成了小有名气的"后媛团"。

六年，能发生什么？成都高新技术产业开发区以全市 0.91% 的面积创造出一半的高新技术产业产值、近五分之一的税收收入和全省一半的外贸进出口总额，拥有 130 家"世界五百强"企业。而李媛媛在三个"一平米"实现了人生的蜕变，从当年的"小白"到现在高效工作、快乐生活的"高手"，还成了新时代的四川省劳动模范。

习近平总书记说,劳模精神是伟大时代精神的生动体现。在这个飞速奔跑的新时代,李媛媛和这座城市一样,始终以无惧、无畏的态度面对一个又一个"一平米"带来的挑战,把青春的答案书写在坚守本职、为民服务之中。

站在"两个一百年"奋斗目标的历史交汇点上,面对新的时代,"李媛媛们"还会带来怎样的惊喜?"90后"的青春奋斗又会绽放怎样的新光彩?让我们带着梦想出发,让未来告诉我们答案!

张崇华 国家税务总局泸州市纳溪区税务局退休干部。她崇德善行，54年如一日，用爱心托起50余名贫困学子"上学梦"，仅2015年到2021年，捐资助学金额就超过12万元。她诚挚无私的付出，感动着千千万万的人，先后获评"四川省道德模范""四川慈善奖——最具爱心慈善个人"，荣登"四川好人榜""中国好人榜"，2021年11月获第八届"全国道德模范提名奖"。

> 我一生都在受到他人的帮助。在好心人的资助下，我才能成为一名光荣的税务干部；在党和国家的培养下，我才能成长为一名合格的税务干部。别人帮助了我，我就要回报别人；国家培养了我，我就要回报社会。虽然我年纪大了，能够带给别人的帮助有限，但我还是会继续发挥余热，坚持把这件事做下去，将这份爱和温暖传播得更远。

——张崇华

被隐瞒的爱

2019年9月，在国家税务总局泸州市纳溪区税务局，退休支部"向身边先进典型学习"主题党日活动中，支部委员黄太芳的一句话，瞬间让大伙儿炸开了锅："我们身边就有这么一个人，一直做好事儿，从来不说。"

说到这儿，黄太芳却像说错了话似的，再也不吭声。

感觉到黄太芳话中的蹊跷，领导留下她想问清楚是怎么回事儿，黄太芳这才道出了其中的原委：就是张崇华，她帮助贫困学生几十年了，但不让我们说。

可捐资助学明明是好事，张崇华为什么要隐瞒呢？带着疑问，局领导带领几位同事上门看望张崇华，想弄清楚她究竟有什么难言之隐。

初心：只要有需要，我就愿意去做

穿过热闹的大街，一行人来到了有点偏僻的泸天化西村，顺着一条坡度不大的小区道路，走到张崇华居住了32年的居民楼。树荫下，站在路口迎接客人的她，身材清瘦，精神却好得很，穿着一件褪了色的花布裙，热情招呼大家："你们工作那么忙，不用经常来看我。"

走进张崇华简陋而整洁的家，仿佛步入了上个世纪，一屋的老旧物件挤在 10 平方米的客厅中。在知道同事们来意后，她却显得很为难，迟迟不肯开口。

"张奶奶，请您相信我们，咱们大家一起来，才能让更多的娃娃有书读、有学上呀。"她却说："我只是帮了几个娃娃上学，没有必要让大家知道。我不想有人去打扰孩子们，更不想让他们产生思想负担。"

同事们再三请求，并承诺为孩子们保密，这才慢慢打消了她的顾虑。

她告诉大家，有一次下乡收税，借宿在老乡家，看到一个瘦瘦的女孩双眼又红又肿，像是刚哭过，一番询问后才得知这是老乡的女儿，因为穷上不起学。她仿佛看到了小时候的自己，一个念头冒了出来：我一定要送这个孩子去学校！于是，她马上找到大队支书，一起做通了孩子父母的思想工作。就这样，还没结婚的张崇华便有了第一个娃娃。那是 1968 年，26 岁的她，看到小女孩快乐地走进教室，第一次感受到了"赠人玫瑰、手留余香"的宽慰与幸福。

坚守：外人成亲人，我要一直做下去

从那时起，贫困学生、孤寡老人，都成了张崇华帮助的对象。除了现金，十分紧缺的肉票、布票、油票，她也从不吝啬。这一帮，就再也没有停下来过。

1980 年，张崇华得知母校纳溪中学不少学生因为家庭困难面临辍学，她和丈夫一合计，便把每月一半以上的工资，都用在了捐资助学上。

一个、两个、三个……54年来，她究竟帮了多少人，张崇华没有记过，也记不清了。

一个叫小雪的女孩，得知有人在了解张崇华的情况后，便主动讲述了她和"张妈妈"的故事：1990年，由于家庭贫困，品学兼优的她不得不面临退学。得知消息后，张崇华第一时间伸出援手，直到她完成高中学业、考入医科大学。

毕业后的小雪选择回到家乡工作。汶川地震，她不顾安危奔赴一线；驻村帮扶，她不怕吃苦第一个报名；志愿服务，她任劳任怨冲在最前面。

在小雪心里，报答"张妈妈"最好的方式，就是做一个像"妈妈"一样的人！

小雪还说，他们有一个叫"崇华之家"的微信群。一翻开，满屏都是孩子们对张崇华的问候……这些孩子中，最大的已经60多岁，最小的只有17岁。在这个"大家庭"里，他们都是张崇华口中的"小乖乖""小幺妹"。

无悔：娃娃们能上学，这辈子就值得

张崇华的工资不算少，可她却对自己特别"抠门儿"，几年也舍不得添一件新衣裳。很多时候，一棵青菜、一锅白粥，就是她一天的伙食。在她看来，能够吃饱穿暖就足够了。

可每当孩子们放假回家，她总张罗着买鱼买肉，女儿女婿也赶来帮忙，全家人一起动手，给孩子们改善伙食。过年了，孩子们的压岁钱从没漏过。因为孩子们的一句"睡在奶奶的家里，踏实！"小小的两居室，有一间就成了孩子们的"避风港"。她总习惯每天去房间看一看，时不时把被子打开晒一晒，始终把房间收拾得干干净净……

如果说，女儿女婿是她助人为乐的"好帮手"，那么老伴就是她公益路上的"好伙伴"。

可是，2017年，张崇华的老伴去世了，临走前还嘱咐她："再辛苦，也要把孩子们照顾好。"

一下子失去了几十年相濡以沫的依靠，张崇华陷入了深深的孤独中。可是，想着老伴的嘱咐，她强忍着内心的悲痛，不仅没放弃，还把工资的七成以上都用到了孩子们身上。

传承：别人帮我，我也要帮别人

是怎样的力量，能让张崇华把一件事儿坚持了54年？

1942年，张崇华出生在一户配锁匠家里。在那个年代，父亲一个人的收入，根本就不能养活一家8口。吃不饱饭的他们，经常得到乡亲们一口饭、一把菜的接济。一位邻居阿姨还无偿教会张崇华的母亲缝制"鸡肠带"的手艺，一家子这才挺了过来。

中华人民共和国成立后，9岁的张崇华终于上了学，一直到中专毕业，都是在乡邻的帮助和政府的资助下，才完成了学业走上工作岗位。父亲从小就嘱咐她："滴水之恩，当涌泉

相报，你长大了，也要尽力去帮别人。"

参加工作后，张崇华又经常得到同事们的关心和照顾，这让她感受到亲人一般的温暖。爱的种子，在她心里生了根、发了芽。从小吃过苦，也得到过别人帮助的她知道，困难时拉人一把，就可能让一个人、一个家庭获得新生！

张崇华常说："人家帮我，永志不忘；我帮他人，莫记心上。"这份大爱悄无声息，却默默地改变了一个个贫困学生的命运，而她，依然甘守清贫，过着简单恬淡的生活。

在张崇华事迹的感召下，2020 年，酒城泸州建起了"崇华之家"工作室、"崇华爱心帮扶基金"和"崇华爱心驿站"。各种社会力量纷纷加入，点滴爱心汇成了滚滚洪流，要将这份温暖与大爱永不停息地传递下去。

58 年前，22 岁的她写下："做一个对人民有用的人，为社会建设增添一砖一瓦，做一颗社会主义建设的小小螺丝钉。"这么多年过去了，张崇华做到了！她用善良、朴实、从容、坚守，践行了最初的誓言和初心！

剡红红 曾任国家税务总局天水市秦州区税务局第一税务分局局长，现任国家税务总局天水经济技术开发区税务局纳税服务科科长、一级主办，先后获评"全国先进工作者"、全国"人民满意的公务员"、"全国税务系统百佳税务所长"。

"
只要目标坚定，就能百折不回，纳税人满意，是我们的目标，更是我们的力量。纳税服务没有最好，只有更好！我要把对党的忠诚化作具体的行动，持续改进服务，优化营商环境，走好我们税务人的新长征，努力让纳税人多享受一点便利、多省一点心力，让甘肃这片土地增添更多活力！
"

—— 剡红红

用心用情阐释生命的原色

红

有人说,甘肃是红色的。

中国工农红军血染河西、激战腊子口、翻越六盘山、胜利大会师,播撒了薪火相传的红色火种,烙下了不可磨灭的红色印记,深深融入了一代又一代陇原儿女的血脉里。

红色,是剡红红的底色。

40多年前,剡红红的母亲就是甘肃省三八红旗手,受母亲的影响,要像红军一样,不怕吃苦、勇于奉献、全心全意为人民服务的念头自小就在她心里扎下了根。

参加工作以后,她始终以母亲为榜样,爱岗敬业、孜孜不倦。29年来,她坚持每天把所思所感记在笔记上。30多本笔记,记满了她的学思践悟。

她把精通税收业务作为一个税务人的最低要求,勤学不辍。每天打开笔记本,政策怎么规定的,上级怎么要求的,做得对不对、好不好,她都要捋一捋。这么多年来,她一直都是最先学懂弄通各项税收政策的那一个。

她把政治理论学习作为自己最基本的必修课,坚持不懈。随手翻开1999年的学习笔记，还能看到里面粘贴着当年的一张剪报，报纸上刊登的是《论邓小平的青年观》。

她把立足本职岗位，助推地方经济发展当作税务人义不容辞的责任。从简并报表资料，减少纳税人负担，到"一次办结"，再到"最多跑一次"，再到一次也不用跑，推行"不来即享"，为了能把更多的便利留给纳税人，剡红红的笔记本里记录了一个普普通通的税务人为推动一次次创新改革付出的努力和艰辛。

2020年2月，她在笔记里这样写道："信息显示某抗疫物资生产企业可以享受退税政策，可办理出口退税780万元，战疫当前，这笔退税对企业来说太重要了，要想办法协调，加快落实不来即享。"她紧锣密鼓联系企业的财务人员进行了申报。区局相关部门全程加速办理，当天受理当天审核，在申报后的第三个工作日，企业就收到了这笔退税！而这笔资金又被投入到了抗疫物资生产中。企业财务负责人由衷地为"不来即享"竖起大拇指。

甘肃税务首创的"不来即享"服务措施被国务院列入了全国"放管服"改革十条典型经验，并在《焦点访谈》播出。

作为这项改革措施的探索者、亲历者和落实者，剡红红像以往一样把这件大事也写进了自己的笔记里。

她说："作为一名大厅的工作人员，我们要把对党的忠诚化作具体的行动，持续改进服务，优化营商环境，走好我们税务人的新长征，努力让纳税人多享受一点便利、多省一点心力，让这片土地增添更多活力！"

蓝

有人说，甘肃是蓝色的。

湛蓝的天空，纯净的祁连雪山，天高云阔的河西走廊，令人心醉的甘南草原……大美甘肃，以它的生态之美迎来四海游客。2019年，甘肃接待国内旅游人数3.7亿，不到6年的时间翻了三番。正如逐年优化的营商环境，越来越美的甘肃蓝，引来各方企业投资落户。

作为税务人，蓝色是剡红红最钟爱最珍惜的颜色。

税务人必须在优化营商环境中做出更大贡献。这是税务总局的号召、地方政府的需要，也是剡红红对自己的要求。

2011年的天水，经济总量四五年间翻了一番，纳税人数量激增。秦州区税务局承担着全市35%的纳税人管理服务工作，办税大厅的任务十分繁重。

剡红红到大厅任职不久，发现整个大厅办事效率亟须提高。经过深入思考，她下了一个大胆的决心：一个人就是一个办税厅！

每个窗口都能办理纳税人的所有业务！这在当时看来，难度太大了！

可她却说："只要能让纳税人办税更快更便利，不管多大的困难，我们都得去冲锋！"

她一遍又一遍地了解纳税人的需求，一个又一个地和相关部门探讨对接，一稿又一稿地修改自己草拟的方案，一次又一次地反复演练，一场又一场地培训前台办税人员。

功夫不负有心人。43天，大厅每个窗口都能独立办理所有涉税业务，这比全省实现"一窗通办"早了好几年！

没有最好，只有更好！

为了让一抹"税务蓝"带给纳税人更多暖心，她把自己办公室门口的"局长室"牌子换成了"纳税人维权室"。她说："牌子代表我们一心服务纳税人的态度。窗口工作，难免遇到性情急躁的纳税人，我把他们请进'维权室'，一杯热茶，几句暖心话，再大的气儿也烟消云散。"

为了让一抹"税务蓝"带给企业更多安心，她大胆创新，在办税大厅设立"专家诊税岗"，在线上创建"红红诊税沙龙"，线下线上及时解决纳税人疑问，让减税降费政策落地落实，成为了秦州区税务局纳税服务一大亮点。

蓝色是平稳，是冷静，是博大，是深远，是让纳税人为之安心的颜色。十几年来，剡红红始终用耐心、热心、细心、真心服务每一位纳税人。她的办税服务厅始终保持市长热线"零"投诉的记录。2020年，秦州区税务局纳税人满意度调查排名全省第一。

黄

有人说，甘肃是黄色的。

蜿蜒的黄河，流过草原，流过山谷，穿越一个个城镇与乡村，孕育了几千年的历史文明，也养育着这片黄土地上淳朴而又善良的人们。

黄色，也是剡红红喜欢的颜色。

熟悉她的人都说，跟她在一起总是能感受到黄河奔腾般的勇敢与坚强，也能感受到冬日暖阳般的温暖和热情。

不认识她的人，也许不会想到，这样一个充满热情和活力的人，曾经和死神擦肩而过。几年前，她用顽强的毅力战胜了癌症，凤凰涅槃般获得新生。从此，她更加坚韧、乐观地生活着，更加严谨、忘我地工作着。

为了让以"90后"为主的大厅办税人员有一个向上向善的工作环境，由她主持的晨会每天都精彩纷呈，学业务，分享读书心得、跳晨操、讲心理故事；闲暇的周末，她会在家里给大厅的单身青年们做上一桌好菜，给他们改善生活；遇到困难和问题，她总是说，没关系，我带着你们一起来……在她的带领下，整个团队迸发出了强大的力量，从全国"青年文明号"到全国"巾帼文明岗""敬老文明号"……她带领的团队获得了一次又一次的认可。

心中有爱就有温暖，有温暖就有力量。在她的带领下，从"税花妈妈"陪帮扶点留守儿童过"六一"，到和环卫工人一起过"三八"，再到去老年护理院"陪老党员老干部过温暖一冬"，每一次活动，她都组织得暖心贴心。

点燃一份光，温暖更多人。她把这份温暖传递给了身边的人。她说，我们要为美好生活贡献税务人的力量。多做一点，公益活动多参加一点，社会责任多担负一点，让更多的人感受到多一点的温暖，社会就能更和谐一点。

这，就是剡红红。

在她的心中，生命是红色的，那是她对事业的执着与忠诚；生命是黄色的，那是黄土高原赋予她的纯朴和坚韧；生命也是蓝色的，那是她对税务工作的担当和情怀。红、蓝、黄，生命中最美丽的三原色，剡红红，一个深深扎根于黄土地的税务人，用心、用情、用智慧书写着一个陇原税务人的平凡人生！

达·吉干 现任国家税务总局伊犁哈萨克自治州税务局第三稽查局副局长、一级主办，先后荣获全国"人民满意的公务员"、"全国税务系统先进工作者"、"自治区先进工作者"、"自治区优秀共产党员"、"'访惠聚'驻村工作先进个人"、"自治区最美新疆人"等荣誉。

> 初心不忘"党旗红"、韶华不负"税务蓝"。我常常回想起2017年11月18日宣布库热村整村脱贫摘帽的场景以及那张按满226个村民红手印的请愿书，正是在中国共产党的带领和各族人民群众团结奋斗下，库热村才得以从一个国家级偏远村、贫困村，变成了旅游村、富裕村。如今村里旱田高效节水灌溉工程成效明显，"花海经济带"逐年增收，我将继续在"访惠聚"第一书记岗位上，代表伊犁税务人为新时代乡村振兴谱写新的华章。
>
> ——达·吉干

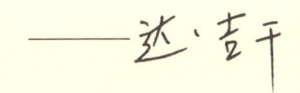

226枚红手印

2900多个日夜的坚守

碧野先生曾经在《天山景物记》中描述过天山脚下、伊犁河谷的夏日胜景，巨大的雪峰，翠绿的原始森林，五彩缤纷的野花。可是，在河谷偏远山区，依然有一些国家级贫困村，农牧民饱受"行路难、吃水难、用电难、上学难、就医难"的困扰。

国家税务总局伊犁哈萨克自治州税务局第三稽查局副局长达·吉干就是在这样一个贫困村连续驻村六年，在他的带领下愣是把一个偏远村、贫困村，变成了旅游村、富裕村。

2014年6月，吉干积极响应新疆维吾尔自治区党委的号召，主动报名参加"访惠聚"驻村工作，并被选为尼勒克县科蒙乡派库热村第一书记。这一住就是8年，2900多个日夜。

国家级贫困县尼勒克县是吉干出生成长的地方，那里有他熟悉的山川水草，有他熟悉的父老乡亲。吉干通晓汉语、维吾尔语、哈萨克语、蒙古语等多种语言，语言沟通毫无障碍。

可是，驻村不久，他开始发愁了：库热村集边区、山区于一身，千百年来，靠天吃饭，贫困程度位列全县第一,全村近三分之一都是贫困户。

吉干深知,想要彻底拔除库热村的"穷根",仅靠他和工作队的力量是不够的,只有建强基层党组织,才能让库热村迸发出源源不断的发展动力。在乡党委的支持下,一批又一批致富带头人充实到了村"两委"班子中,6年时间新发展党员26名,壮大了基层党组织,凝聚力明显提升。

1个坚定的承诺

2016年6月,吉干担任库热村第一书记两年整,遭遇了人生中的第二次洪水,一片片庄稼地被洪水淹没,一间间民房被洪水冲倒,被洪水冲走的牛羊不计其数。吉干第一时间向尼勒克县国税局请求支援,税务干部30余人应急小队迅速到达现场并挨家挨户排查救援。

群众的安危是冲锋的号角。吉干冲在最前面,可是脚底一滑,栽进了一个巨大的涵洞口,若不是同伴眼疾手快,他瞬间就会被洪水冲走。重新站立起来的吉干蹚水推开农家房门,发现一位老奶奶坐在床上哭,他不顾身上的伤痛,背起老人,迅速将她转移到了安全地带。

就在那年6月,吉干78岁的父亲检查出食道癌,等他忙完救灾又忙灾后重建,终于请上假赶到医院时,医生说:"有啥愿望你就尽量满足他老人家吧。"

吉干满怀愧疚,趴在床头,问父亲:"爸,您还有什么心愿?"父亲说:"2003年的那场洪水我就问过你,现在我再问一次,作为一名共产党员,你能不能带着大家伙把洪水治好?"

吉干紧紧地握着父亲的手,泪流满面,哽噎着说:"爸,儿子答应你!"

这不仅仅是为了父亲，更是为了全村的父老乡亲。在吉干的不懈努力和协调下，560 万元的排洪渠修建资金顺利获批。从那一天起，吉干全身心地投入排洪渠修建工程中，村民们会经常看到，他带领着工作队队员和村干部顶着烈日、冒着风雨，忙测量、扛水泥、灌砂浆，没日没夜，不知疲倦。

此时父亲的身体越来越虚弱，吉干多想回去陪陪他啊，虽然库热村距离他老家科蒙村不足十公里，可是，他不能。

2017 年 5 月，很快就要进入汛期了，排洪渠的建设争分夺秒，已进入了最关键的时刻。一天中午妻子打来电话，说父亲病情恶化，让他赶紧来医院。他说："好，我马上就去。"但排洪渠的建设等不了啊，他一边忙着手里的活，一边心里焦急地祈祷着"爸，你一定要等我，我马上就回"。可是，这个"马上"就到了傍晚时分，父亲最终没能等到他……他跪在床前，抱着父亲嚎啕大哭。母亲说，父亲临终交代："不要催儿子了，他做的是大事。"母亲还说父亲一直在喊着吉干的名字……

2018 年 6 月，又是连天暴雨，汛情一个接着一个，但是洪水再也不能肆虐了，吉干站在排洪渠前，看着汹涌的洪水汇入喀什河，他再也控制不住自己，在雨中大喊："爸，你看，你看到了吗？洪水走了！"

226 朵盛开的山花

时间回到 2017 年 11 月 18 日，这是一个让吉干无法忘怀的一天。他参加完脱贫攻坚誓师大会归来，心潮澎湃，库热村整村脱贫摘帽基本达标，而他本人驻村三年，可以问心无愧地回到熟悉的税收工作岗位了。

但是，这一天，村委会会议室的热闹把他惊呆了，他疑惑地走进会议室，看到了所有熟悉的面孔，有听从他的建议种植抗旱作物芸薹脱贫的回族村民海正奇；有依靠申请扶贫资金养了20多头牛的藏族村民李善德；还有因家中缺乏劳动力，工作队员帮忙抢收麦子的汉族村民宋春荣……

所有面孔都熟悉，所有面孔背后都有一个工作队帮扶的故事，所有村民都望着吉干微笑，其中一张笑脸格外热切，那是东乡族村民马忠林。2015年，马忠林因机械事故，右臂截肢致贫，在吉干的帮助下种植了经济作物红花，全家脱贫奔小康，现年家庭收入超10万元……

看着他们，吉干依然不明白，大家伙为什么集体来到了会议室。

78岁的回族老人单志忠代表全体村民说话，老人双手颤巍捧着一张印满红指印的白纸，用不太流利的普通话说："吉书记在我们村干了三年，村里的变化三天三夜也说不完，对吧？乡亲们，吉书记再留一年吧？226个村民都按了红手印。"

"是啊，吉书记留下来再干一年吧！"村民们都围了过来，望着吉干，全是热切、真诚、期待的眼神。

吉干想起了三年

前对母亲和妻子的承诺，可此时，这沉甸甸的 226 枚红手印，像一朵朵盛开在唐布拉草原的山花，像一枚枚鲜红的党徽，像一颗颗火热的民心，深情地召唤着他。他，无力抗拒。

吉干坚定地说："乡亲们，距离全县决战决胜脱贫攻坚不足一年，咱库热村决不拖后腿，我接着和大家一起干！"

吉干感觉自己的心里燃起了一团火，为自己这些年的驻村生活，为库热村在党的富民政策扶持下的点滴变化，为民族兄弟的那一份份难舍的情……

2020 年开春，村民李善德家的一头扶贫牛临产了，一天一夜都没生下来，李善德成了热锅上的蚂蚁，在牛棚里转来转去，却无计可施。扶贫牛是全家的命根子，可不能有个闪失啊！吉干听说后，赶紧带着村里的兽医赶过来，第二天黎明，小牛犊顺利落地了。李善德笑开了花，可咱们的好书记吉干却撑不住了。他感到胃部疼痛难忍，零下 20 度的天气，吉干却疼得满头大汗。村民们七手八脚把他送到医院，医生强制他住院治疗。

这时，电视里一遍遍播报新冠肺炎疫情暴发后，全国驰援武汉以及各地抗击疫情实况。疫情严重，远在天山深处的库热村应该怎样应对？想到这儿，吉干又开始寝食难安了。

大年初四那天，坚守工作岗位的库热村驻村工作队队员及村干部们，谁也没想到，吉干出现在村疫情防控第一线。

他带病坐镇指挥，坐不住了，就躺着打电话。库热村疫情防控有条不紊，生病了有干部，困难了有干部，肉蛋菜、米面油日常用品，牲畜的饲料源源不断地送进了每一户人家。那一片片飘落在扶贫干部身上的雪花，不仅记录下了他们为了边疆地区的人们过上好日子的每一个日日夜夜，也记录下无数共产党员的付出，让这片土地充满着勃勃生机,让人们升腾起对生活的美好希望!

朋友们,天山脚下,伊犁河谷的"花产业"正逐步覆盖四季,在春天播种,在夏天绽放,在秋冬收获,经济活了,乡村更美了。

驻村工作队长、村第一书记吉干,在全村齐力奔小康的库热村——等你!

邱　嵘　曾任国家税务总局石河子经济技术开发区税务局党委书记、局长，获评"全国税务系统百佳县税务局长"，带领全局获得"全国文明城市先进单位""全国税务系统法治基地"等荣誉。现任克拉玛依市税务局党委委员、总经济师。

> 多少年光阴流转，多少年奋斗不息，传承兵团精神，服务兵团发展，扎根边疆，奉献边疆！热爱可抵"税"月长，无论是在昆仑山脚下，还是叶尔羌河畔，享受党的好政策一个都不能少，打通服务最后一公里，让老百姓幸福生活，愿意付出更多的时间、耐心和汗水。接过父辈传承的接力棒，延续着两代兵团人的梦想，我将和所有兵团税务人一起向着新疆更美好的明天，出发！
>
> ——邱嵘

在祖国最需要的地方——邱 嵘

在祖国最需要的地方

1954年,来自祖国各地的复转军人、知识青年响应党的号召"到祖国最需要的地方去",投入火热的边疆建设,啃冰雪、住地窝、踏戈壁、战荒漠。一座座现代化新城拔地而起,被誉为"共和国军垦第一城"的"戈壁明珠"石河子,无疑是最耀眼的那一个。

"全国税务系统百佳县税务局长",石河子开发区税务局党委书记、局长邱嵘,就是在这样一个艰苦环境中成长起来的"兵团二代"。一头干练的短发,风风火火的性格,在她身上总有股不怕苦、不服输、敢打敢拼的韧劲。

一场硬仗

2018年底,社保费划转拉开大幕,"三大挑战"摆在了邱嵘和她的同事们面前。这第一大挑战是"体制特殊",新疆是全国唯一有地方、兵团两种不同社保征缴体制的省份,地域跨度大,协作单位多,复杂程度高,前所未有;这第二大挑战是"白手起家",新疆税务局作为全国税务系统从未征收过社保费的14个省级税务局之一,社保费征收一片空白;这第三大挑战是人手紧缺，在新疆有很多基层税务干部长期全脱产，战斗在维护稳定和乡村振兴的第一线。

如何战胜这"三大挑战"？等待邱嵘的是一场硬仗！她立下军令状：不获全胜，绝不收兵！按照"全疆一盘棋，兵地同推进，双线齐作战"理念，邱嵘既当宣传员又当战斗员。她跑遍了兵团和地方三十多家单位，配合新疆税务局创建了全国唯一的"一家税务机关对应两个省级单位"的"一托二"社保费征缴模式，解决了两套体系费款入库难题，战胜了第一个挑战；没有任何经验可以借鉴，她带领团队采集信息，核准数据，确保不漏一户、不漏一人，最终敲定划转事宜，开创的先进经验在全疆得到推广，战胜了第二个挑战；她发挥新疆"网格化"管理优势，调动整合经办机构、街道、社区等征收力量，一个人当两个人用，晚上当白天用，节假日当工作日用，形成工作合力，战胜了第三个挑战。这一仗，打出了新疆范本、兵团方案，打出了铁军风采。

硬仗一场接着一场。由于兵团改制，兵团连队职工无法再以企业职工身份缴纳社保费，这意味着他们将无法享受养老和看病的保障权益。邱嵘带领专业团队多方调研、详细摸底、反复磋商，向新疆税务局提出修改系统设计、增设征缴品目的建议，经国家税务总局特批后，建立数据交换机制，畅通缴费渠道，36万兵团职工顺利缴纳社保费，划转温暖直抵人心。

在新疆税务人的不懈努力下，实现了划转目标、缴费渠道、征管体系等多项具体工作的全国第一，邱嵘曾两次到国家税务总局做先进经验交流推介。一个个坚实的脚印，犹如铿锵的鼓点，将新疆社保划转的强劲脉搏清晰呈现。

一个不少

柳树泉牧场曾绿柳成荫，泉水叮咚。为服从国家大局，支援西北最大的露天煤矿建设，让出了赖以生存的水源地，变成了戈壁荒漠。20世纪90年代初正式划归兵团管理，是石河子跨区域代征社保费最远的地方，每往返一趟就要1400公里，光路上就得两天。而这样的路，在社保划转头一年，邱嵘就走了10来趟，相当于从祖国的最南端到最北端来回3趟。

记得第一次去柳树泉宣传，路上遭遇强沙尘暴，眼见一面沙墙从远处袭来，能见度瞬间不足10米，汽车根本无法前进。不得已，她和同事们钻进路边施工队临时搭建的板房，黄沙从顶棚缝隙扑簌簌往下掉，一名从内地新入职的干部被吓坏了，委屈地问："邱局，这么远，咱为啥非得来？"邱嵘说："社保刚交给税务部门，咱得托得住，接得

稳。况且那边都是牧民，没啥稳定收入，社保费是兜底的保障啊。"当风沙散去，他们抖了抖身上的沙子继续前行。

赶到会场，却稀稀拉拉只来了三四十个人，好多山上的牧民都不愿下来，在他们心里：养儿防老才靠谱，来开会还不如在家照顾牛娃子。"他们不下来，咱们就进山去。"短暂的休整后，邱嵘又带着队伍出发了。车到不了的地方只能骑马，从没骑过马的她，咬着牙胆战心惊地坐在马背上，短短几十公里的山路硬是走了4个小时。

毡房里，邱嵘一边和牧民唠家常，一边给他们讲社保费的好处，手把手地教他们用微信、支付宝缴费。达吾提大哥咧着嘴笑着说："以为嘛你们是来收钱的，没想到嘛是给我们送好政策的，以后我羊放不动了，国家还会给我发钱吗？"邱嵘点点头说："不仅这些，你生病了，国家也会管你的。"正说着，哈萨克族大妈沙尼亚端上一碗热气腾腾的奶茶，茶香味弥漫着整个毡房。邱嵘想：世世代代生活在这儿的牧民与这里的每一座山、每一条河、每一棵树同呼吸、共命运，是新疆社会稳定和长治久安的基石。无论是在昆仑山脚下，还是叶尔羌河畔，享受党的好政策一个都不能少，打通服务"最后一公里"，让他们无后顾之忧地幸福生活，以邱嵘为代表的新疆税务人愿意付出更多的时间、耐心和汗水。

一份礼物

2021年的7月1日，邱嵘收到了一份特殊的礼物，老党员蒋洪海将自己珍藏多年的"毛主席像章"别到了她的胸前："丫头，谢谢你帮了我大忙，十几万的钱终于还上了！这个像章陪了我大半辈子了，现在送给你。"

在祖国最需要的地方——邱　嵘

87 岁的蒋洪海是第一代兵团人，不幸因车祸落下残疾，手术费全是东拼西凑借来的，对他而言医保钱就是救命钱！由于部门间数据传输有时差，一时间查不到缴费记录，耽误了报销，老爷子又气又急，把电话打到了邱嵘这里："听说你是负责的，我的医保啥时候才能报销？"耐心听完老人的诉求，邱嵘第一时间来到他家，一进门，映入眼帘的是墙上挂着的一排排擦得发亮的镜框，里面摆满了底色泛黄的黑白照片，那是拉犁开荒的艰辛场面。邱嵘不由想起和自己父亲一样的老一辈兵团人，曾几何时，他们为兵团的发展和新疆的稳定奉献了青春与热血，没有他们就没有今天的幸福生活。"你们为祖国做贡献，我们为你做保障。"邱嵘觉得一定要做点什么，她迅速和医保、财政、人民银行等部门对接，及时跟进社保费征收入库回传情况，在全疆率先推出了"幸福医保红名单"，对因医保系统或网络传输等原因造成不能及时享受待遇的，全部列入红名单，蒋洪海老人的燃眉之急终于迎刃而解。

如今，更先进的区块链技术已取代红名单，让原本 3 天才能办的事情变成"秒办"，新疆也成为全国首个在社保领域应用区块链技术的省份。不管是红名单，还是区块链技术，都是老百姓老有所养、病有所医、失有所助的"护身符"，更是税务人对各族群众最深情的告白。

今天，千千万万兵团儿女接过历史的接力棒，像先辈们一样义无反顾"到祖国最需要的地方去"，将自己抛撒于天山南北，长成抗风固沙的戈壁胡杨，长成献身西部的沙漠红柳，长成戍守边关的永久界碑。多少年光阴流转，多少年奋斗不息，一代代新疆税务人用努力换取老百姓心口摸得着的幸福。邱嵘走在父母当年走过的路上，延续着两代兵团人的梦想，向着新疆更美好的明天，出发！

赵红岩 国家税务总局青岛市税务局税收经济分析处处长。作为国税地税征管体制改革后新成立部门——税收经济分析处的首任处长，她带领团队深度挖掘税收大数据价值，充分发挥以税咨政效能，打造了税收服务党委政府决策叫得响、立得住的新品牌。曾荣获"青岛市三八红旗手"、青岛市"优秀党务工作者"。

> 能成为税务大军的一员，能在税收改革的大潮中增长才干，为社会、为国家做有益的事情，是我特别感到知足和自豪的。我曾作为主办人，虽几经波折但全额征收入库新企业所得税法实施后全国单笔最大非居民税款，有力地维护了我国税收权益；我曾在一审二审法庭上娴熟运用税收法律法规据理力争，最终赢得一审二审全面胜诉，展现了税务干部的良好形象。如今在税收经济分析处处长岗位上，我和我的团队不断开拓创新，担当奉献，打造一篇又一篇税收经济分析拳头产品，深度融入党委政府决策。这是我应该恪守的职责。感谢总局党委给予的关怀和厚爱！我将加倍努力，无愧于"担当作为你最美"！

——赵红岩

以税咨政写春秋

当今时代，数字化已成为不可逆转的历史潮流。衡量国家经济实力看 GDP、评价物价水平靠 CPI、监测空气质量看 PM2.5，而从税收视角看经济、看发展，税收大数据不可或缺。

在国家税务总局青岛市税务局，就有一群这样的"数据分析师"，他们是以税咨政的"智囊团"，是利企惠民的"攻坚队"，也是税收职能的"开拓者"。

2018 年 6 月，伴随着国税地税征管体制改革的嘹亮号角，青岛市税务局税收经济分析处成立。赵红岩受命担任第一任处长。

面对专业人员少、数据整合难、机制建立难的挑战，有过 6 年担任税源管理处和征管科技发展处处长经历的赵红岩陷入了迷茫：税收经济分析该从何做起？都说税收大数据是"金山银库"，可如何发掘其内在价值，让沉睡的数据醒过来？

以税咨政的"智囊团"

2018 年 11 月 1 日，习近平总书记在民营企业座谈会上发表重要讲话。对照总书记的要求，赵红岩思索着：民营经济活力是地方经济发展的"晴雨表"，青岛的民

营经济发展怎么样呢？青岛百强民营企业中只有12家营业收入过百亿。她回想起在税源管理工作中服务过的一个民营企业。该企业是青岛民营建筑装饰行业的"龙头"，多项业务在全国名列前茅。而就是这样"风光无限"的背后，却也有意想不到的心酸和困境。装饰项目往往要垫资30%左右，而回款周期长达3～5年，资金常常是捉襟见肘、等米下锅！

一个行业标杆民企尚且如此窘迫，其他企业的境遇更是可想而知。能不能运用税收大数据，为青岛民营经济把准"脉搏"、开好"药方"？赵红岩不禁皱紧眉头，紧迫感油然而生。

她立即召开"诸葛亮会"，决定选取经济体量相当，但民营经济发展优势明显的宁波市进行比较分析，并对典型企业进行深入调研。历经半个多月，围绕青岛民营企业资金运营、创新能力、税费负担等方面开展分析，并提出针对性举措建议。青岛市委主要领导充分肯定，市政府将报告内容细化为13条措施，批转给19个部门，列入督办事项。

首战告捷，赵红岩团队信心倍增。他们坚持常态化民营经济分析，提出了一系列政策建议，均被纳入市政府文件实施。他们从服务经济发展大局中找到了税收经济分析的探索方向！

伴随着政策的东风，青岛97家民企入围国家级专精特新"小巨人"企业，数量位列全国第八！在全市上下的共同努力下，青岛民营经济迎来了蓬勃发展的春天。

利企惠民的"攻坚队"

2020年初，突如其来的新冠肺炎疫情，让本来游人如织的奥帆基地、五四广场，一夜间陷入沉寂。而邻居家的遭遇让赵红岩更加揪心。春节前，邻居刚从银行贷款120多万元，承包了一家酒店，打算趁着过年消费高峰开门营业、大干一场，没想到疫情暴发，开业的日子遥遥无期，房屋租金、贷款利息却还在日日累加……酒店是一家老小的生计所托，开不了业这日子可咋过？

邻居的叹息如重锤一般敲击着赵红岩的心。青岛还有多少企业面临这样的困境？还有多少家庭遭受这样的打击？疫情对青岛经济影响到底有多大？想到这些，她坐不住了。

"疫情严峻，中小企业步履维艰。我们应不等不靠，立即启动疫情对我市经济影响的分析，为市委市政府决策提供依据。"她在微信群写道。

说干就干，赵红岩带领团队"逆行"冲锋。深夜，市税务局大楼那不眠的灯光，如同照亮企业走出困境的星星之火。

2月17日，第一份关于疫情影响企业生产经营的分析报告呈报市委。时任青岛市委书记王清宪为税务部门心系大局、主动作为而感动，对优化消费方式、精准帮扶重点产业等建议高度认可。

2月20日，在国家税务总局党委（扩大）会议上，王军书记提出"数据服务大局要尽力"的要求。青岛市税务局党委闻令而动，迅速成立分析专班，领衔的重担再次落到了赵红岩肩头。

用发票数据说话，是复工复产分

析"最聪明"的法宝。可用什么指标来分析呢？最初，他们从2019年一个月的发票数据入手，发现开票金额从月初到月末呈现递增的特点，可这是普遍规律吗？数据量小，时间跨度短，还不足以下定论。

赵红岩当即决定将分析范围扩大到全年52个周的数据，进行分析验证。这不仅需要修改52个程序脚本，而且每周要分析的发票超过350万张，难度可想而知。

这看似冰冷的数字背后，是一个个期盼的眼神、一张张焦灼的面孔、一声声急切的呼救！早一天呈上分析报告，党政决策就多一些底气；早一天复工复产，企业生存发展就多一分希望！再累，也要坚持；再难，也要攻克。

他们通过分析全年海量数据，逐一甄别、剔除节假日和集中开票等偶然因素的影响，经过反复推演验证，在全国率先创立了口径合理的"复工复产率"和"产能恢复率"两个指标，精准反映企业复工复产进度和趋势。首份周报一经呈送，市主要领导即向各区市推介，要求对照报告逐条逐项抓好落实。

3月9日，在市委经济运行应急保障会议上，青岛市税务局首次应邀作专题发言。此后，税务部门发言成为该会议固定议程，税收经济分析报告成为市委经济工作会议和市政府常务会的必用材料，为青岛税务赢得了"话语权"。

税收职能的"开拓者"

在赵红岩看来，税收经济分析绝不仅仅是为了获得表扬与批示。通过参与决策，融入城市治理，让青岛更具魅力、更富活力、更加美丽，才是税收经济分析工作的价值所在！

制造业是青岛的经济名片。早在20世纪80年代,海尔、海信、青啤、双星、澳柯玛等"五朵金花"声名远扬,"青岛制造"气势如虹。而在新一轮城市竞争中,青岛被连连反超,青岛的城市光芒能否再次绽放,就看"青岛制造"能否重回巅峰。

恰逢此时,青岛掀起了打造世界级轨道交通产业集群的攻坚热潮。赵红岩团队迅速响应、锚定目标:在制造业领域精准发力,为青岛轨道交通产业规模化发展再添一把火!

他们深入分析轨道交通产业链上下游购销状况,针对核心配套率明显偏低的问题,提出了"开展产业链招商引资、抓好生活配套建设、引进高端紧缺人才"等举措建议。时任市长当即表示:"你们开单子,我来带头招商!"

栽下梧桐树,引来金凤凰。如今,这里一切在悄然发生变化:一幢幢安居楼拔地而起,知名学校、医院相继建成,300多名高端人才成为"最强大脑",产业链平均配套率提高了21.5%。2021年3月,青岛轨道交通产业装备集群成功入选国家先进制造业集群。就在这里,世界首套时速600公里轨道交通系统成功下线,"青岛制造"再次刷新"中国速度"!

岁月峥嵘,春华秋实。赵红岩始终以敬业、精业、专业的精神,带领团队不断挖掘税收大数据价值,从国家战略、地方发展到区域比较,从重点行业、特色产业到小微企业,深入分析,精准献策,屡获税务总局和青岛市委、市政府主要领导的肯定性批示,2020年获批数量位居全国税务系统首位。税收经济分析实现了由税务部门"主动报"向党委政府"主动要"、由"辅助决策"向"参与决策"的两大转变。

如今,税收征管阔步迈向"以数治税"的时代,年轻的税收经济分析团队正激流勇进、扬帆远航——去领略推动高质量发展的无限风光!

潘晓莉 国家税务总局深圳市南山区税务局第一税务所所长、党支部书记。在中国改革开放的前沿阵地深圳，潘晓莉扎根办税服务厅12年，攻坚克难、积极推动智慧办税厅、虚拟大厅建设和安静工程、无纸化工程等项目平稳落地，以"智慧税务＋效能税务"践行着税务人的为民初心。在潘晓莉和同事们的努力下，示范大厅创建成果获税务总局领导批示肯定，2021年她被评为"全国税务系统百佳税务所长"。

> 人生因奋斗以赴而更加静好，梦想因拼搏向前而更加瑰丽。"征程万里风正劲，重任千钧再奋蹄。"我会继续以为民服务解难题为己任，练好担当之功、尽好担当之责，踔厉奋发，笃行不怠，和大家一起汇聚成最奋进、最闪耀、最璀璨的"税务蓝"，为服务经济社会书写一份更便利、更智慧、更满意的税务答卷。

——潘晓莉

为奋进者提速 ——潘晓莉

在深圳，每1分钟都来之不易，每一分钟都可能在创造奇迹！

1分钟，华为生产310部手机；

1分钟，深交所成交14个亿；

1分钟，深圳港口吞吐货物460吨；

1分钟，整个深圳创造526万元的GDP！

每一个一分钟的奇迹背后，都藏着一份深圳人不为人知的努力。向时间要效率，已成为深圳人骨子里的基因。

国家税务总局深圳市南山区税务局办税服务厅团队带头人、"全国税务系统百佳税务所长"潘晓莉，就是一位努力与时间赛跑、把提速融入血液的深圳税务人。

创新，领跑新时代潮头

深圳是一座改革之城，处处涌动着创新的热潮。潘晓莉与深圳同频共振，在改革创新中勇当先锋，带领团队走出了一条敢闯敢试的"破冰"之路。

2018年，严峻的国际形势让许多深圳南山的企业家彻夜难眠。中兴通讯，这家中国最大的通信设备上

市公司，遭遇了前所未有的危机，现金流面临严峻挑战。

深夜，潘晓莉的手机里传来一阵急促的铃声，"我是中兴通讯的税务总监，这批退税款什么时候能下来啊？能不能再快一点？"

潘晓莉火急火燎跑到单位，发现资料还在市税务局等待扫描上传，这可把她急坏了。第二天一早，她赶紧协调有关部门，中兴通讯终于在当天拿到了"救命"的退税款。

可面对企业的道谢，潘晓莉却怎么也高兴不起来。为了方便调阅、信息共享，企业提交的资料都要由市税务局影像中心集中扫描。按正常流程，光是扫描归档就需要3到5天。能不能取消纸质资料，在前台直接扫描成电子档案呢？

"这可是个好主意！"小伙伴们都很认同，"如果真能省出这三五天，咱们忙点儿累点儿也没啥。可是，仅仅使用扫描件如何能保证资料合法性？出了风险谁来担？"

"能不能干，怎么干？"潘晓莉多方沟通、反复论证。终于，在局长办公会议上，大家一致通过了办税无纸化方案，并决定参照电子税务局相关规范先行先试。

风险顾虑解决了，潘晓莉带领团队风风火火地干了起来。

经过4个多月夜以继日的奋战，覆盖226项业务的全流程无纸化项目终于成功上线！后台资料流转时间由2天缩短至5分钟。此后，纳税人只要办理过一次业务，就无需重复提供资料。

智慧，加速数字化转型

深圳是一座智慧之城，处处展现着数字化时代的勃勃生机。潘晓莉紧随深圳的发展节拍，拥抱数字化浪潮，以智慧税务为企业纾困解难。

在深圳南山，有将近 60 万户企业，而整个南山区税务局只有 300 多名税务干部，办税服务厅全部人手不足百人，仅靠人工再怎么提速也无法满足纳税人的需求。

拼人力不现实，那就拼技术，用科技手段减负提速！可是，从哪里入手呢？

对于南山区办税服务厅来说，受理业务的分配是最令人头疼的工作之一。日均 1200 多个的叫号量，加上纳税人网上申请的业务，算下来，每天共有几千项业务需要大厅分配至管理科办理。以往由人工一项项操作，流程繁琐，耗时耗力，从大厅受理到管理科审批，通常需要 1 天时间流转。这意味着，纳税人也要多一天等待。

业务虽小，影响重大。早一点完成分配，管理员就能早一点审批，企业就能早一点开展业务。没错，就从这里入手！

5 分钟！1 分钟！10 秒！

经过两个月的奋战，"RPA 任务自动化分配小程序"成功上线！原来繁杂的"接收、查询、转办、审批"流程，现在受理即审批！原来需要 7 名税务干部在岗处理分配，现如今只需一个小程序就能自动判断、瞬间转办！

为了让纳税人感受到更快捷的办税体验，潘晓莉带领团队乘胜出击，陆续推出"南山智税"系列 8 大类 26 个小程序，涵盖发票、申报、退税、注销等各类业务，以"小切口"微创新，助力数字化大转型。

如今，南山区办税服务厅日均全自动化处理办件 1400 件，平均办税时间缩短到 1.5 分钟，成为系统内外知名的"网红大厅"，累计接待国外参观团队 20 多次 350 多人。2020 年 10 月 11 日，南山区智能办税厅登上央视《新闻联播》，智慧办税经验传播得越来越广。国际货币基金组织授课专家组组长在参观南山区智能办税厅时，也竖起大拇指不停赞叹。

开放，冲刺无限量未来

深圳是一座开放之城，汇聚了来自五湖四海的追梦者。让他们从"税务速度"中感知"深圳温度"，为他们扎根、绽放助力赋能，潘晓莉从未停下过探索的脚步。

2020年初，个人所得税改革后汇算清缴的第一个申报期，正遇上汹涌而来的疫情。腾讯、华为等知名企业聘用的大量外籍教授和专家无法如期入境进行汇算清缴。

纳税人着急，潘晓莉和同事们又何尝不急呢？潘晓莉带领团队加班加点、探讨可能，专门为他们推出一套定制服务，在原来"非接触式"办税的基础上创设注册码，无法入境的外籍人员只需要扫一扫，就能轻松搞定汇算清缴！

为此，南方科技大学的外籍教授特地给潘晓莉打来视频电话，用还不太流利的中文说道："感谢你们的'非接触式'办税，又方便又贴心，给你们点赞！"

潘晓莉和深圳税

务人以"小切口"撬动"大提升",以"小窗口"展现"大格局",推出一项项便民办税举措,用无感办税优化深圳营商环境,让更多人选择这里、爱上这里、扎根这里。

潘晓莉最爱晨光里的深圳,塔吊挥舞着巨大的钢铁臂膀,一座座拔地而起的超级总部大厦焕发着勃勃生机;她也爱夜幕下的深圳,车来车往川流不息,万家灯火流光溢彩。这不就是潘晓莉不断突破为之努力的目标吗?这不就是一代代深圳税务人争分夺秒为之奋斗的美好景象吗?

历史总是奔腾向前,人民对美好生活的向往没有终点。在时间的赛道上,潘晓莉和无数税务人一起,以奋进之势,展税务英姿!砥砺前行!只争朝夕!

张智洪 国家税务总局驻广州特派员办事处第一大队大队长。他扎根税务稽查战线20年，多次被评为"优秀共产党员"和"优秀公务员"。2017、2019年因打击虚开骗税违法犯罪工作成绩突出，受到国家税务总局通报表扬。

> "守初心、担使命、善作为。"从事税务工作30多年，我始终坚定理想信念，自觉在思想上、政治上、行动上与党中央保持高度一致，铭记"为国聚财、为民收税"的初心使命，兢兢业业坚守岗位，踏踏实实把工作做扎实、做硬气。主动履职担当，始终以维护经济税收秩序、维护国家税收安全、维护社会公平正义为己任，坚决打击虚开骗税等涉税违法犯罪行为，助力营造良好营商环境，勇做税收现代化发展的"护航人"。
>
> —— 张智洪

税海亮剑

2018年10月,广州海关通报了一起走私案的骗税线索,涉及全国25个省市,退税款近10亿元,足足相当于中西部一个市县一年的税收收入。

案情重大,国家税务总局驻广州特派员办事处迅速与四部门成立专案组,指定当时有着32年税龄、18年稽查经验的张智洪领衔查办。

一声号令,利剑出鞘!时任广州特派办稽查大队副大队长张智洪匆匆安顿好刚刚住院准备接受手术的妻子,立刻就位。

广东,地处改革开放前沿,历来是打击经济犯罪的重要战场。这次,这么大一个团伙能够长时间不被发现,一定是手法足够隐蔽、组织足够严密、手段足够刁钻。

那段时间,位于广州特派办6楼的专案组,灯火通明。一个个忙碌的身影,一双双熬红的眼睛,面对海关移交的25G电子数据和成箱成堆的材料,税务、公安、海关从不同方向、不同角度分析,但又时常陷入困境。

火眼金睛

千头万绪时，张智洪总会想起当年查办"共和国第一税案"，以及参与系列税案的难忘经历。从来，没有哪一次是轻松的，没有哪一次不经历曲折反复！

但，再狡猾的狐狸，也斗不过好猎手！

线索，一定在！

依托特派办大数据平台，张智洪和战友们继续扎进了浩瀚的数据海洋中。一个多月，查询了 800 户出口企业 588 万条申报信息、549 万条进销项发票信息，提取了涉案企业 1 万 4 千条货物代理信息，分析了 1000 多万条银行资金流水……

功夫不负苦心人。报关行的"资金返点表"，引起了张智洪的敏锐关注！报关行给企业报关出口，赚的就是这个中介费。但这些报关行不但不收钱，还给每个出口企业倒贴 0.3 万元到 1.5 万元。那报关行的利润，从哪里来？

这恰恰是多年打骗中最让张智洪耿耿于怀的。由于缺乏相关部门支撑，取证难、定性难、处理难，明明知道部分报关行有猫腻，靠假报出口，骗取国家退税，却难以固定证据。

但这一次，四部门深度联合打击，终于揪出了完整的犯罪链条——

报关行和货物代理公司买单报关、配票配货、虚假出口；

供货企业虚开发票；

地下钱庄虚假结汇；

出口企业实施骗税……

这是一个分工明确、组织严密的特大骗税团伙！

很快，四部委把案件纳入重点督办。张智洪和队友们更是与时间赛跑，第一时间赶制出完整的作战方案。几个日夜下来，当一贯斯斯文文的张智洪，胡子拉碴地赶到医院时，妻子的手术刚刚结束……

安静的病房里，只听见点滴的滴答声，爱人的脸美丽而苍白。张智洪坐在床边，紧紧握着妻子的手，抱歉地小声说："这段时间太忙，没顾上你，幸好你平安，我们也成了！"

斗智斗勇

家人的支持，让张智洪和同事们可以更安心地放手大干一场。

没想到，紧接着迎接他们的，却是忠诚与背叛的考验。

2019年1月，公安部门发现，犯罪嫌疑人正多方打探专案组，想尽办法接触办案人员，放出消息要出500万元摆平这件事。

更让人惊讶的是，有一次，专案组正在开分析会，犯罪嫌疑人竟然直接把电话打到了一名同志的手机上。电话里，既有利诱，也有威胁。

保密，一直是稽查工作的生命线啊！

到底有没有内鬼？内鬼是谁？又是

谁在暗中观察着专案组的一举一动？

难道是那个长期出差被女朋友怀疑逃婚，常常被追问"你到底要不要跟我结婚"却始终坚守岗位的阳光男孩？

难道是那个腰椎受伤了，依然趴在床上研究方案，每敲一个字都很吃力却默默坚持的潮汕妹子……

不！不！队友们的忠诚无需怀疑，行动早就给出了答案。

是啊！稽查工作这么多年，哪一次不是你死我活的较量。还有什么，比尽快破案，更能证明同志们的忠诚！

干脆，就来一招将计就计、欲擒故纵！

于是，公安部门对外宣称，春节安保任务重，这个案件移交基层，省公安厅不管了；税务部门也通知，案件查办工作暂时停止……一系列让犯罪分子眼花缭乱的行动，制造出了案件搁置、可以蒙混过关的假象。

但实际上，张智洪带领的核心团队第一时间转移办公地点，转入秘密侦查，开足火力发起总攻！

2019年4月23日，税务、公安、海关组成的25个行动小组，238名执法人员全线出击！广州、佛山、潮州、南京，同时收网，刑拘57人，批捕46人，创下了广东打骗案件一次批捕人数的新高，两条隐藏在广东地区的特大虚开骗税产业链被连根斩断！

攻心为上

案件成功收网，但面对面的较量，才刚刚开始！

案件最终能否告破，批捕能否成功起诉，一切，都要靠铁一般的真凭实据！

可是，审讯了200多人次，主要犯罪嫌疑人陆某，拒不认罪。

陆某当时32岁，已经坐了3次牢，反审讯经验十分丰富，一个字也不肯交代。

怎么办？怎么办？

张智洪反复琢磨，决定攻心为上！

张智洪了解到，陆某平时爱嚼槟榔、喝可乐，其涉案情妇也同时被抓捕。

提审时，张智洪准备的槟榔、可乐，让陆某脸色一暖。

紧接着，一段陆某情妇声泪俱下的忏悔视频，打破了沉默："一步错步步错，陆哥，你要是有个好歹，我们的孩子怎么办啊……"

一遍又一遍，陆某看着情人的真诚忏悔，手颤抖了起来，两眼放空，紧紧包裹的心理防线，逐渐被攻破！最终，签认了6000多笔"买单报关"的关键证据。案件成功告破！

当张智洪拿到厚厚一沓由海关定性"涉案出口企业、报关公司出口申报不实"的红头文件时，他的心情无比激动。

这份海关出具的定性函，这种深度合作联合打骗的新战法，在广东乃至全国都是首例。它开创了四部门联合、全链条打骗的新经验，真正实现了"蛇打七寸"的目标！

国家四部委打击虚开骗税领导小组办公室发来贺信，国家税务总局王军局长、公安部原副部长孟庆丰以及海关总署、广东省政府的多位领导给予肯定性批示。

善于斗争，绝对忠诚！

张智洪和战友们，又一次在共和国税史上写下了稽查人捍卫国家税收的浓墨重彩的一笔！而特派办高位统筹、跨区协调、大数据作战的优势也得到了淋漓尽致的展现，信息化战略机动部队的作用日益彰显！

新冠肺炎疫情发生以来，广州特派办闻令而动，冲锋在前，严厉打击虚开骗税和骗取疫情防控税收优惠违法犯罪活动，组织查办了4波次11个涉疫涉税虚开团伙案，打掉虚开骗税违法犯罪团伙34个，涉案金额数百亿元，有效遏制了虚开骗税违法犯罪的嚣张气焰，维护了国家税收安全，为复工复产营造了公平良好的税收环境。

担当源于忠诚，忠诚来自信仰！张智洪与无数的税务人一样，有信心、有能力，打赢一场又一场的漂亮仗，共同守护好税收事业的碧海蓝天！

国家税务总局上海市虹口区税务局第一税务所

他们是一个荣获全国"人民满意公务员集体"的先进团队，以实际行动争当税收改革创新的排头兵和先行者，先后荣获"全国文明单位""全国工人先锋号""全国青年文明号"，以及上海市"集体二等功""上海市文明单位""上海市模范集体"等荣誉。

见字如面 话担当

虹口，位于黄浦江畔、苏州河北，被习近平总书记赞誉为"海派文化发祥地、先进文化策源地、文化名人聚集地"。这片面积仅23.48平方公里的土地，以其优质营商环境吸引各类企业51000余户，年税收收入达260亿元。正努力打造成为上海的航运热土和金融高地。

在这片传承红色基因、不断创新创业的沃土上，诞生了一个"明星所"，曾荣获全国"人民满意的公务员集体"、连续五届全国"文明单位"等30余项国家级、省部级荣誉。它就是国家税务总局上海市虹口区税务局第一税务所。

一摞急切的入党申请书

"敬爱的党组织：我志愿加入中国共产党……"2020年春节前夕，在突如其来的抗疫大战前沿，国家税务总局上海市虹口区税务局第一税务所8名新进公务员同时"火线"递交了"入党申请书"，自觉加入这场最美的逆行。是谁、又是什么感染了他们？

是她，放下刚满月的双胞胎宝宝，转身扎入街道防疫一线的党员小妈妈陈瑜；是她，与时间赛跑，在大年三十晚上为武汉协和医院奔走四方、集资捐物的年轻党员王馨悦；是他，在上海血库频频告急之时主动献血400毫升，为临床病患点燃希望之灯的青年骨干褚宁；还有他，不顾自己癌症康复期的身体情况，挺在楼宇"前哨"，守好社区防疫"安全门"的老党员吴骏。正是他们，一名又一名共产党人，用平凡质朴的点滴感染着年轻的税务人，用坚定的信仰释放共产党员炽热的红色能量，为打赢疫情防控持久战增添一抹铿锵有力的"税务蓝"！

疫情防控大考前，第一税务所党支部全体32名党员闻令出动，逆行出征，聚焦国家税务总局王军局长"四力"要求，用初心支援前线，用使命坚守后方。

一条点赞量最高的微信

持续的疫情按下了社会经济的"暂停键"，虹口区聚集着450多个商户的龙之梦商业中心客流与收入跌入冰点；以途牛国际旅行社为代表的旅游行业面临订单全额退款的窘境，资金流捉襟见肘；老牌国货凤凰自行车，物资供应受阻、市场需求削弱，销售停摆。

面对企业的急、难、愁问题，一样忧心的还有虹口区税务局第一税务所的干部，怎样帮助企业更快走出困境？"虹一所""疫"不容辞，全力以"复"。

他们点对点了解企业诉求、对接多方资源，全力落实好疫情防控各项优惠政策。龙之梦商业中心房产税减免、途牛增值税减免、凤凰自行车退税……在他们的不懈努力下，税款免了、资金活了、企业的难题解了，而他们深感肩上帮助企业复工复产的责任更重了！

如何让税收优惠辐射到更多的企业？"虹一所"推出了"税云间"

线上宣传品牌，帮助纳税人"零距离"获取优惠政策，"零时差"解决办税难题，将一场场"不见面"的"政策云解读""办税直播课"隔空投送给纳税人，并将直播渠道拓展到 B 站、抖音等时下最流行传播平台，让优惠政策落实有速度更有温度，助力企业复工复产有力度更有态度。

"我也是网红带'货'主播啦！"这是青年党员于杰在微信朋友圈收获点赞量最高的一条。上海某酒店管理有限公司就是这场直播最大的受益者。在疫情的巨大冲击下，酒店正面临着房租和员工工资的双重资金压力，财务冯女士在家观看了此次直播后，立马通过上海税务"银税互动"平台进行了在线贷款申请，很快获得了 177 万元授信额度。企业法人激动地来电表示感谢："银税通帮助我们小微企业及时脱困，这样的直播可太棒了！"

自疫情以来，"虹一所"推出了 8 期纳税人学堂直播课程，累计在线观看人数 26000 多人，在线留言近 3000 条，一条条来自纳税人认可的弹幕"刷屏"了整个直播间。

一句特别的留言

在疫情防控逐步进入常态化的新阶段，奋勇战"疫"的虹税人也启动了经济发展的"快进键"。截至 2020 年 8 月，虹口区在累计新增减税降费 9.39 亿元的基础上，税收收入累计完成 190.94 亿元，同比增长 1.5%，以强大修复力推动上海经济恢复的"勃勃生机"。

他们是奔走在疫情前线的逆行战士，他们也是推出税宣"爆款"的网红"主播"，他们更是坚守办税服务厅一方窗口的金牌"店小二"，一路搏击，不曾停歇，以"四个率先"引领纳税服务的新浪潮。2009 年，率先研发全国第一台国地税合一的 ARM 机；2013 年，率先设立上海市第一家 7×24 小时自助办税服务厅；2017 年，在上海市率先试点"网上申请＋自助取票"服务；2019 年，上海市首家智慧办税服务厅落户虹口，"刷脸办税""虚拟现实""涉税体检"让纳税人有了办税"不找人"的科技感。他们的智慧厅入选上海解放 70 周年成果展，税务总局局长王军到虹口调研时也给予了充分肯定。

2020 年 4 月，"虹一所"搭乘 5G 应用，将智慧税务最新成果运用到楼宇驿站，满足了疫情期间企业井喷的非接触式办税需求，让企业"足不出楼"就能"面对面"咨询涉税问题，实现了 269 项涉税事项的"全程网上办"，虹口企业网上申报率 99%、网上办事率 85%，办税服务厅人流量同比下降 45%。

《2020 年世界营商环境报告》中，中国"纳税"指标又比上一年上升 9 位，上海作为中国的重要样本城市，"纳税次数"已是全球最低水平。在这一连串数据的背后，也有着他们的"虹口力量"。

"中国税务人很精神，中国纳税人很幸福！"这是一位"一带一路"沿线国家税务官参观"虹一所"后的留言。中国税务"为民便民利民"的服务理念，在这一方小小的窗口发扬展现。

小小的一方窗口，有他们办税柜台前真诚服务的笑容，有他们改革攻坚时冲锋一线的英姿，有他们抗击疫情下挺身而出的身影。这每一个奋不顾身的模样，汇聚成税务人为民服务的初心承诺和为国聚财的使命担当！

一摞摞入党申请书，表达的是初心；一条条微信，体现的是担当；一句句留言，给予的是激励——见字如面，纸短情长。

"凡是到达了的地方，都属于昨天。哪怕那山再青，那水再秀，那风再温柔。"喜欢出发的"虹一所"将怀抱美好愿景，不忘初心、牢记使命，倾情打造国际大都市办税服务品牌，在新时代新税务新作为中展现上海风采。

国家税务总局上海市青浦区税务局第一税务所

处在长三角一体化发展、中国国际进口博览会两大国家战略的"主战场",他们积极探索优化纳税服务与服务国家战略的深度融合,打造了全国首家长三角地区企业跨省迁移、全国首台长三角异地自助办税机等多个国内之"首",荣获"全国文明单位""全国税务系统先进集体"等荣誉。

潮涌长三角 敢当弄潮儿

长江三角洲自古以来便是美丽富饶之地。随着改革开放的深入，长三角作为全球资源配置的亚太门户，像一颗耀眼的明珠，跻身于世界六大城市群。2019年12月，党中央、国务院将上海青浦、江苏吴江、浙江嘉善确定为长三角生态绿色一体化发展示范区，引领长三角地区向更高质量一体化发展。

勇立潮头，"青"力量赋能长三角一体化

"跨省迁移""异地自助办税"这些过去看似不可能实现的事，如今都成为了可能。做成这些事的，是位于江浙沪三省交界处的办税服务厅——国家税务总局上海市青浦区税务局第一税务所。这支130多人的队伍，平均年龄只有29岁。他们敢想敢试、敢拼敢闯，用一个"敢"字跑出了青浦"加速度"。

敢于跳出工作看工作，是这些年轻人的长处。跨省迁移可以算是办税服务厅里比较复杂的业务。企业常常要往返工商、税务、银行等多个部门，还要准备厚厚一摞资料。经常有企业感慨："迁移，可真不容易啊！"副所长钟小强看在眼里，急在心里，怎么能让跨省迁移快起来呢？他组织所内青年，开始筹备这

项工作。他们要做跨省迁移路上第一个"吃螃蟹"的人。

然而，现实并没有给他们太多时间。2019年12月，税务总局出台16项支持长三角发展举措，明确将跨省迁移交给上海牵头。筹备工作千头万绪，跨省迁移的规则怎么制定？哪些资质可以实现迁移？

钟小强和团队成员为此多次往返税务总局、上海市税务局，讨论操作规程和业务需求。"目前省与省间无法直接实现金税三期、发票系统的数据交换，是否要搭建专门的交换平台呢？""要迁移的数据量非常大，考虑到时间和成本，是否要确定迁移数据的种类、所属期呢？"在飞驰的列车上，久久回荡着这些年轻人的讨论。

功夫不负有心人。在三省两市一次次联调联试下，一个个难题终于迎刃而解。2020年5月18日，昆山酷尔家居完成了向上海小西几的"华丽转身"。原本需要10个工作日的注销迁出、再迁入开业，如今当场"秒办"。

这家企业的财务负责人万惠兴奋地说："从江苏迁到上海后，我们的信用等级和原来一样，不需要再重新开始，真是太好了。"不仅如此，企业的户管档案也能继续使用，发票数量，甚至未抵扣完的进项税额全都平移到位，税务信息省界"断头路"自此打通。改革创新主动求变，为民服务初心不变。从0到1，靠的，就是年轻人的敢拼、敢闯。"无感迁移"跑出了"青浦速度"，很快又转化为"青浦经验"，在全国各地得到推广。

长三角真是一片神奇的土地。在这里，因为有了新想法、新做法，原来难办的事儿，变得"容易"了；原来复杂的流程，变得"简单"了。

财纳福诺木业是一家位于浙江嘉善的比利时企业，产品全部销往海外，2019年出口额高达17亿元。受疫情影响，企业撞上了海外市场的"冰山",外销几乎停滞,生死就在一线之间。由于在当地找不到完全匹配的合作方,钟小强和同事们想,上海的下游企业多,可以利用发票大数据为企业做合适的匹配。这种类似"连连看"的方式收获了奇效。通过上千次的数据检索和比对分析,他们终于为其在上海找到了最符合条件的装饰公司。财纳福诺就此打开了国内销路,截至目前,国内销售额实现了从 0 到 1.4 亿的飞跃。

为了惠及更多纳税人,他们联合江浙两地共同启动了"云链通"行动。短短四个月,"云链通"帮助 41 户企业匹配了 79 户上下游企业,惠及家具、通信产品、电线电缆等各个行业。越来越多的企业,真正感受到了"税收大数据"的便利,难题少了,机遇多了,长三角地区经济被进一步盘活了。

勇毅前行,"青"力量护航进口博览会

长三角的溢出效应随着中国国际进口博览会的到来进一步放大,首届进博会就有来自全球 3600 多家企业参展。作为进博会的永久举办

地，青浦，正位于这股热潮的中心。

随着进博小熊猫火遍全网，进博会正式进入倒计时。想到第一次有如此多的外商共聚在这个国际大展会，怎么才能让这群外国朋友更好地理解中国的税收优惠，落户上海呢？所里的年轻人又动起了脑筋。有了，他们要精心打造一本税收双语"宝典"！

三个月，只有三个月，一切都是全新的挑战。他们通过模拟企业交易，挖掘所需要的内容；多次联系商委，获取参展企业名单，根据企业特点列出高频政策；参考《国际税收辞汇》等书籍，历经十多稿，终于成型。他们还特地请外国企业试读并提出改进意见，80多页的册子最终定稿。从0到1，靠的，就是年轻人的敢想、敢做。

进博会期间，这本手册成了参展商人手一本的"办税宝典"。"发票如何领用""出口退税如何办理"等问题，通过这本宝典，企业很快就能找到解决办法。不少兄弟单位还特地来这里取经。如果说，一本小册子拉近了外商与他们的距离，那么选派政要联络官就能更好地展现中国税务青年风采。

赵奕就是其中的一位。他通过层层选拔入选进博会政要联络官，负责一对一接待阿塞拜疆外交使团。从行程安排到后勤保障，他把每一件事都安排得妥妥当当。那段日子，午餐、晚餐不定时成了常态，他的手机也总是24小时待命。"我年轻，这点强度不算事儿。"他常常这样说。机场送别时，阿塞拜疆经济部长紧紧握着他的手说："中国税官的服务真是太周到了！"

保障进博会的过程中，他们既是活跃在国际交流舞台的"蓝精灵"，也是贴心服务的"店小二"。2020年4月，在走访调研中，他们了解到，受疫情影响，进博会的承办方——国家会展中心整个上半年都面临着流动资金短缺的巨大压力。

回到所里，他们立刻开始为国展中心量身定制政策"套餐"。从资质审核到退库入账，原本10个工作日的流程被压缩到2天，7280万的退税大礼包送到了企业面前。很快，2141万的留抵退税款再次到账。近亿元的政策红利大大缓解了企业的资金压力，也为提升第三届进博会的展务能级带来了信心和底气。他们的服务，也让越来越多以会展经济为代表的新兴产业散发出勃勃生机。

连续四届进博会期间，他们累计走访调研会展行业128次，为2100余户参展商提供税收咨询等驻场服务，便民办税的春风吹进了企业的心坎里。进博会的"回头客"越来越多了，从"走进来"变成"留下来"，长三角变得越来越热闹了！

走进青浦一所，首先映入眼帘的是一面长4米、高3.5米的荣誉墙。这些荣誉都是一代代一所人凭着一股"敢"劲儿创下来的。"敢"字当头，"干"字为先。脚下是超过21万平方公里的长三角沃土，眼前是不断奔涌的时代浪潮。未来还有无尽的可能，等待着一所人乘风逐浪，奋勇前行。

国家税务总局浙江省税务局纳税服务处

　　国家税务总局浙江省税务局纳税服务处党支部，始终坚持党建引领，充分发挥党员先锋模范作用；始终坚持忠诚履职，持续提升纳税人满意度和获得感。浙江税务率先建成税务服务"好差评"，实现纳税信用"全覆盖"，"最多跑一次"经验做法在全国推广，浙江连续七年保持全国纳税人满意度最优省，支部也先后获得"全国先进基层党组织""浙江省抗击新冠肺炎疫情先进集体""浙江省先进基层党组织"等荣誉。

一个支部的回答

第一个"免填单"系统在这里诞生；

第一家"7×24小时"自助办税厅在这里点亮；

第一笔"银税互动"信用贷款在这里发放……

这一项项全国首创的背后，都有一个基层党组织的身影。她，就是国家税务总局浙江省税务局纳税服务处党支部。改革开放40年来，从资源小省到经济大省，浙江翻天覆地的巨变中，有纳服处党支部默默的耕耘和辛勤的付出。

以攻坚克难的担当回答民之所盼

山越高越难爬，车越快越难开，经济快速发展对纳税服务带来的挑战远超预期。2018年国税地税征管体制改革时，浙江省纳税人缴费人总数超过5000万，从事纳服工作的人员却不足5000人；办税大厅率先实现了"一窗通办"，但窗口前的道路却依然拥堵。舟山的海岛上，会计们办税还要经过漫长的海上颠簸；丽水的果林里，农民开发票还要翻山越岭；杭州的科技企业，火热的研发热情却碰上融资坚冰；义乌的大厅里，一分钟成交9笔订单的电商，还得排着长队焦急地等待……这一幕幕牵动着纳服处党支部全体党员的心。

一份份需求就是一份份沉甸甸的期待。然而，要满足这些期待，就意味着要压缩一环扣一环的税收征管流程，意味着要打通多个部门的数据孤岛，更意味着权限大幅放开后的巨大监管风险……怎么办？

恰逢此时，浙江省委提出深化"最多跑一次"改革；浙江省税务局党委进一步谋划"党建引领""办税提效"等六大工程。上级党委为纳服处党支部指明了前进的方向！

纳服处党支部的党员同志们迈出了坚定的步伐。他们把主题党日一次次开到解决企业和基层困难的第一线，一次次通宵达旦地梳理问题、优化流程；他们一条条地整理推广基层的改革经验，为前行者撑腰，为迷茫者引路；他们一趟趟地跑公安、跑住建、跑国土，让纳税人资料少提供一点，让风险再小一点，让后续环节的同志能更轻松一点。

在他们的努力下，税务领域的"最多跑一次"在浙江率先实现了！

——刷脸就能办税、资料基本免除、发票包邮到家，跋山涉水办税的历史终结了，大厅排长队的景象一去不复返了。

——全国首个省级"银税互动平台"上线了！任一银行一键申请、30秒就能完成授信，纳税人只要有好信用就能贷到款。

——税务师行业党建指导员入驻了！行业恶性竞争收敛了，纳税人尽享优质、专业的服务，社会力量弥补了政务资源的不足，"精诚共治"有了更广阔的前景。

他们，用实际行动作答：上接天线，找准方向；下接地气，脚踏实地，是攻坚克难的法宝。

以勇立潮头的姿态回答发展之需

时代的车轮永不停歇，挑战就像那钱江潮，一浪接着一浪。浙江，孕育了电商产业为代表的数字经济产业集群，催生出网络购物、扫码支付、共享单车等新产业、新业态、新商业模式。通过鞋底暗钉检测的 5G 技术让温州皮鞋华丽蜕变；仙居的"乒乓球"杨梅，早晨采摘、傍晚就能送达北京的客户；义乌 7.5 万个市场经营户，连接着全球 200 多个国家和地区的供应商……以互联网为基础的新经济，让浙江这个仅占全国陆域面积 1% 的地方，以前所未有的广度深度参与到全球竞争之中。

新的经济业态需要新的服务能力，而全省助推企业轻装上阵的减税降费政策还不能做到 100% 知晓和理解，个性化的需求还不能第一时间掌握，税收服务产业链供应链的办法还不多……如果纳税服务不能很好扶持新经济，影响的将是浙江建设自贸区、融入长三角、参与国际竞争的机遇！想到这些，纳服处党支部的党员无不感到压力山大！

只有掌握新经济发展的规律并加以利用，才能领导和服务好新经济的发展。

趁着"万名党员进万企"的东风,他们带上笔记本,去平台企业、大数据"独角兽"企业"拜师学艺"了。他们在 5G 智能工厂见证按需定制的奇妙过程;在直播间感受全球好物分秒售罄的惊人速度;在电商平台领略大众创业、万众创新的乘数效应……

受云服务理念启发,他们建起全国首个省级"征纳沟通平台";依托大数据、人工智能,开发"税小蜜"智能机器人,让纳税人尽享 24 小时不打烊的咨询服务;依托云技术,搭建"云上课堂",政策讲解视频像超市货物一样上架供选;依托信息回传技术,实现最新减税降费政策半小时全省 100% 知晓。

一个平台,增添了浙江企业拥抱世界的底气。

多个创新,拓展了服务新经济的无限空间。

"侨乡"青田,33 万海外华侨借助平台享受涉侨社保费业务"不见面全球代办服务","华侨经济"被税收服务点燃;

"小商品之都"义乌,税收大数据和网红直播精准结合,外贸产品找到了销路,"网红经济"与税收服务同频共振;

长三角涉税事项跨区域通办,"飞地"企业接到更大的订单,涉税事项当地办,税收为家乡发展做出贡献,一举三得,"飞地经济"因税收服务而腾飞。

他们,用实际行动作答:沉下身子,深入群众;放下架子,依靠群众,是永恒不变的真理。

以始终如一的坚守回答初心之问

春风不负赶路人。您看,电子发票应用项目列入了浙江省数字化改革的重点;税务领域改革被浙江省深改委评为 2020 年度先进;助力复工复产得到国家税务总局局长王军和浙江省委书记的点赞……纳服处党支部捧回全国纳税人满意度调查"五连冠",获评"全国先进基层党组织"。

当一个个荣誉眷顾纳服处党支部的时候,有人羡慕,有人好奇:他们是怎么做到的?

这么忙,怎么能做到支部学习和主题党日一次不落?来自五湖四海的队伍,怎么就能个个心往一处想?这么高的起点,怎么就能年年保持先进?

是南湖边、红船旁的一次次回望和叩问吗?是密密麻麻的学习笔记和反反复复的思想淬炼吗?是不留情面、让人红脸出汗的批评和自我批评吗?

……不止这些。

是疫情袭来时,支部书记身先士卒、在浙江省税务局疫情防控指挥部连续45天的坚守;是在基层一线,党员们手捧着盒饭一遍遍记录需求的忘我;是在改革攻坚期,党员们一次次告别家人时的毅然转身。

疫情期间,海外的浙江籍华侨有着坚如磐石的信心,浙江税务"零时差"的保驾护航,是身处异国他乡最坚强的后盾;外贸依存度高的浙江率先实现经济V型反弹,浙江税务大数据平台嵌入全省复工复产平台,是构建"新发展格局"的强大助力;"飞地经济"带来了总部经济,优质的营商环境映衬着浙江的绿水青山,山区的群众看到了金山银山,税收服务承载着"新发展理念"飞入寻常百姓家。

时代的考题一直在变,但纳服处党支部的回答始终如一。他们深知,税务机关首先是政治机关,税务干部是党的干部,税收事业是党的事业。在他们眼里,纳税服务从来不是单纯的业务,而是连着国计民生的重大政治。

一个支部，就要在解决一桩桩、一件件群众急难愁盼中，为党筑起民心长城：哪里有困难，哪里就有党旗飘扬；哪里有需要，哪里就有党徽闪耀。

让党旗在为民服务的阵地高高飘扬！这就是他们，浙江省税务局纳税服务处党支部的响亮回答。

国家税务总局义乌市税务局

该局坚持聚焦主业,服务地方发展积极有为,成立全国首个国际税收服务点,打造"1+2+6+14+X"的立体化办税新模式,纳税服务亮点纷呈,税收营商环境持续优化,先后获得"全国精神文明建设工作先进单位""全国巾帼文明示范岗""全国税务系统文明单位""全国节约型公共示范单位""全国文明单位"等荣誉。

与时间赛跑，抢抓复工复产先机

2020年初，一场突如其来的疫情，给中国经济无情地摁下了"暂停键"。一向四通八达、因商品高效流通而兴的义乌，瞬间进入了寒冬。这个寒冬，对义乌人意味着彻骨的寒冷，意味着每天至少12亿的损失，意味着无数工厂停工、无数机器停摆，更有无数家庭失去笑容。

望着紧闭的大门、空荡的街道，还有那一张张焦灼的面孔，国家税务总局义乌市税务局干部的内心十分着急。身为战斗在一线的税务干部，又是扎根义乌的共产党员，义乌税务人该做些什么？

2月15日，义乌市委成立复工复产工作专班，招募志愿者。义乌税务局党委第一时间响应，组织300多名党员投入联防联控，派出83名干部进驻企业一线。他们连轴奔走所有镇街，发现摆在企业面前的第一道难题，就是防疫物资紧缺根本无法复工。而另一头，国外的订单已经到了交付的节点，再交不出货，停工事小，还要赔个"底朝天"，十几年的积累眼看着就要毁于一旦！

可是，急有啥用，长期和发票打交道的义乌税务人敏锐地意识到，发票上面详细记录着货物信息、上下游企业信息，相比其他部门能更快找到防疫物资。就在义乌复工复产的第五天，他们通过发票大数据找到了一大批货源，建起了覆盖全市的"防疫物资采购平台"。

很快，捷报频传，500多家企业由此采购到了口罩、消毒液、额温枪，顺利开工！

不仅义乌市税务局在行动，义乌所有的部门都在行动。44个招工组赶往全国各地，包专机、包专列、包大巴，"抢"回了13万名工人，为开工储备了丰富的人力。义乌市委发出"以又快又准作风抢回13天"的号召，很多企业准备大干一场，全市上下群情振奋！

同市场博弈，抢占直播经济风口

彻骨的寒冷还未散去，海外疫情暴发了。外贸依存度超过70%的义乌，又遭遇了"倒春寒"。需求骤降、订单取消，这座靠"抢"发展起来的城市，似乎真的到了最危险的时候：刚刚启动的机器再次停摆，千辛万苦抢回来的13万员工面临失业，嘴角的笑容还没舒展就突然凝固！

虞振刚是一家电器厂的老板，产品全部出口海外。因为疫情，2000万的订单被突然取消。没有内销渠道，新产品全部成了库存货，他在短短一个月的时间里，经历了二十年都不曾有的大起大落，一夜间白了头。

危急时刻，党中央提出"要加快构建以国内大循环为主体、国内国际双循环相互促进的新发展格局"，税务总局党委又进一步提出"数据服务大局要加力"等"四力"要求，给义乌税务人指明了前进方向。

浩如烟海的税收数据要如何才能点亮万家灯火？义乌税务人分析发现，全市新办企业数量都在下降的时候，互联网销售企业在其中的比重却逆势增加了12%，这是怎么回事？

谜底藏在距离义乌国际商贸城两公里外的北下朱村。这个仅有0.35平方公里的小村子，每天活跃着5000个网红主播，一款杯子可以卖出18万个，一顶帽子单月就可以销售20万。他们大胆设想——可以对接火爆的"网红直播"，帮助焦急等待客户的企业开辟新的销售渠道。

很快，他们依托税收大数据，为12家外贸企业匹配了对口的网红直播平台，还专门组织了洽谈会。虞振刚是第一个发言的，当他举起电蚊拍推销的时候，大家看到他的眼里闪烁着泪光。那一天，他手里的电蚊拍一下子火了；还有果汁、平底锅、儿童玩具，那些一度滞销的产品全都成了畅销货。这场3小时的洽谈会，达成的合作意向，超过1.7亿元！

短短一个月，义乌税务人就帮助50多家外贸企业、300多个经营户匹配到对口的直播平台，义乌快递业务总量突破40亿件，同比增长超过50%。网红直播的这团火，融化了疫情的坚冰，义乌外贸向着春天，又重新出发了！

为企业护航，抢答退税提速难题

在义乌高速发展的征途中，每一次化险为夷，都是一次破茧成蝶的艰难蜕变。

义乌因市场的国际化而兴。可大家都知道，商业领域的国际化竞争日趋激烈，乃至惨烈。一个指尖陀螺，刚出现时能卖一百多块钱，一周以后只要几块钱。

竞争越来越大，利润越来越薄，企业要盈利，拼的不仅是成本，还有资金周转效率。很多企业把目光瞄准了出口退税，他们期待退税的速度快一点，更快一点。要知道，2020年，义乌出口退税额高达60亿元，这可是上万家企业翘首以待的及时雨。

能否给这些企业更多助力？义乌税务人孜孜以求。

从1985年国家首次实施出口退税政策以来，义乌出口退税到账的时间已经从90年代末的60天，压缩到21世纪初的30天，再压缩到近几年的10天内，而现在只需要1天。

对退税流程而言，已经优化到了极致。那还能再快一点吗？

申请出口退税前，企业要收齐全部备案单证，才能启动退税流程。其中一个单证便是海运提单，往往需要货物到达目的港后才能获得。能否把提速的发力点放到退税流程之前呢？义乌税务人提出一个大胆的设想。

恰在此时，浙江自贸区"大胆试、大胆闯"的政策春风让人为之

一振，这个大胆的设想很快变成方案，并在自贸区的土壤迅速落地。

如今，舱单代替了海运提单，变成出口退税备案单证。出口货物一离开口岸，就能启动退税程序。当货船在海上缓缓航行时，这些单证已经转换成一个个跳动的数据，在系统间飞速奔跑，陆续接入出口退税数字化管理平台，还没等货船到港，出口退税款就已经到达企业账户。这个时间，比以往整整提速了25天，资金周转的效率提升60%！它让那些一度望洋兴叹的外贸企业，看到了更明媚的曙光。这一创举已经帮助近2000家义乌企业极速、安全地获取退税，还成功入选浙江自贸试验区第一批最佳制度创新案例。

日复一日的"抢收"，年复一年的"丰收"

这个"抢"出来的甜头，对义乌税务人来讲并不陌生。

市场经营户想要更便利地参与全球贸易，他们便首创市场采购贸易免税新模式，不用开票、便利通关，在义乌支起一个5平米的小摊位，就能和迪拜的商人做生意。这个模式还被推广到全国31个专业市场。如今，义乌的个体户也能轻轻松松地和全世界做生意。

74万的市场主体有海量的办税需求，他们便建成"5G智慧税务中心"，一秒就能给出企业纳税体检报告，打开屏幕就能连上答疑专席，连上了年纪的老太太都能看着屏幕学会开票，掌上办税成了他们的习惯，做生意也轻快多了。

来自100多个国家的外商不懂中国的税收知识，他们便开设全国首个"国际税收服务点"，有难题可以母语交流、有难事可以一站解决；无论你在埃及、在约旦，还是在墨西哥，我们有"Answer for you多语种税收政策直播间"，线上交流一样方便。

义乌税务人不是不知道，每一次的抢，要付出多少个日日夜夜，历经多少次推倒重来、舍弃多少与家人团聚的时光。但想到这小小的商品大大的市场，连着千家万户，连着经济社会发展，他们抢先一步，就能第一时间把党的好政策送达每一个市场主体；他们突破一点，就能多解决一个纳税人急难愁盼问题，便民办税的春风就能带来无限活力！

一次次的抢，让义乌税务人抢到了先机。瞧，义乌的企业干劲多么足，硬是把下行的经济曲线扳回了正轨；听，新生市场主体破土而出的声音多么热烈，正急切地投入新的创业中。

一次次的抢，让义乌税务人抢到了尊重。瞧，一个个考察团走进义乌税务局学习取经，一张张笑脸伴着春风鼓舞人心；听，一提起义乌，个个都竖起大拇指说"了不起"。

一次次的抢，让义乌税务人抢到了吸引力。瞧，越来越多不同肤色的新面孔怀揣着憧憬来到义乌，他们将在这里扎根；瞧，这些可爱的老外披上了红马甲，加入到了税收志愿者的队伍，义乌税务人的朋友圈越来越国际范儿。

一次次的抢，让义乌税务人抢到了希望。瞧，这一张张年轻的面孔，已经是参与过重大改革、经验丰富的老师傅了，税收事业的明天交给他们，尽管放心！听，这一声声响亮的誓言，正穿越历史的长廊飞向未来！

这个"抢"的火种，将一直在义乌税务人的胸中熊熊燃烧。那是忠诚于党的责任感、是以人民为中心的使命感、是高质量发展的紧迫感。伴随着兴税强国的声声号角，义乌税务人坚信，这份责任感、使命感、紧迫感，将会一代一代传承下去，成为他们服务义乌发展、实现兴税强国的精神之源！

国家税务总局河南省税务系统

2021年夏季突如其来的强降雨引发重大灾情，河南税务187支党员突击队、221支青年冲锋队、132个志愿服务队与时间赛跑、和洪水较量，8700余名党员干部护堤抢险、转移群众、搬运物资，在防汛救灾一线处处闪烁"税务蓝"的光芒。灾后迅速出台"硬核"措施，组建180支税务专家辅导团队，走遍22000家受灾企业，全力支持灾后重建和复工复产，彰显了"人民至上"的至真情怀和税务担当。

洪水面前有我在

2021年7月20日,在中原大地上,已经持续了两天的强降雨依然没有停止的迹象。此时,所有的河南税务人都在岗位上有条不紊地工作着。上午10点,随着一声声巨大的惊雷,劈天的闪电撕开了山一样厚重的乌云,更猛烈的雨墙从天上倾泻而下……

在暴雨的中心,仅仅一个小时,郑州巩义市站街税务所的水位已经没过了一楼的台阶,所长范红正在带领同事向楼上搬运设备和票据。因为车辆被淹,她迅速联系了铲车准备转移税务所人员。忽然她心里"咯噔"了一下,税务所附近还住着一位83岁的薛大娘——"必须把她接出来!"当范红蹚着水走出税务所的时候,眼前的场景让她愣住了。整条街道洪水已经深达腰部,周围的群众纷纷爬上房顶,在暴雨中瑟瑟发抖,范红的眼眶红了。

这时,转移税务干部的铲车到了。暴雨还在倾泻,洪水还在上涨,走——就意味着生的希望。"让老乡先走!"她把薛大娘和乡亲们送上铲车,目送他们离开。一次、两次,当铲车第四次冒险而来,洪水已经没过胸口。"让女同志先走!"范红在暴雨中大喊着,可是她却忘了,她也是个女同志。一个女孩被妈妈托举上来,她赶忙抓住了孩子。在握住那细嫩小手的一瞬间，范红这才记起自己的孩子……孩子怎么样了？卧病在床的母亲怎么样了？她偷偷转过身去，不知是雨水还是泪水，瞬间覆盖了她的双眼。

此时此刻，郑州新密市税务局的驻村第一书记王伟峰正在没膝深的淤泥里艰难地"挖"涉着。对，是挖！因为淤泥太深，每迈一步必须用铁锹把腿挖出来才能继续前进。他的目的地是10公里以外的张华岭村，原有的道路已经中断，为此他必须翻过眼前这座山。"王书记，太危险了，前面一直在塌方，路走不了了。"乡镇值班人员劝阻他回去。王伟峰说："我是第一书记，那里是我的阵地，我必须回去！"他知道，村里有几位老人，他们的房子不结实，腿脚也不灵便，如果撤不出来，后果不堪设想。四个小时后，满身是泥的王伟峰赶到了村子。孤寡老人周金勇的房子已经塌了半边，人也不知去向。"金勇叔！金勇叔！"王伟峰在暴雨中边喊边找，终于在村头的一个山洞里发现了老人，周金勇老人看见王伟峰却连连摆手："王书记，我不走了，我没儿没女，这条命不要也罢，你不用为了我赔上你自己。"王伟峰喊道："金勇叔，全村人都得出去，一个都不能少，走！"说着，他拉起老人踏上了出村的路。此时，夜色漆黑、暴雨倾盆，淤泥遍地、塌方不断。王伟峰拉着老人艰难前行，用手电灯光照亮着求生的路。直到晚上10点，整整跋涉了五个小时的他们，终于看见了一束若隐若现的光，他们得救了！事后，王伟峰说："这是我一生中见过的最温暖的光。"

在洪灾的黑暗里，王伟峰并不是唯一见到光的人。7月22日凌晨三点，新乡孟姜女河大堤上，卫辉市税务局的35名党员和100多名志愿者就是这里最闪亮的光。"发现管涌！"一声呐喊让大堤上的气氛骤然紧张起来。手电打过去，只见大堤外侧一个两米见方的深坑，正在汩汩向外吐着泥沙。但是，管涌口有多大无人知晓，必须有人下去摸排。"我是支部书记，我先下！"已经在大堤上坚守了三天三夜的刘华林身着救生衣，翻过大堤纵身跳进了3米深的水中。湍急的洪水，立刻淹没了他的头顶！"华林、华林！"同事们着急地大喊。三十秒后，他露出了头——"管涌口找到了，快填沙袋！""我下去！我也下去！"又有两名税务干部跳入水中。经过彻夜奋战，早上六点，管涌险点得到控制。而此时，体力已经严重透支的刘华林晕倒了，被汹涌的洪水冲出20多米远。同志们奋力将他从水中救出，流着眼泪不停地呼喊着他的名字，他终于睁开了眼睛。事后有人问起他，为什么会义无反顾三次跳进洪水，他说："大堤是群众撤离的唯一通道，后面就是15万人的市区。如果我们党员不跳下去，别说群众看不起，连我都看不起我自己。"

河南的灾情牵动着党和政府及全国人民的心，习近平总书记对河南防汛救灾工作作出重要指示，李克强总理作出部署安排。国家税务总局局长王军要求各级税务局党委要坚决贯彻落实习近平总书记重要指示精神和李克强总理要求，在守护人民生命财产安全中彰显税务担当、税务力量。河南省税务系统187支党员先锋队、221支青年突击队、132个志愿服务队第一时间奔赴一线，在肆虐的洪流中处处闪烁着"税务蓝"的身影。在郑州航空港经开区税务局办税服务厅，税务干部们正在冒雨将临街的电动门砸开，为群众的车辆提供紧急避险。看到前方母女三人被困在齐腰深的洪水中，税务干部把她们接进办税服务厅，为她们提供了热水、牛奶和被褥。当晚在大厅过夜的受困群众共有20多人。在受灾地区56个办税服务厅、147个分局，这个时候全部成为群众的安置所，救助群众3100多人。

暴雨无情、税务有爱。河南省税务系统迅速组建了180支专家辅导团队，第一时间走遍了22000家受灾企业。支持灾后重建文件快速出台，12条"硬核"措施全力支持企业复工复产；各项税费特事特办，跨国贸易的中欧班列再次鸣笛远航；救企业于急难，花花牛集团仅用三个小时就拿到了退税款……河南的税务干部并不是不担心家中的安危，而是他们知道在灾情之下，只有企业机器的轰鸣声再次响起，才能点亮保障河南民生的希望。

经过半个月的艰苦奋战，洪灾终于过去了，许多变化正在悄然发生着……

范红所在的站街税务所恢复了正常的办公秩序。当她走在大街上，乡亲们主动跟她打起了招呼、唠起了家常；站在税务所小楼上，看着人来人往的街道，她觉得自己可以做得更多……驻村第一书记王伟峰回到了宁静祥和的张华岭村，一向倔强孤僻的周金勇老人非要拽着他回家喝碗热茶。经开区税务局办税厅门口的信箱里，多了许多五颜六色的感谢信。站在自己曾经三次跳进洪水的孟姜女大堤，刘华林望着市区的万家灯火，他忽然间泪流满面……

如果能意识到这是一种幸福——才能深刻理解在这

片土地上发生的一切对这里的人们意味着什么。千百年来，中原儿女从来没有停止过同自然灾害的斗争。然而，只有在中国共产党的领导下，才能做到人民至上、山河无恙。

如果能感受到这是一种力量——焦裕禄书记在这里种下消灭盐碱的泡桐树，红旗渠为这里系上战胜旱魔的蓝飘带，红色的大别山里走出了人民子弟兵和我们的税务人。只有感受到这种力量，才能深刻理解中国税务与人民群众血肉相连的真正含义。

因为，有他在，他们一直在！

国家税务总局横琴粤澳深度合作区税务局

　　作为肩负促进澳门经济适度多元发展重任的基层税务部门，该局积极打造以"非接触式"为主流、对接港澳为特色的税费服务新体系，高质量推进横琴粤澳深度合作区新发展阶段税收现代化，先后获"全国文明单位""全国工人先锋号""全国巾帼文明岗""全国税务系统先进集体"等荣誉。

跨越187米的税务力量

187米距离，也许只是一个百米运动员20秒的酣畅淋漓，也许只是散步时1分钟的轻松惬意，而对于粤港澳大湾区最前沿的横琴粤澳深度合作区税务局来说，这187米的距离，不仅是横琴到澳门的最短距离，更代表着横琴税务人不忘初心、牢记使命，跨越两种税制差异，在改革深水区和创新无人区中不断探索，实现与澳门纳税人缴费人心与心相连的见证。

2016年4月的一天，横琴的天气闷热潮湿，一位穿着讲究的年轻人，径直走到横琴税务局导税台，气冲冲地说："找你们领导过来！"

正在大厅值班的容梅副局长立即上前询问，但只听"啪！"的一声，一份"税务行政处罚告知书"拍到了台上。

"为什么要罚我？我都有申报啦！"年轻人大声质问道。经过仔细沟通，原来是这位纳税人漏报了企业所得税。通过对话了解，这名纳税人姓周，是一位从美国留学回来的澳门同胞，来横琴创业看中的是离澳门近，可以辐射内地广阔市场。

对这些创业者，横琴税务局设立了办税专区，开辟专门窗口，没想到，周先生并不买账，他毫不客气地说："填这么多表，还有这么多种税，入关出关，跑来跑去，怎么可能不出错？"

临走前，周先生指着港澳办税专门窗口说："你们要是真想方便我们澳门人，就把这个窗口开到澳门来！"

那愤怒、委屈又期盼的眼神和话语，深深触动了在场每一位税务人。

"把窗口开到澳门来"，面对这187米的距离带来的繁琐、复杂、隔阂、抱怨，还有那深深的期待，横琴税务人怎能无动于衷呢？

横琴税务局党委立即决定：一定要用与澳门同胞血浓于水的真情，用逢山开路、遇水架桥的勇气，用敢为天下先的特区精神，去跨越这187米的距离，把办税窗口开到澳门去，满足广大澳门纳税人的期待！

这一湾浅浅的海峡，曾经在一个民族的记忆中，留下深深的疤痕。如今，要把办税窗口开到澳门去，不仅是跨越物理距离那么简单！制度政策是否允许，数据安全能否保证，办税流程如何优化……这一个个困难，就如同伶仃洋里的海浪，一波又一波。

不过，横琴税务人又何曾向困难低过头，站在肩负先行先试重任的中国自贸区的热土上，他们组织专门力量，测试视频通话软件30多种，修改电子表格500多份，编写代码4万多行……为最大限度便利澳门纳税人缴费人，横琴税务人每一秒都在冲刺，每一天都在突破！

负责在澳门筹备跨境办税服务点的陈远志，出生于1989年。澳门回归那年，他正好10岁。每次经过横跨濠江、连接横琴与澳门的莲花大桥时，他都忍不住多看几眼。他知道，20年前来到这里，那就相当于出国了。

曾经，有多少个家庭，因为这187米的距离，隔海相望；又有多少悲欢离合，因为这187米的距离，让人不忍回首。今天，祖国强大了，一切都不一样了！想到这些，他豪情满怀，信心百倍。

2016 年 9 月，伴随着澳门办税服务点的逐一确定，全国首创的 V-Tax 平台诞生了！它能让澳门同胞在公司、在家里，在氹仔、新马路的银行网点，随时随地便利办税。

而这，也标志着横琴税务局迈出了跨境办税勇敢的第一步！

一步迈开，一通百通！创新的大门一旦打开，187 米的距离一旦融合，横琴税务人推动粤港澳深度融合的招数便一个接着一个：

全省率先实现全量税费业务可 100%"非接触式"办理，"局领导直联服务企业"新机制，"六化"新型税务服务厅，"一区+一站+一厅+一中心"立体服务新格局，全流程集成式跨境税费闭环服务新体系，"数字+规则"实现涉税业务自动化审核，跨境人民币全程电子缴纳税费、退税、社保参停保，全国首个葡语国家及地区税收合作办公室……

越来越多的港澳同胞把企业落户到了横琴，越来越多的纳税人缴费人给横琴税务人点赞。

为纳税人缴费人提供优质服务，没有最好，只有更好！在横琴粤澳深度合作区和横琴税务部门的积极争取下，合作区"双 15%"税收

优惠政策①落地符合预期，政策执行的首个年度，根据实际减免税额，合作区澳门居民整体税负下降达七成，初步实现合作区澳门居民个人所得税负与澳门趋同；企业申报享受合作区 15% 企业所得税优惠金额达 9.46 亿元，同比增长 2.1 倍，申报户数增长 62.5%；境内外高端人才和紧缺人才预计享惠人数、减免金额较粤港澳大湾区个人所得税优惠政策将有数倍增长！

如今，很多澳门同胞办税，一次也不用跑了。可是，那个曾经期待把办税窗口开到澳门的周先生，却经常跑来横琴这里！他的公司已从当初 13 人发展到 160 多人，业务涉及内地多个城市，还和西非国家签定了合作项目。

他带着合作伙伴来考察横琴的税收营商环境，带着朋友来体会科技创新走廊的勃勃生机，带着家人来横琴感受国际休闲旅游岛的魅力。当得知"非接触式"税费服务已在广东省内推广，成效将惠及省内各地市约 630 万纳税人，推动全省平均税费业务办理时长再压缩，他们都竖起大拇指，点赞横琴税务部门效率高。

从把办税服务点落户澳门、香港，到纳税人办税"一次不用跑"，再到推动横琴粤澳深度合作区税收政策落地，横琴税务人把对祖国的无限忠诚，对税收事业的无限热爱，对横琴发展的无限投入，架起了一座横跨濠江、伶仃洋的税务之桥，让 187 米的距离不再遥远，让内地与港澳同胞的心紧紧相连，更让"一国两制"这一中国特色社会主

---

① 财政部和税务总局专为横琴粤澳深度合作区推出的所得税优惠政策。企业所得税方面，对合作区符合条件的产业企业减按 15% 的税率征收企业所得税；个人所得税方面，在合作区工作的境内外高端人才及紧缺人才，其个人所得税负超过 15% 的部分予以免征，对在合作区工作的澳门居民，其个人所得税负超过澳门税负的部分予以免征。

义制度的优势充分发挥。

习近平总书记10年间4次来到横琴,并指出,横琴有粤澳合作的先天优势,要加强政策扶持,丰富合作内涵,拓展合作空间,发展新兴产业,促进澳门经济发展更具活力。

横琴税务人将牢记这份嘱托,用实际行动为彰显制度优势、推动琴澳一体化发展,贡献税务人的智慧和力量!

国家税务总局成都市龙泉驿区税务局

  面对突如其来的新冠肺炎疫情，国家税务总局成都市龙泉驿区税务局全体党员干部矢志于为民初心，关键时刻冲得上去，危难关头豁得出来，推动减税降费直达快享，坚决打赢疫情防控和复工复产双战役。先后获评"全国文明单位"、第九届全国"人民满意的公务员集体"等荣誉。

多做一点 做好一点

龙泉驿，坐落于川西平原东部，是成渝地区双城经济圈的"桥头堡"。这个557平方公里的西部小城，聚集了11家整车制造龙头企业，拥有300余个关键零部件项目，带动就业17万余人，每年100万台汽车从这里走向全国、驶向世界。

龙泉驿浸润着西部大开发20年沧桑巨变，税费收入由2.9亿元跃升至361.71亿元。这背后，是282名税务干部孜孜不倦的多做一点、做好一点。

在一起，共情共生；等不起，时不我待

一汽大众成都工厂，受益于西部大开发的滋养，已经成为领军四川汽车工业的一艘"航母"。但即便是这样一个"巨无霸"，在新冠肺炎疫情冲击下，也失去了以往的镇定和从容。

2020年初，在疫情防控最紧张的关头，300多家零配件供应商，一半以上在外地，湖北就有8家。零部件运不来，没"米"下"锅"，企业被迫按下"暂停键"。资金光出不进，成本节节飙升，8000多名产业工人的工资没了着落。一边是用"料"荒，一边是用"钱"荒。面对企业困扰，龙泉驿税务人感同身受。

他们敏锐地从发票中梳理出上下游企业地域分布、销售往来等关键信息，向地方政府提供了一份打通零配件供应链和畅通物流的税收建议，这些建议很快被采纳。在多部门配合下，"绿色通道"开通了，外省来的物流车辆当天就能实现往返。区内零配件供应平台搭建了，以往的单线供应变成了"点"到"面"的网状供应。专供沃尔沃、吉利的汽配件公司，与一汽大众搭上了线，解决了企业零部件短缺的难题。2020年2月17日，一汽大众成都工厂率先按下"重启键"，上下游70余家配套企业和10万余个工作岗位同步"重启"，仅用3天时间，就恢复了60秒下线一台新车的生产节拍。秉持多做一点、做好一点的理念，很快，龙泉驿税务人又辅导企业顺利延缴税款，企业负责人说，他们让资金压力挤走的快乐又回来了。

一点春来，万物向新。减税降费大礼包，为一汽丰田、神龙、吉利等企业投产全球车型增添了信心。优越的税收营商环境，为地方经济发展赢得了新的发展机遇。280亿元的新能源项目落户龙泉驿，智能网联汽车道路测试正式启动，一条系着千家万户的"汽车产业链"，进

发出旺盛生命力。

挺身而出，助力每一个梦想从蜀中走向四海

乘着西部陆海新通道和"一带一路"的"东风"，龙泉驿税务人全力服务"走出去"企业，为车轮上的龙泉驿乘风破浪注入税收动力。

龙泉驿一家企业角逐东欧某国的一个化工项目，龙泉驿税务人派出国际税收专业团队全程保障，用心用情用力，帮助企业理清了境外工程承包等一系列复杂专业的税收问题。

120亿欧元——全球石化领域单个合同额最大的项目，最终被该企业一举拿下。海外疫情反复，这项工程的推进曾一度中断。贸然开工，背井离乡的工人们健康得不到保障。但不开工，前期的巨额投入就会付之东流，可能还会因违约赔得血本无归。

危急时刻，龙泉驿税务人再次挺身而出。防疫物资短缺，他们就联系区内重点防疫物资生产企业，帮助寻找货源，扩大采购渠道。企业资金紧张，他们就压缩流程，加快进度，把10天的办结时限压缩到4天，为企业办理近30批次出口退税申报，涉及退税近1500万元。

他们还主动对接阿拉山口、霍尔果斯和乌鲁木齐机场海关，在最短时间内开具退运补税证明198份，方便企业撤离已完工物资，为回家的工人们开辟了一条"生命通道"。在他们的努力下，企业的海外工程安然度过"至暗时刻"，迎来久违的"春暖花开"。

担当是一种责任，能力是一种底气

第31届世界大学生夏季运动会花落成都。23个月的建设周期是同

类综合性运动会中最短的一次。承建商不分昼夜连续施工，与此同时，50亿元的重资投入让企业压力山大。

让企业万万没想到的是，第一笔退税款一天到账，紧接着，第二笔又很快落袋。合计9800万元的"大礼包"，带来一种久旱逢甘霖的畅快。

这么短的时间，退税近亿元，会不会有风险？面对质疑，龙泉驿税务人自有担当和底气。龙泉驿税务局党委一班人清醒认识到，盛会是政治的盛会、世界的赛会、龙泉驿的机会。现代化综合性体育场馆的这一"点"，将是龙泉驿走向世界舞台、展示中国速度和中国奇迹的一"点"。服务好这一"点"，就是服务好世界的一"点"、祖国的一"点"，就是服务好龙泉驿美好未来的无限可能。他们成立"智税团队"，自主开发开放式数据平台——"e平台"，无缝对接核心征管、电子底账、综合治税等标准数据库，陆续建立分析指标120个、分析模型22个，让海量数据化为精准服务企业的"利器"。正是凭借这个"e平台"，龙泉驿税务人为承建商"精准画像"，做好了增值税留抵退税的案头分析和预估预判。

让学党史、办实事成为惠民利民的生动实践

2021年是建党百年，龙泉驿税务人主动投身到服务广大纳税人缴费人中去，用百天时间，做好百件小事，用便民办税春风吹开一个个笑脸。

在城市乡村，他们积极释放减税红利，让正在复苏回暖的商贸餐饮再添"税动力"；在街头巷尾，他们积极推行手机扫码开票，让个体工商户省出更多的时间安心经营；在广袤田野，他们积极延伸"税费

绿色通道",让参与乡村振兴的更多创业者施展拳脚。小事虽小,件件连着民心。半年来,他们为8000多户次纳税人送去小微企业普惠性优惠1.2亿元;通过"银税互动",帮助265户次纳税人获得信用贷款2.4亿元。

龙泉驿税务人自然知道,多做一点,麻烦肯定会增加一点;做好一点,心力必定会多耗一点。但他们坚信,多做一点,急群众之所急,解群众之所难;做好一点,始终同人民想在一起、干在一起,风雨同舟、同甘共苦,才能做到无愧于党、无愧于人民、无愧于时代。

国家税务总局驻上海特派员办事处第二大队

承担对华东区域10省（市）税务机关的督察审计职责。他们通过创新试点内部风险"画像"项目，有力防范了区域内重大税收执法风险和行政管理风险，撬动了各省市税收治理水平提升，服务了华东经济社会发展和税务总局领导决策，先后获得"上海市市级机关先进基层党组织""上海市三八红旗集体""上海市巾帼文明岗"等荣誉。

用热爱诠释新时代督审

华东是中国经济发展最蓬勃的区域，经济数字化程度高，市场主体种类多，税收治理体量差异大，以不到9%的国土面积，创造了近40%的GDP和税收收入。如何穿透纷繁复杂的利益链条，锁定高风险领域和事项，做到精准监督，就需要编织一张集中统一、全面覆盖、权威高效的监督网络。

智慧化督审竖起防范风险的"屏障"

面对数以亿计的纳税人，数以万亿计的税收，数以亿兆计的数据，要编织这样的监督网，单靠肩挑人扛不行！靠单打独斗也不行！靠各扫门前雪更不行！

只有勇于创新，才能踏出一条推进税务系统督审效能大提升的新路子，而智慧化督审，就成为了国家税务总局驻上海特派员办事处第二大队第一个锁定的方向。

为此，他们在近两年审计报告中筛选出309个高、中、低风险事项，运用计量学量化风险、实现横向对比，最终形成一套立体化、标准化、差异化的风险评价体系，让数据源源不断地汇集到这里，足不出户就可以实现对内部风险的远程分析。

这时就有人提出了质疑,这样的远程分析靠谱吗?风险量化科学吗?税情完全不同的十个省市横向对比,合理吗?

答案蕴含在事实之中,而非口舌之间。马上就要开展一项层级审计了,上海特派办党委一班人决心用事实说话。

在进场前,第二大队就远程运行了这套系统,结合风险分值和综合排名,筛选出了提前征收税款、会议费超标等64个高风险事项,以及超范围税收减免审批、无预算支出等26个中风险事项,对该省进行了全面的风险画像。

画像到底准不准?他们其实也暗暗捏着一把汗!

进场后,依照画像结果,第二大队在实地进行了充分、严谨的验证。经过对比,前期内部风险分析的准确率竟高达80%。这意味着,依托这套系统,实现智慧化督审将不再是一个梦!之后税务总局领导对驻上海特派员办事处的做法给予了批示肯定,也为下一步完善和推广这套体系指明了方向。

跨区域监督化身撬动治理的"杠杆"

税收执法督察,是督审工作的重要内容,贯穿于各个执法环节,涉及到每一个业务部门,监督防控必须全覆盖、全链条、一体化推进。

在一次内部快反应质量抽查中,第二大队发现某纳税人频繁触发"商贸企业进销不匹配"的疑点。数据显示,这家煤炭批发公司的成本竟90%都是运输费用,疑点重重,然而主管税务机关每次核查后的结果都是"无问题",却始终给不出一个合理的解释。

究竟是指标出了问题？还是有什么别的内情呢？

想要了解真相，就得源头追溯，抽丝剥茧，一探究竟。

依托内控监督平台的大数据优势，这条小小的疑点竟牵扯出一条横跨三个省，涉及企业1500多户，金额高达30多亿元的虚开链。随后，他们迅速将线索和名单通过内控建议书的形式发送给相关省局，协助破获了这起重大团伙虚开案件。

但是事情远远没有结束，这些公司是如何在税务机关的眼皮子底下悄无声息地大肆虚开的呢？作为督审人，第二大队更关注的是税务机关在整个执法链条中的管理漏洞。

从公司的登记到注销，从票种核定到发票增版增量，从风险移送到稽查立案，是不是每个环节都真正实现了"四个有人管"？到底是无心之失，还是有意为之？

哪个环节出现脱节，他们都必须要管！

根据系统留痕，第二大队迅速锁定了虚开企业集中的税务机关。

紧接着，按照岗位环节的指向，他们约谈了相关的税务人员，发现税务机关在企业纳税评估、非正常户管理、异地协作核查和线索移送处理等关键环节上不作为、乱作为，执法过程存在渎职的风险。随后，他们把线索移交到纪检部门开展"一案双查"，相关的税务机关和人员都受到了责任追究。

两年来，上海特派办发挥跨区域督审的优势，发扬斗争精神，累计移交稽查线索114条，推动开展对税务干部的执法过错责任制追究106人，移交纪检部门126人，移送司法机关9人。

建体系，抓监督，推动政策落实，第二大队始终发挥撬动引领作用，在减税降费政策落地、发票电子化改革、个税汇算清缴和社保费划转等重大决策部署督导的一线，处处都有他们的身影。

日夜兼程奔赴在新时代督审的"战场"

第二大队11个人虽然来自五湖四海，但有一个共同的选择，就是把督审事业当成一场没有终点的长跑。是她，未婚夫刚做完手术，就因放不下陷入项目瓶颈的队友，凌晨一点又出现在办公室门口的党员骨干周布信；是她，离别刚断奶的孩子，冒着倾盆大雨出现在基建现场，只为第一时间查清工程延期真相的年轻妈妈吴天恒；是他，一年在家不满十天，项目期间女儿高烧两周不退，虽心急如焚，却只能扔给妻子照顾的挂职队长李亚松……

驻地四楼彻夜不眠的灯光点点，是为了促使税务总局重大决策部署在华东落地生根；辗转多地在行李箱上的酣睡侧颜，是为了推动征管体制改革由合并到合成的重大转变；怀着对家人的亏欠全身心扑在督审项目上的日日夜夜，是为了撬动区域内税收治理水平的共同提升。

然而刀刃向内，其中的痛，不亲身经历的人是很难感受到的。有人说，第二大队督审人很难相处，查起问题来，一点情面都不留；也有人说，他们太较真了，走个流程的事儿，非要深挖细究；还有人说，他们特别强势，不知道什么时候就又要来找茬了。

每当第二大队面对质疑和考验时，他们常常会想起一句话，这是中央纪委第一任书记王荷波烈士在1927年牺牲前讲的一句话：我们的事业虽不会显赫一时，但将永远存在。

是的，第二大队将始终坚守在这平凡的岗位上，用热爱诠释新时代督审，为税收事业而努力奋斗。

2019—2020年
退税减税降费先进典型事迹

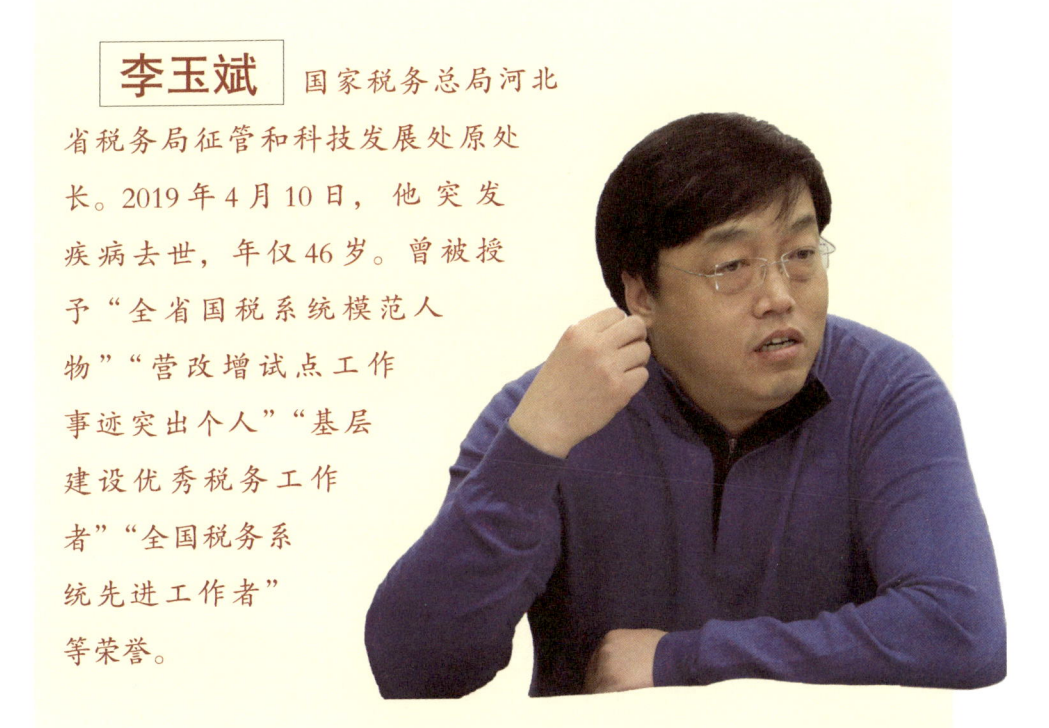

李玉斌 国家税务总局河北省税务局征管和科技发展处原处长。2019年4月10日，他突发疾病去世，年仅46岁。曾被授予"全省国税系统模范人物""营改增试点工作事迹突出个人""基层建设优秀税务工作者""全国税务系统先进工作者"等荣誉。

　　李玉斌同志是一名德才兼备的优秀干部、精益求精的税务工匠，是河北省税务系统守初心、担使命的杰出代表。他的事迹感人肺腑，引人向上，催人奋进，激励着全系统税务干部在今后的税收工作中开拓进取、明德向善，立足岗位、建功立业，扎实做好减税降费、组织收入、优化服务、强化征管等各项工作，在平凡的岗位上为奋斗新征程、建功新税务做出积极贡献。

寻找李玉斌

（一）

2019年4月10日早晨7点半，国家税务总局河北省税务局征科处主任科员陈晓路像往常一样，提前1小时来到单位，走到1403办公室前，发现门还没开。往常这个点，他该来了。

1403室是河北省税务局减税办副主任、征管和科技发展处处长李玉斌的办公室。

征科处主要负责征管制度和税收信息化建设。减税降费工作开展以来，政策红利落地的重任又落在了他们的肩上。这把李玉斌忙得够呛，不过，他早就习以为常。

2019年1月，是全国税务系统征管体制改革以来，首个全量、全税费种的征期。同时，个人所得税改革政策上线、社会保险费征收上线、非税收入征收上线，三大任务交织，全省申报户数达到315万户，同比增加近4成。

电子税务局瞬间涌入65万条申报数据，超过极限承载能力的两倍多！运行压力骤然增大，系统打开困难，登录异常缓慢，很多业务无法正常办理。

纳税人急了，询问电话把12366打爆了；

基层干部急了,求助信息在工作群不断刷屏;

负责具体工作的程晓强更急,一个大男人急得差点就掉了眼泪。

关键时刻,李玉斌从容淡定,有条不紊。他迅速启动突发状况应急预案:启用备用系统、分段放行申报电子数据、运维人员24小时值守……一系列举措,第一时间化解了申报拥堵问题。

事后,有人问他:"这么大的事,你怎么那么沉得住气?"

李玉斌说:"你们急了可以找我,我急了找谁去?心里有底,关键时刻才能沉得住气。"

这底气来自他一贯的拼劲和韧劲,来自他夜以继日的努力和奋斗。从税23年来,李玉斌带领"河北征科"团队,在全面推开营改增、征管体制改革、减税降费等重大工作任务中,都担任了"排头兵"的角色,"河北征科"的品牌在他手中越来越响亮。

也正是靠着埋头实干、凭着脚踏实地做好本职工作,他从一名普通干部成长为处长,成长为荣获3次三等功、4次二等功的优秀税务干部,赢得了群众的公认和组织的认可。

(二)

8点了,距离上班还有半个小时。征科处的同事们来到1403室门口,可李玉斌还是没来。说好的8点钟开碰头会,他去哪儿了呢?他可从来都是说到做到的呀!

即便是在2017年,河北省开发无人值守智慧办税厅时,每周三次奔波于邢台和石家庄之间,再忙再累,李玉斌都会在8点前赶到单位。因为他说过,大家上班前碰一下情况,能及时掌握处里每项工作的进展,这样,他心里踏实。

那段时间，从设备配备、系统衔接、业务梳理、功能测试，一个个环节他都亲力亲为，有时忙到凌晨一两点甚至天亮。工作人员劝他："工人们还倒班呢，你也该注意休息。"他摆摆手："我在这儿，遇到问题就能现场解决。再说，时间不等人啊。"

有一次，他们从下午一直忙到凌晨。为了赶在8点前回到单位，李玉斌马不停蹄地赶往火车站，一上车就打起了呼噜，手机从手中滑落，"咣当"一下掉在地上。同行的杨占强知道他有手机从不离手的习惯，捡起手机，悄悄地收了起来，好让他能安稳地睡上一会儿。

就这样，不到40天的时间，李玉斌带队建成了全国第一家高标准智慧云自助办税服务厅，使实体办税服务厅95%以上的业务功能顺利平移，开启了无人值守、刷脸办税的新时代。

这些创新举措，不仅惠及河北两百多万纳税人，还吸引了全国20余个省市的兄弟单位观摩学习。

（三）

8点半上班时间一到，请示工作的，寻求协助的，商谈合作的，都在1403室门口等着，可李玉斌仍然没来。打电话没人接，发微信也不回。"联系一下附近的办税厅，看看他是不是又去调研了。"主管局长着急了。

河北省税务局机关办公楼位于主城区，附近有两个办税服务大厅，每天办税的人纷纷攘攘。为了让纳税人方便快捷地享受减税降费红利，李玉斌有空就去，逐项体会办税环节，掐表计算办结时间。纳税人该享受的优惠是不是都享受到了，享受得是否及时、方便，他都一一了解，记在心上。

有一次，李玉斌看到一位女士，腋下夹着包，手里拿着资料，正在自助办税机前取发票，一不注意，资料"哗啦"一下散落一地。他赶紧走过去帮着捡起来，女士一边道谢一边说："办税资料比较多，放别处又不安全，实在是不方便。"李玉斌听了若有所思，当即回去，专题研究解决办法。如今，走进河北省278个办税大厅，您都可以看到，每两台自助办税设备中间，有一条宽20公分左右的隔板，纳税人可以把随身物品放在这里，方便又安全。

为了用技术手段确保纳税人应享尽享政策红利，李玉斌充分发挥税收业务精通、信息技术精湛的优势，带领大家编写了近2万行的后台语句提取数据，实现了对代开发票、"六税两费"申报业务的批量技术筛查，让企业"应享未享"等情况一目了然。之后，又在电子税务局中，开发出纳税人资格系统校验功能，可以自动识别纳税人可享受的税收优惠金额，让纳税人"无感"享受减免税。

很多人说："咱们税务局真是太贴心了，啥都替我们想到了。"的确，李玉斌为他人想的很多很多，但为自己想的，却实在是太少太少。

记得那是2016年12月7日，李玉斌加班到很晚，回宿舍时，一脚踩空栽倒在地，身高1米83、体重200多斤的他一头撞在了墙上。

当时，他也没当回事。可第二天一上班，他却感到头疼得越来越厉害，连饭都吃不下了。

同事们劝他去医院看看，他却说："咱这么壮的身板，摔一下怕啥？没事没事！"

主管局长得知后，立刻命令他，必须马上去医院检查。他这才不情愿地买了火车票，想着顺便还能回家看看父母，就坐上了开往秦皇岛的火车。

可是出站后他却意识模糊，浑身无力，再也坚持不住了。前来接他的妻子直接把他送到了医院。经检查，外力创伤导致他颅内出血，已经压迫了脑神经。

情况非常危急，当天他就被转至北京天坛医院。由于他出血量较多，需要尽快手术。

医生责备他的妻子："怎么这么大意呢，你知不知道，像他这种情况，随时都有生命危险！"

他的妻子听了，既心疼又愧疚。

得知李玉斌做了开颅手术，领导和同事们非常后怕。

没想到，当大家来看望他时，他却说："不就是摔了一下嘛，竟然要住院这么久，这得耽误多少事啊，赶紧把手头儿的活儿跟我说说，我帮你们琢磨琢磨！"

开颅手术后，医生一再叮嘱他，脑外伤要有半年以上的康复期，在此期间必须静养。

可是，头上伤口还没拆线，李玉斌就出现在了同事面前。

征科处的同事们一起劝他休息一段时间，大家说："斌处，你看，等你把身体养好了，咱们再一起拼，行不？"

可是他却说："有的人治病靠药，有的人疗伤靠养，对我来说，最好的治疗是工作！"

大家无奈地说，人家是把工作当成生活的一部分，你可倒好，把生活当成了工作的一部分。

后来，他又进行了二次手术，在头部创面用钛金网修补颅骨，医生再次强调，这回必须休养6个月。可他还是没听医生的话，手术后15天就出院上班了。

领导和同事再劝李玉斌时，他却指着自己的头说："现在，我跟你们就更不一样了，咱这脑袋可是铁打的，硬得很，再大的事儿也顶得住。"

（四）

8点45分，时间一分一秒地过去，上班时间已经过了15分钟，可李玉斌依旧没有出现。主管局长急了："赶紧去他家里看看，是不是出什么状况了，无论如何都要找到他！"

此时此刻，李玉斌远在秦皇岛的妻子也莫名地感到不安。

自从李玉斌调到省局，他们就开始两地分居。玉斌每天早上6点多步行去单位，中间有40分钟的路程，两口子就利用这点时间，聊聊家常。

可今天都这个点了，李玉斌还没有任何消息。虽然昨晚九点多俩人也聊了几句孩子的事，但感觉到他有点累，妻子也就没有多说。早上，妻子想再跟他说说，上大四的儿子在国外短期交流，马上就要回来了，说要跟爸爸见个面，谈谈以后的打算。现在孩子大了，当爸爸的得上点心，再忙也得抽空跟孩子讲讲，毕竟孩子找工作是大事，马虎不得。

李玉斌的电话平时是热线，妻子知道他忙，轻易不给他打电话。

可今天实在是忍不住了，拿起电话打过去，却始终没人接。她知道，这段时间减税降费工作任务重，只能想，李玉斌又忙去了……

可同事们却不这么想。

电话找不到他，办税服务厅找不到他，办公楼也找不到他！这，是从来没发生过的。

想到这，4个征科处的同事再也按捺不住，冲出办公楼，拦了同事的一辆车，直奔李玉斌居住地。

"斌处！""斌处！""斌处开门呀！"可屋里没有回应。

他们用力敲门、用脚踹门，可屋里还是没有任何回应。

"赶紧找开锁的来，越快越好！"

联系好开锁公司，马上就有人跑下楼去路口等着。

10分钟后，门打开了，屋里格外安静。

李玉斌常穿的那双运动鞋就放在门口，昨晚下班时穿的外套就搭在客厅沙发上，卧室的门关着。

一切看上去再平常不过。没想到，打开卧室的门，大家却看到，李玉斌趴在床边的地上。

"找了你这么久，你怎么睡地上了？"陈晓路上前拉了一把，但没拉动。

另一位同事摸了摸他的脚，惊讶地发现，"这脚怎么这么凉啊！"

大家对视了一眼，猛然间意识到，这是真出事了！

他们大声喊着："斌处，斌处，你怎么了！快，快打120！"

短暂的震惊和忙乱之后，大家才慢慢地缓过神来。他们静静地守着，谁也没再说话，只有眼泪，在默默地、肆意地流淌。

陈晓路心里特别难过。7年来，他们朝夕相处，感情最真，也最深。"斌处啊，昨晚你不是还好好的吗？下班的时候，你还跟平常一样给我交代工作，还说，这段时间大家都辛苦了，等减税降费工作告一段落，就让大伙儿放松放松。现在全处这么多人，这么多事，你就真的撒手不管了？"

从刚参加工作，就一直跟着李玉斌的郭哲，站在床前，握紧双手，懊恼不已："斌处啊，工作上的事你带我，家里的事你帮我，就连两地分居也是你替我解决的。跟你工作10多年了，一直都是你在帮我。可我还什么都没能为你做呀！"

没过一会儿，救护车来了。检查后，医生遗憾地宣布，李玉斌，已经走了。后来，公安部门也给出检查结果，李玉斌是在当天凌晨一点左右，因突发疾病，导致心脏骤停走的。

省税务局主要领导说什么也不相信："昨晚7点多，他还给我发微信，汇报全省纳税人申报进度，还说9点前得向总局报告，当时可是好好的！他才46岁，年纪轻轻的，怎么就说没就没了呢！"

4月10日，是星期三。李玉斌那白发苍苍的老父亲，还在盼着儿子回家。老人家患有轻微阿尔茨海默病，好多事儿都记不清了，但却始终记得，每天去撕那本老式的日历。一天一页，一天一页……又一天，又一页……老人家认得，周一到周五日历的字儿是黑的，到了周六周日，字儿就是红的。老人家知道，等撕到红牌牌的时候，他的儿子，那个一直让他自豪的儿子，就有可能出现，就像小时候那样，带着憨厚的笑容，来到自己身边。

李玉斌的妻子闻讯赶来，走到床边，擦了擦他的脸颊，又为他捋了捋头发，看着丈夫那熟悉的面容，再也控制不住自己："玉斌啊，咱俩大学同班同学，一毕业我就去了你家。结婚这么多年，咱俩从没红过脸儿没吵过架，有你在，我很知足。7年前，你调到了石家庄，这可是我的娘家呀！我担心你，想来照顾你，就连咱爸咱妈都让我过来陪你。可你一次一次，就是不让我来。有一次我急了，你才说，你是爸妈唯一的儿子，如果咱俩都不能陪在他们身边，要你这个儿子还有啥用？我听你的，我把爸妈和家都照顾得好好的，我做到了，可是你呢，你呢？！你怎么就这么走了，你怎么能就这么走了呢！我多想，这只是一场梦，这都不是真的……"

李玉斌离开后，河北税务人化悲痛为力量，全力奋战在减税降费一线。

他们想早一点、快一点把政策红利兑现给纳税人，兑现给老百姓，这也正是李玉斌的心愿。

李玉斌主动作为的担当精神、无怨无悔的奉献精神、精益求精的工匠精神，正激励着所有河北税务人，在减税降费的道路上奋勇前行！

魏　哲　国家税务总局黑龙江省税务局党委委员、总会计师，先后荣立"全国税务系统'营改增'试点工作个人二等功""全国税务系统减税降费专项工作二等功"，并多次被评为省局机关"优秀公务员"。

"奋斗创造历史，实干成就未来。减税降费工作是党中央、国务院践行以人民为中心发展思想的生动实践，意义重大、使命光荣。在新的征程上，我将自觉把伟大建党精神融入血脉和灵魂，始终保持踔厉奋发、笃行不怠的工作状态，确保新的组合式税费支持政策落地生根，以实际行动为高质量推动税收现代化建设作出新的贡献。"

——魏哲

推进减税降费 情系大美龙江

浴"血"重生

"锦绣河山美如画,祖国建设跨骏马,我当个石油工人多荣耀,头戴铝盔走天涯……"

对!这首歌唱的就是黑龙江大庆。

大庆,一座因油而生、因油而兴的城市,一座结束了祖国油荒历史的辉煌之地,一座诞生了大庆精神、铁人精神的英雄之城。

从1959年到现在的60多年,大庆共为国家输送石油超20亿吨,占全国陆地油田产量的四成以上。

从税收看,2018年,大庆税收580.6亿元,占全省29.7%。其中,石油石化产业税收就高达417亿元。大庆对国家、对黑龙江的重要性,有目共睹。

近年来,作为资源型城市,大庆石油产量逐年走低,加上受国际油价波动影响,经济发展压力可想而知。为此,黑龙江省委、省政府提出"油头化尾"战略,扩大原油加工量,做大上游;延长产业链条,做精下游。而对税务人来讲,助力油田、石化企业,助力大庆经济发展,责无旁贷。

减税降费政策实施以来,魏哲和他的团队一直密切关注着涉油企业的政策落实情况。

一天上午,他正在筛查深化增值税改革首期申报数据,突然发现,大庆某石化企业3月底尚未抵扣的744万元不动产进项税额并没有在本期申报抵扣。

按照新规定,这是可以一次性抵扣的呀!这可不是一笔小数目,不会是企业填报错了吧?魏哲马上打电话让相关工作人员联系企业进行核实。谁知,反馈情况却是,企业并没有在当期抵扣的打算。

他一听就急了,国家这么好的政策,怎么能不享受呢?他和同事立即动身赶往大庆,到的时候已经是中午了,饭也顾不上吃,就直奔企业。财务负责人听说税务局的人来了,非常惊讶和感动,连连说:"企业的事儿,你们比我们自己还上心,还辛苦税务局的同志跑一趟!"

经过深入了解,原来企业财务人员近期正忙着核算一个总投资44亿元的石油深加工项目,没有更多时间深入学习税收政策,因为担心自己对税收政策掌握不够精准,当期抵扣有风险,又觉得反正早晚都能抵扣,所以想观望一段时间再说。

听到这里,魏哲说:"早一天享受政策,就早一天得到实惠,你们正在上项目、抓技改,省下来的钱不正好有用武之地吗?填报不熟练,没关系!我们可以手把手教!"在税务局人员的帮助下,企业顺利修改了申报表,当期抵扣了税款。

问题解决了,企业财务人员又有点难为情地说:"实在是不好意思!前期由于工作忙,对新政策的减税数额我们只是简单估算了一下,也不知道算的对不对,心里实在没有底,现在你们来了,能不能麻烦帮我们看一眼。"

顾不上休息,他们又和财务人员共同翻账本、查数据、对明细,经过反复测算,2019年,企业预计可减税4.3亿元,降费5000万元,增加利润9550万元。

看着数据，企业财务特别激动："你们可帮了大忙了。这两天正好在安排全年项目资金，有了减税降费明白账，我们心里有底，信心更足了！"

魏哲和同事们回去的时候，天已经黑了。车窗外万家灯火、油井遍地、钻塔林立。他仿佛看到这座美丽的石油之城，正沐浴着减税降费的春风，焕发出新的活力。

"豆"破苍穹

"我的家在东北，松花江上啊！那里有满山遍野大豆高粱……"

如果说石油产业是黑龙江的支柱，那么大豆就是黑龙江一张亮丽的名片！

魏哲还记得，刚参加工作不久，他去农场走访。那时正是秋收，满眼都是金色的海洋，金黄色的大豆一望无垠，成群的收割机在豆海驰骋，奏响着丰收的乐章。他被这壮美的景象深深陶醉了。

肥沃的黑土地、独特的气候条件，孕育出中国最优质的大豆，被称为中国的"金豆子"。这小小的豆子，影响着经济发展，关乎着国计民生。

然而，受进口大豆的影响，黑龙江大豆的种植、储运、加工受到严重冲击。

习近平总书记在视察黑龙江时，曾殷切地嘱托"中国人的饭碗任何时候都要牢牢端在自己的手上"。2019年1月，国家发布《大豆振兴计划实施方案》，黑龙江省大豆种植面积扩大500万亩。

如何运用减税降费政策，推进大豆产业发展，对龙江经济振兴意义深远。

而魏哲和大豆也有着不解之缘。

几年前，由于大豆被细分为"油料作物"门类，不能享受粮食收储的相关税收优惠。他带队 5 次到企业蹲点，撰写专项报告，向上级积极反映，强调大豆的战略作用。最后，成功促成将储备大豆纳入增值税免税范围，为企业解决了难题。

2019 年，降低增值税税率政策一出台，魏哲第一时间就想到了大豆产业。早一天把政策利好带给纳税人，就可以为企业提供一份竞争优势，就可以为国家粮食安全增添一份保障。

他立即带队深入某大豆加工企业，详细了解企业生产经营状况，研究大豆产业与政策的契合点，为企业发展出谋划策。

当他介绍到改革除了降低税率，还规定购进的大豆如果用于深加工，比用于初加工可多抵扣一个百分点的进项税时，财务负责人感叹："真是一语点醒梦中人啊，可别小看这一个点，影响可大着呢！我们一直在谋划大豆深加工，现在国家政策导向这么明确，还有什么可犹豫的呢？你们不但宣传了税法，还为我们拓宽了发展思路，真是太感谢了！"

听着这番话，魏哲又想起了农场里那片广袤无垠的豆田，减税降费政策犹如一场及时雨，滋润着大豆产业。他仿佛看到，在豆花飘香的田

野上，处处飘扬着希望的欢歌。

"车"行天下

如果说大豆是黑龙江的一张名片，那么高端制造就是黑龙江的一张王牌。

黑龙江省是我国重要的装备制造业基地，"一五"期间，国家156项重点建设项目，有22项落户黑龙江。这里有由赫赫有名的"三大动力厂"（哈尔滨锅炉厂、哈尔滨电机厂、哈尔滨汽轮机厂）合并组建成的哈尔滨电气集团，这里有被周恩来总理称为"国宝"的中国一重集团，这里更有被习近平总书记赞誉为"国之重器"的中车齐车集团有限公司。

2019年3月下旬的一天，魏哲正在外地出差，突然接到了某装备制造企业打来的电话，电话那端的声音非常急迫："魏处长，有个急事想请你们帮个忙，新税率4月1日就要实施了，可我们公司还有很多原来的采购、销售合同，涉及新老政策衔接，需要与上下游客户签订补充协议，时间紧、业务量大，我们担心把握不准，万一弄不好，我们的损失可就大了！"

时间不等人！魏哲立即安排培训辅导团队变更既定计划，提前深入企业进行现场辅导，与企业财务人员一起对几百份合同一笔一笔地进行梳理，特别对未完成合同、未开具发票、销售退回等跨时点问题提出具体解决方案。

经过多天的忙碌，企业的每笔业务问题都得到了清晰、有效的解决，每份合同都赶在4月1日前顺利进行调整，不仅保护了企业利益，而且化解了潜在风险。

再次接到企业的感谢电话,魏哲觉得,能为企业轻装上阵做点事情,全身上下都轻快了许多。

初心与共

作为税务人,服务地方发展是我们义不容辞的责任。

2019年2月某深夜11点,魏哲还在办公室加班,突然接到省政府的紧急任务通知。第二天下午,国家要召集各省讨论尚在论证阶段的深化增值税改革方案。他立即开展测算,并提出意见建议,而后带着相关资料,赶往省政府,经过几个小时的紧张忙碌,凌晨三点多,拿出了详细的数据和意见。

这时,他又接到上级指示,中午12点前赶到北京,向省政府主要领导汇报相关细节。

事出突然,又正值春节返程高峰,从哈尔滨到北京,飞机已经没票,火车又来不及,只能另想办法。

他千方百计抢到飞天津的机票,家也来不及回,凌晨4点10分直接赶往机场,6:40从哈尔滨飞往天津,8:50到达后,先坐地铁,再倒高铁往北京赶,到了北京再换地铁……经过一路奔波,终于在11:40赶到,完成了任务。

这时,他已经连续30个小时没有合过眼了。

他后来听说,黑龙江省提供的数据和建议,得到了中央有关部门的肯定,那种发自心底的自豪是什么也换不来的!

以上几个故事,只是魏哲和他的团队在减税降费工作中的一个缩影。在几个月的时间里,他们统筹部署,推动全省各项工作稳步开展;他们不舍昼夜,八天完成12万户纳税人税控升级;他们顶风冒雪,深入边远地区开展工作调研；他们大胆创新，打造多项宣传服务知名品牌。太多的故事，真是讲也讲不完，太多的回忆，值得他一生铭记。

全力以赴的背后是家庭的默默支持。

魏哲的父母都是老一辈财税人，在他们身上，他学到了做人的风骨和踏实的作风。现在他们都已经年近八旬，但每天还在关心财税事业，关心减税降费等。他没有时间照顾他们，但他们从不埋怨，嘱咐他一定要把工作干好，每当这时，他都觉得肩上的责任又多了一分。

魏哲的妻子交流到长沙工作已经三年多了，每年除了重大节日，他们团聚的日子屈指可数。但每次打电话，她都鼓励他工作要精益求精，不辜负纳税人的期待。对事业的执着和热爱支撑着他们携手前行。

从事减税降费工作时间越久，发自内心的感触就越深。慢慢地，魏哲领悟到另一种减和降，减去名利思想，降下浮躁之心，他越发明白只有让"小我"再小一点，人生才能更幸福、更美满。

李志斌 曾任国家税务总局桐乡市税务局党委书记、局长，现任国家税务总局嘉兴市税务局党委委员、总经济师。他忠于职守，勇于担当，先后荣立三等功3次。

" 乔木亭亭倚盖苍，栉风沐雨自担当。从税28载，我在南湖畔坚守税收事业，在税收改革一线克难奋进。红船映初心，改革无止境，我将继续干在实处、勇立潮头，矢志推动税收改革事业的大船劈波斩浪、不断奋进。"

守土必尽责 让减税降费扎根落地

领兵守好土，当好"指挥员"

减税降费，是税务部门2019年的"一号任务"，是税务干部义不容辞的政治责任，也是一场需要不断克难奋进的攻坚战。国家税务总局桐乡市税务局党委书记、局长李志斌深知，必须用心当好"指挥员"，把工作抓细抓实，守好县级层面这一方土地，才能让上级部门和地方党委政府放心，减税降费才能真正在全省乃至全国落地生根，在纳税人心中开花结果。

作为地处长三角核心的经济强县，桐乡，有着12万户纳税人、48万户缴费人，在减税降费中，退税户数多、情况复杂、任务艰巨。

怎么退？退多少？数据从哪里来？有没有风险？减税降费的任务一下达，李志斌倍感压力。

因为他要指挥的是一场"没有经验可借鉴、没有模式可复制"的战斗。

但是，容不得犹豫，必须分秒必争！在上级下发退税清册前，李志斌靠前指挥，在浙江省第一个成立减税降费工作专班，第一时间解读政策，第一时间设定指标，第一时间框定退税范围，1天时间内，就梳理了2.7万余条应退数据。等上级数据下达时，他们已经准备充分，立即可以进入下一步工作——数据比对分析。他们提前7天完成了首期任务，被同行称赞为"桐乡速度"。他们的工作经验，得到了国家税务总局、浙江省税务局领导的充分肯定，并在浙江省进行了推广。

那一刻，李志斌真真切切地为他们的团队感到自豪！

事实上，减税降费的退税工作，远不是光靠抢先赶早、加班加点就能做好的。其中，涉及地方党委政府的重视、上下级的沟通、兄弟部门的支持。这其中的任何一个节点，都马虎不得。作为"指挥员"，必须要在每一个细节上，多看、多听、多想、多做，为的就是尽早把减税降费工作落实到位。

"要把好政策广而告之！减税降费不仅仅是税务部门一家的事，各部门必须要高度重视！" 2019年1月，时任桐乡市委书记盛勇军的一席话，至今还在他的耳边萦绕，也让他吃下了"定心丸"。

但是，李志斌也深知，减税降费是影响地方经济社会发展的大事。减税带来的税收收入下降与财政收入增长需求的矛盾，是地方党委政府最为关心关切的。他们要想政府所想，急财政所急，加强税收分析，尽量把数据"追"得紧一点，再紧一点，准一点，再准一点。

有一次，局减税

降费办公室有位同志忍不住对他说:"李局,你要的数据这么细,我们要逐项核实,时间又这么紧,压力好大!"

看着这些做事一丝不苟、平时从不会叫苦叫累的同志,李志斌心里五味杂陈。但也正是因为有这些认真负责的同志,他们的税收分析报告,为地方党委政府决策发挥了很好的参谋作用,受到了表扬。

除了向"四套班子"和纪委监委做好汇报外,他们加强与财政、社保等相关部门的对接,与中国人民银行建立了退税快速通道,保证了退税准确、及时、规范。

他们的工作得到了上级税务局的支持,当他们在减税降费中遇到难题时,浙江省税务局和嘉兴市税务局都迅速为他们明确了处理方向,让工作更有效率、更有底气。

带兵冲在前,干好"战斗员"

作为基层税务局的第一责任人,不仅要"挂帅",更要身先士卒,冲锋在前,当好"战斗员",让广大纳税人和缴费人安心。

在李志斌看来,减税降费,一方面要抓好政策落实,确保所有行业税负只减不增;另一方面,要让纳税人缴费人切实有政策红利的获得感。

减税降费工作开展以来,李志斌先后走访调研企业100多家,深入倾听纳税人缴费人心声。

2019年4月初,李志斌在桐昆集团调研时,企业负责人陈士良告诉他:"创办企业30多年,这次的减税降费,真的令人惊喜,从来没有这么大的力度!"作为国内知名的制造业上市公司,桐昆集团真切地感受到了减税降费带来的红利。经过测算,当时公司全年减税预计达

1.3亿元。减税政策的落实大大减轻了公司的融资压力，公司计划将减税的红利用于技术改进、扩大再生产。

在调研中，李志斌发现，因为不同企业财务人员的认知水平不尽相同，导致企业最终享受到的税收红利也会有差异。比如，有家企业因为政策理解偏差，以为不能享受加计抵减政策，但经过税务机关核实，这家企业完全符合条件，每年还可以再享受减税6万多元。随后，李志斌让税政部门重点关注此类情况，陆续有500多家企业享受了上百万元的减税。

这次调研，也让李志斌深思，税务机关还能做些什么，来打通减税降费政策落实"最后一公里"？针对存在的问题，他们组建了浙江省税务系统第一支"红管家"团队，通过税企党建联动，为企业减税降费解决难题。

一次调研带来了工作方式的创新和企业的获利，作为一名"战斗员"，李志斌甘之如饴。

有一天，局减税降费办公室的朱伟对李志斌说："李局长，最近局里重点工作这么多，大家工作积极性还是这么高，你知道为什么吗？"

他问："你说说看？"

朱伟答："因为不管工作多繁忙，你总是能和我们并肩战斗。"

每次他们减税降费办公室工作会议上，每位参会人员的工作汇报，李志斌都会点评，指出具体问题，提出相应的解决办法。好几位同事表示："李局长，你的每个问题都问在点子上，感觉你掌握的情况，比我们还要清楚。"

打铁还需自身硬。李志斌深知，要让大家做好，自己就必须以身作则。李志斌家在嘉兴市区，工作地点在桐乡，两地相距三十多公里。2019年，减税降费工作正如火如荼开展的时候，恰逢第一届"一带一路"税收征管合作论坛在桐乡乌镇召开,他们需要做好保障工作。两边都很要紧,哪一边都不能松劲。所以李志斌就住在桐乡,方便在单位加班。有好几次下班太晚,被门卫师傅锁了门。

李志斌说,始终坚持学无止境的习惯,始终保持拼搏在一线的斗志,唯有如此,才对得起组织赋予他的重任,才对得起桐乡纳税人的重托!

强兵用真情,做好"服务员"

在大家眼中,李志斌是一个"铁面局长"。对于工作,他标准高、要求严。同时,他倾情带队、凝聚人心,用心做让干部职工暖心的"服务员",用铁肩和温情打造桐乡的税务铁军。

2019年3月,李志斌发现分管减税降费工作的副局长赵振贤,常常顶着黑眼圈来上班。交谈后才知道,他父亲生病住院,加上工作任务重,经常熬夜,孝道国事当头,压力特别大。"工作重要,家里也要管牢,这里有我们,你放心去照顾父亲吧。"李志斌告诉他。没过两天,赵振贤就又来上班了。

这样的故事,在减税降费工作中,还有很多很多……有轻伤不下火线的基层老同志,有住院了还在关心退税进展的中层干部,有尽职又尽孝的年轻人。工作虽然繁忙,但李志斌希望他们多照顾好自己,多陪陪家人。可他也知道,减税降费是一场攻坚战,税务干部职工义不容辞,他们,一定也不想缺席。

在桐乡市税务局的减税降费工作专班里,有很多"80后""90后"的年轻人。李志斌经常在想,他们是父母的孩子,也是税务大家庭的孩子,要教会他们本领,帮助他们成长。减税降费工作中,他为年轻干部搭建了锻炼能力的平台、展示自己的舞台。年轻干部积极参与专班工作，发挥信息技术特长；开展新媒体 H5、"网络 e 直播""三句半""情景剧"宣传，用青春助力减税降费。

小李是山东人，连续加班近一个月，他和同事开玩笑说："哎，每天都在食堂吃米饭，好想吃家乡的大馒头。"李志斌听说后，让办公室给加班的同志们准备小点心时，就给小李准备了一份馒头。

事后他们动情地说："李局长，看到你总是和大家一起加班，就像个老大哥一样关心大家，心里好感动！"

李志斌感叹："我们的干部才是让我真的感动！国税地税征管体制改革，人和事还在磨合期，好多工作还需要建章立制，但是，大家能一起克服困难，心往一处想，劲往一处使，把减税降费工作做得这么好，让我动容。"

在此次减税降费工作中，桐乡市税务局所做的，只是全国基层税收工作的一个缩影。2019 年 4 月 19 日，国家税务总局局长王军来检查调研时，对他们的减税降费工作充分肯定，为他们进一步做好减税降费增强了信心，鼓足了干劲。

雄关漫道真如铁，而今迈步从头越。改革无止境，减税降费更多的任务正紧随其后。桐乡税务铁军，一定会在服务纳税人、服务地方经济社会高质量发展的路上，继续奔跑！

黄信伟 国家税务总局湖南省税务局税收经济分析处处长。曾作为先进典型参加2019年国家税务总局全国减税降费先进典型巡回宣讲。2019年被湖南省税务局评为"全省税务系统优秀党员"、记三等功1次，2020年被国家税务总局记二等功1次。

"
我经常在想，我们有幸亲历这场波澜壮阔的财税体制改革，为之贡献智慧，何尝不是人生价值的最大体现？我们何幸之有！虽然吃了不少苦，受了不少累，但看到社保费成功征缴入库、个税退库顺畅，看到减税降费工作经验被中央深改办专题推介，我很开心。我感激组织给了争创一流业绩的大平台，也始终提醒自己要牢记初心，永不懈怠。能一直保持年轻时的工作激情，我觉得很自豪。
"

———黄信伟

5个亿的力度

近年来，湖南省大力实施创新引领开放崛起战略，高质量发展迈出坚实步伐，轨道交通、电子信息、新材料等行业成为中坚力量。特别是工程机械行业，已成为湖南的一张亮丽名片，2018年，湖南省该行业主营业务收入已占到全国总量的26%。但这些企业也面临着低端产品的价格竞争压力和高端产品的技术研发压力，而2019年更大规模的减税降费，为企业突破发展瓶颈带来了实质性的利好。

黄信伟，当时任国家税务总局湖南省税务局收入规划核算处副处长、减税办联络员。为了将政策利好转化为企业利润，他和同事们走进党委、政府，走进人大、政协，走进妇联、协会，走进园区、校园，广泛宣讲政策，争取党政支持，增进社会理解，特别是帮助企业调整经营管理策略，适应减税降费政策，最大限度地获取减税红利，企业家们受益的体会很深。2019年，工程机械的龙头企业三一集团，预计全年享受减税可达5个亿，获得感尤为强烈。

2019年5月10日，李克强总理主持召开企业减税降费专题座谈会，三一集团董事长梁稳根在会上一个劲儿地为税务部门点赞，满怀感激地说："三一把智能制造的投入看作回报率最高的投资，而这笔投资的'天使投资人'，就是党中央、国务院给我们的减税降费政策。我们一定用好这笔投资，让它对中国的智能制造发挥最大的价值！"

这让黄信伟深深地感受到，国家减税降费释放的红利，给企业带来了强大支撑和发展后劲，企业为此而增强投资能力和意愿，就是对他们最好的回报！同时，他也深深地感受到，把减税降费政策实打实、硬碰硬地落到实处，就是对企业最好的服务！

57.36 元的温度

2019 年减税降费力度大、覆盖广，受益的不仅是三一集团这样的大企业，更多小微企业群体也收获着真金白银的减税红利。但这些红利的兑现，需要广大税务人付出更多的努力。

减税降费工作中，小微企业的多缴退税就是个棘手的难题。退税总量大，小额退税户数多，起初手续还繁琐，纳税人的积极性不高，尤其是不少纳税人没有确认银行账户信息，如何能退尽退，一度困扰着基层税务干部。

为了破解这一难题，黄信伟和同事们通过发布退税公告、优化办理流程、简化退库资料、开展上门服务、进行税银信息交换等多种举措，方便了纳税人，提升了退税率。办理退税发生了很多故事，让黄信伟印象最深的是一笔 57.36 元的退税。

2019 年 3 月的一个周末，黄信伟和同事们发现一条优惠政策应享未享的疑点数据。经核实，纳税人黎先生在张家界市武陵源区税务局代开发票纳税，应退税 57.36 元。

投身减税降费　建设美丽新湖南——**黄信伟**

第一时间，税管员打通了黎先生的电话，一听说退税、还要银行账号，对方上来就是一句："你当我傻呀，又来电信诈骗啊，哪有什么退税咯，骗子！"直接就把电话给挂了。税管员拿着电话一脸郁闷。分局副局长察觉后走过来说："没关系，挂了就多打几次！"然后拿起手机就打。刚接通了电话，黎先生立马说："你们一伙的吧？专业一点咯，政府部门周末上班吗？"然后又挂断了电话。分局副局长说："别着急，慢慢来，耐心打电话，耐心做解释，再不行的话就发条短信，一定要让纳税人知道退税这件事。"

于是，税管员又继续打了几次电话，黎先生都没接，税管员只好编了短信发过去，再次说明自己的身份，解释事情的原委。

十几分钟后，黎先生回了电话过来，税管员在电话里不厌其烦地介绍减税政策，而这位黎先生，的确风险防范意识极强，硬是不肯提供银行账户信息，除非税务干部上门确认身份，还说出了自己的家庭住址。

张家界的风景很美，但张家界的山也很高。黎先生的家就在景美山高的武陵源的一个山沟沟里。当黄信伟和同事们翻山越岭来到黎先生家时，一个个汗流浃背，好不容易才见上了面。

黎先生见到他们，十分惊讶，说："没想到你们还真的

· 299 ·

上门来了！他们向黎先生出示工作证和税务事项通知书，又一次介绍减税降费政策，并说明虽然钱不多，但这是政策红利，能退的每一分钱都要退到位。听他们说完，黎先生带着歉意说道："真是不好意思啊，我也不晓得是这样的情况，给你们添麻烦了。你们税务局还真是不错，对我们老百姓的事情比我们自己还着急。"随后，黎先生很快提供了银行账号。

第二天，黎先生收到银行短信，提示账户收到57.36元，为此，还特意打电话表示感谢，说："钱虽然不多，但心窝子都暖了咧。"听完电话，税管员舒心地笑了。

有人问黄信伟，为了这么点钱，费这么大的劲，值得吗？

值！很值！黄信伟肯定地回答。

值就值在，让企业和人民群众切身感受到党中央好政策的浓浓暖意，凝聚了民心，提振了信心；

值就值在，恪尽了职守，展示了税务部门不折不扣落实减税降费政策的决心和韧劲，提升了政府公信力；

值就值在，践行了税务人"一切以纳税人为中心"的服务理念，融洽了征纳关系！

而这些，不正是广大税务人孜孜以求的目标和始终坚守的初心吗？

35分钟的速度

要像抓精准扶贫一样抓好减税降费，做到精准宣传、精准施策、精准统计、精准考核。这是湖南省税务局党委的思路和要求。全省税务系统全力以赴贯彻落实，打通政策落地"最后一公里"。

2019年2月是减税降费首个纳税申报期，小微企业普惠性减税、个人所得税改革全面实施和金税三期系统并库三大任务叠加,又恰逢春节,纳税申报期能否平稳运行成为黄信伟和同事们的牵挂。为此,他们事前做足功课,做实宣传,做精辅导,做优服务,建立起了省市县三级快速响应机制,保障政策落实快捷到位。

俗话说,凡事预则立,不预则废。在株洲醴陵市税务局就发生了这样一个小故事。

2019年2月1日,醴陵市税务局办税服务厅内一派忙碌景象。8点45分,前台工作人员在给纳税人邓女士代开增值税专用发票时,系统出现异常,这将导致等候在大厅的40余名纳税人无法正常办税,也会导致增值税小规模纳税人不能及时享受"六税两费"减半征收的优惠政策。

情况紧急,工作人员第一时间将问题反映到醴陵市局减税办,并向等候的纳税人及时解释沟通。在核实清楚相关问题后,异常情况被迅速逐级反馈到省税务局减税办。

9点05分,黄信伟组织运维组进行了集中核查分析,并在10分钟之内排除了异常情况;9点20分,仅仅过了35分钟,系统恢复了正常,邓女士顺利拿到了一张58万余元的代开增值税专用发票。

当邓女士发现比以前少缴税近万元时,她不住地连声感慨:"这真是一场'及时雨',减税力度这么大,我就不用考虑关门了。我要为税务干部的反应速度点个赞!"

为了这份速度,黄信伟和同事们与一线对接。省税务局党委运筹帷幄,坚强领导,省市县三级局领导联点包干负责,省市两级督导员常驻基层督导,"查问题、补短板、提质量"专项活动三级推开,形成了层层抓落实、精准抓实效的长效机制;"减税降费党旗红,精准落实当先锋"主题实践活动深入推进,党团工青妇一齐发力,凝聚起了减税降费的强大动能。

为了这份速度，黄信伟和同事们与时间赛跑。省税务局领导一次又一次深入基层、明察暗访、督导调研。省市县三级减税办加班加点工作，上级推送的工作任务，不管有多晚，总在第一时间安排落实。不舍昼夜打造铁账本，核算时间从 5 天缩短到 3 天再到 2 天，一次比一次更快更准。

为了这份速度，黄信伟和同事们与服务同行。全省 14 个地州市、140 个县市区局、3.4 万税务干部一直在行动。一次性推出 12 条深化放管服改革举措；集中发布 143 个即时办结事项、172 个最多跑一次事项等 4 类便民办税服务清单；4 个多月优化升级信息系统 58 次；借助大数据分析，点对点、全覆盖宣传，精准分类辅导纳税人 355 万户次；12366 坐席人员从 38 人增加到 106 人，受理减税降费问题咨询 1.2 万通；分户建档立卡，打造明明白白硬账单；精心编制的《增值税减税申报指南》，被 18 万余户一般纳税人称赞为"申报神器"。

这就是湖南税务版的"速度与激情"。这份速度，让纳税人第一时间得到了实惠，感受到了党中央的关心关怀。2019 年 1 月至 6 月，全省纳税人享受新增减税 243.4 亿元，企业发展信心得到极大提振。上半年，全省民间投资同比增长 22%，高新技术产业投资同比增长 34.6%。这份速度，也得到了湖南省委、省政府的高度肯定。

成绩的取得离不开像黄信伟这样辛苦耕耘、默默奉献的同志们的共同努力。怀着一份职责和使命，带着一份笃定和执着，一锤接着一锤敲，一步接着一步走，就能书写无愧于自心的人生华章，就可称为"功成有我"之平凡英雄。黄信伟是他们中的一员，他在自身的岗位上践行着忠诚担当，为无数纳税人缴费人送去政策红利。在三湘大地的热土上，3.4 万名税务铁军正心往一处想、劲往一处使，无惧艰辛，一往无前，为建设富饶美丽幸福新湖南奋力拼搏。

张继兴　国家税务总局中山市税务局神湾税务分局局长。他是减税降费优惠政策精准推送系统"惠知道"的研发带头人，先后被授予"全国税务系统减税降费专项工作二等功""广东省税务系统优秀共产党员""中山市第十届先进工作者""中山市2021年度中山好人"等荣誉。

> 什么时候最美？在我眼里，"惠知道"研发团队为了系统早日上线通宵达旦忘我工作时最美，税费优惠政策精准送达至市场主体那一刻最美，税务人为了人民群众生命安全化身"大白"积极参与抗疫时最美……
>
> 我坚信，在向着全面建成社会主义现代化强国的第二个百年奋斗目标迈进的新征程上，将会闪现出越来越多我们税务人担当作为的最美身影！
>
> ——张继兴

精准落实减税降费 我们在行动

减税降费如何精准落地

2019年2月公布的《粤港澳大湾区发展规划纲要》明确指出，要将粤港澳大湾区打造成为国际一流湾区和世界级城市群。

张继兴工作生活所在的中山市，就位于粤港澳大湾区的几何中心。在这片不到1800平方公里的土地上，居住着300多万人口，2018年创造了3500多亿元的GDP。2019年，中山市共有35万户企业，90%都是民营企业，海内外闻名的上市公司就有33家。灯都古镇、五金小榄等产业集群专业镇，都是中山靓丽的名片。

然而，近年来国际形势复杂多变，经济下行压力不断加大，中山市的企业也面临着同样的问题。不少企业主感叹：哎！订单越来越少，用工越来越贵，真系稳食艰难（生意难做）啊！

作为一名税务人，张继兴看在眼里，急在心里。就在这关乎企业生存和发展的关键时刻，中央新一轮的减税降费利好政策及时出台，正如一针"强心剂"，为企业发展注入了信心和希望。

2019年初，上级部署更大规模减税降费工作之后，整个广东，包括中山，掀起了一轮又一轮的宣传热潮！政策宣讲会开了一场又一场，可是会后纳税人还得花时间自行筛选，从众多优惠政策中找到适合自己的；而珠三角地区活跃着众多来自海内外的企业，他们以国际一流湾区的高要求，对标衡量中山的营商环境，特别是在纳税服务方面，更多的企业希望有一对一、面对面、量身定做的纳税辅导。可是，中山市税务局在编税务人员只有1504名，却要面对35万户企业纳税人，同时还要服务好274万缴费人，实在是心有余而力不足啊！

技术撬动精准减税

一边是翘首以盼的纳税人，另一边是只争朝夕的税务人，如何以最快的速度让纳税人感知政策红利呢？信息化岗位的税务人上场了！作为一名在信息化岗位工作了15年的"技术骨干"，张继兴第一时间想到的是，可以用大数据"标签化"技术研发系统，让减税降费政策落实得更快、更准。

所谓"标签化"技术，就是将每一项优惠政策转换为一个计算机存储标签，再利用金税三期等系统存储的海量数据为每户纳税人的税收行为"画像"，根据"画像"结果进行"标签"匹配，无需企业自行筛选，改由系统自动推送，让优惠政策去找企业，这就是"惠知道"系统的创意雏形。

"惠知道"系统的开发，涉及散落在5个系统的近亿条数据，常规的开发时间需要2—3个月，但减税降费工作是一场急行军，必须快速落实到位，直达每一户纳税人！对于企业来说，早一天了解政策，掌握减税情况，或许就能改变在设备升级、资本投入、人才战略等方面的规划，直接影响企业的发展。于是，张继兴和他的研发团队向中山市税务局党委立下了军令状——要在15天内完成攻关和研发！

15天，并不是一拍脑袋的决定，而是研发团队通过倒排工期，以每人每天不少于12小时的工作量计算的结果。张继兴重新调配了技术组的人手安排，积极联系外部支援，组成了9人的攻坚团队，让项目全速冲刺，与时间赛跑——

第3天，研发团队就拟定了翔实可行的系统开发实施方案。让每一个科室带着需求来。20份基础文档，3万字的需求要点记录，他们逐字逐句地反复论证，有争议，有碰撞，就有更多的相互启发、更多的实现办法。

第5天，他们搭建好系统的框架。

第10天，5万行代码，一行行从编写到审定。

第14天，他们在信息安全的规范内，反复验证系统的逻辑结构和数据结果，进行了三轮内部测试，优化了系统设计。

第15天，他们让"惠知道"系统1.0版本顺利"诞生"，并在全市快速推广，中山市35万纳税人自此有了专属的优惠政策清单——只要登录电子税务局，就能查收属于自己的"个性化"优惠政策清单和"画像"，一举解决了政策推送不准、纳税人定位不清、政策适用不明等难题！

"惠知道"系统1.0版本一经推出，就收获了许多"点赞"，但是，仅仅让优惠政策精准找到企业就够了吗？要知道，减税降费工作的要求是，打造减税降费"硬账单、铁账单"，帮助纳税人算好减税红利"获益账"。在这些方面，1.0版本显然不够，在张继兴看来，信息技术还大有可为！于是，他们又马不停蹄地投入"惠知道"系统2.0版本的研发中。

他们优化链接跳转，让纳税人端更清晰。政策清单直接链接到具体内容和办税指南，可以享受哪些优惠、可以减免多少税费、可以避免多少支出，让纳税人一目了然。

他们优化查询功能，让税务人端更智能。鼠标轻轻一点，就可以查询到整个辖区内的减税降费情况，让政策落实更及时、更精准，不漏掉一个应享未享的纳税人，也不弄错一个不应享已享的纳税人，让工作提质增效。

4月21日傍晚，技术团队完成了系统的"软标签"升级，成功导入了最新的增值税优惠政策，团队松了一口气，张继兴欣喜地向领导汇报了2.0版本升级已基本完成。

当天，技术组的成员难得地在傍晚6点多就下了班，正当张继兴准备回家的时候，一个念头闪过："后台数据的更新是完成了，但纳税人端的查询呢？"他赶紧用测试账号模拟纳税人登录，结果页面刷新响应时间整整等待了1分多钟，重复测试几次，依旧是1分多钟。

"纳税人查询页面刷新响应时间要等待1分多钟"，这句话一发进技术团队的工作群，无异于引爆了一枚炸弹，单次查询需要1分多钟，30多万纳税人的单次查询累计时长，将超过5千个小时，页面刷新影响时间这么长，这就是一个不及格的系统！

"我马上回来！""我半个小时就到！"……技术团队的所有人都第一

间返回了办公室。从傍晚开始，激烈的讨论声和键盘的敲击声在办公室里交替出现，他们反复验证不同的查询路径，不同的代码编写方法。反复地尝试，不断地失败，但他们的尝试总比失败多一次！

页面刷新响应时间由 1 分钟缩短到 30 秒，30 秒就可以了吗？要知道页面刷新响应时间超过 10 秒钟就会极大地影响用户体验，30 秒当然不行！必须再快一些！

页面刷新响应时间由 30 秒缩短到了 8 秒，但是他们仍不满意！页面刷新响应时间必须更短，办税体验必须再提升！

终于，在 4 月 22 日凌晨 1 点多，页面刷新响应时间成功缩短到了 3 秒以内，后来，他们又把该时间缩短了 1 秒左右，接近了网友们喜爱的网页"秒开"！张继兴还记得那天夜里，当他们走出办公楼，天空中几点细碎星光，岭南 4 月微风轻拂，在他们的心里，那叫一个舒畅！

系统上线首月，电子税务局用户收到了来自"惠知道"系统超过 15 万次的优惠推送，一次查询节省 57 秒，15 万次的查询就为纳税人节约了 2375 个小时！张继兴长长地舒了一口气，他们终于用自己的辛苦指数，换来了纳税人的便利指数。

"船到中流浪更急"，服务升级不止步。目前，"惠知道"系统还在不断往减税降费"快速办"这个方向发力，让纳税人通过网络轻松办理优惠退税。

跑出服务"加速度"

"惠知道"系统只是中山税务减税降费工作的一个缩影，在全体干部职工共同努力下，2019 年第一季度，中山市新增减税超过 15 亿元。其中，享受小微企业普惠性减税政策的制造业纳税人就达到 6 万户。

对于普惠性减税政策带来的减免税退库，中山税务更是跑出了服务的"加速度"，1—4月，全市共办结了600多笔优惠退税，平均退税办理时间缩短到了3个工作日。

中山小榄镇，汇集了5千多家五金制造企业，年产值超过270亿元，是全球最大的脚轮生产基地。一家滑轮生产企业，不久前刚在德国设立了子公司，企业的总经理开心地对张继兴说："'惠知道'明明白白地列清楚了我们公司可以享受的优惠，单单增值税降税率这一项优惠就能为我们每年节省200多万元，省下的资金，投入产品研发，让我们更有底气去开拓更广阔的海外市场！"

张继兴欣喜地看到，在中山开发区，"减税降费党员先锋队"依托"惠知道"系统，为企业送去"管家式"的纳税服务套餐。一家企业的董事长兴奋地告诉他："这一轮减税降费，为集团带来近2亿元的税费减免，投到技术改造上，可以建设4条机器人叶片生产线；用在研发上，可以再造两款大型风电整机；用减税金额的十分之一建立职工安家基金，为员工解决购房首付，就能让更多的技术人才选择我们、扎根中山！"。

20世纪90年代初，张继兴的父母乘着改革开放的春风来到中山工作，张继兴在这座包容、博爱的城市里长大。30多年来，这座城市发生了日新月异的变化。他看到：更多的人来到中山，他们在这里打拼、扎根、憧憬着更加美好的明天；越来越多的企业在这里开办、壮大、创造价值，中山的每寸土地都焕发着勃勃生机！

每当夜幕降临，四季鲜花盛开的街道上流光溢彩，万家灯火渐次点亮，他常想：能够参与减税降费工作，能够为广大市民送去政策红利，能够让更多的企业开足马力，投入再生产，吸引更多的人在这片土地上安家立业、实现梦想，作为一名税务人，倍感欣慰与幸福！

崔　国　国家税务总局绵阳市税务局第三税务分局局长，他痴迷税法，从一名中专生成长为走进群众心里的"崔教授"；他牵头成立"崔崔说税"团队，传递税法的情怀和温度；他带领的"崔国工作室"，解决群众急难愁盼问题，入选《中国营商环境报告2021》典型案例，让专业服务惠及千家万户。曾获全国"人民满意的公务员"、"全国七五普法工作先进个人"、"全国税务系统先进工作者"等荣誉。

> 敬畏岗位，就会爱上工作，知道不足，就有学习实践的内生动力。只有让组织放心、让群众满意，工作才能出彩，个人也才有存在感、价值感。只要不服输，不为自己设限，多干、多学、多问、多思，就会在学习中强大自己，在工作中找到快乐，在实干中赢得尊重。

—— 崔国

"崔崔说税"和减税降费——崔 国

他，是大家喜爱的崔教授，痴迷税法、勤学善思，从一名中专生成长为大学教授。

他，是"崔崔说税"的创立人，电台、网络、课堂、出租、走廊……随处可见他说税的身影。

他，是"崔国工作室"的带头人，疫情期间，带着团队落实优惠政策，运用大数据分析，助力企业复工复产。

他，是百姓的贴心人，传递着税法的情怀和温度，书写出税务人的励志故事。

他就是全国税务系统先进工作者、国家税务总局绵阳市税务局第三税务分局局长——崔国。

2014年4月，在单位支持下，崔国带领业务骨干，成立了"崔崔说税"志愿服务团队，依托绵阳交通广播，常年开展税法宣讲。团队的每位成员，都有一个卡通形象，崔国是队长，大家都叫他"崔教授"。

这个称呼，缘于很多年前的一场培训。参加培训的学员们说，讲台上的崔国，很像大学教授。这一叫，就是20多年；这一叫，还真把他叫成了西南财大财税学院研究生导师，天府学院客座教授，同时也成了厦门大学经济学院特聘讲师。

用担当之举战疫情促发展

2020年初，新冠肺炎疫情暴发，全国上下打响疫情防控的总体战、阻击战。

大年初一深夜，绵阳市税务局党委书记、局长晏飞打来电话，说："疫情形势严峻，绵阳数十万纳税人，将受到很大影响，大灾面前，我们要有担当。你是崔教授，要想在前面，拿出实招。"

放下电话，崔国翻身起床，连夜研究相关政策规律，分析未来政策空间，梳理出疫情防控的各项政策，迅速通过电台、网络向纳税人推送。

抗疫大战中，做好政策服务，是"崔崔说税"的头号任务。得知市内某厂正加班加点转产防护服。大年初四下午，崔国和团队成员赶到厂里。看到四面八方回厂的工人们，在车间空地上临时搭起"通铺"，"三班倒"迎战，崔国很感动。

2月4日，第一批防护服通过检验。2月6日，国家出台政策，疫情防控重点保障物资生产企业为扩大产能新购置相关设备，允许一次性计入当期成本在企业所得税税前扣除和申请全额退还增值税增量留抵退税。2月8日，86万元退税款到账，近千万元设备购置资金税前一次性扣除。2月12日，3万件防护服装车，送往湖北大冶市人民医院，崔国和工人们都很激动。那一刻，他们和湖北、和武汉紧紧站在一起！

疫情防控期间，"崔崔说税"团队不但做好宣传，还利用大数据开展复工复产专项分析。他们为15户企业匹配到上下游供应链、销售链，25份分析报告，得到地方党委、政府领导的肯定批示，每月的复工复产分析，还成了市政府常务会议的重要参考。

纳税人说"崔崔说税"是贴心人，同事们说崔国团队是尖刀班。崔国清楚，只有沉下心来，甘当"工匠"，一锤一锤地敲，一件一件地干，他和团队才能走到今天。

用电台之声传递税法情怀

崔国从一个农村娃变成业务骨干，从一个中专生变成大学教授，靠的是对税法的热爱和坚守。

1994年，崔国在基层分局当一名专管员。一户粮油加工企业向他咨询期初存货已征税款如何处理，崔国一时答不上来，憋得满脸通红。企业会计当时那个失望、鄙夷的眼神让崔国至今难忘。

那会儿崔国就下定决心，要学好业务证明自己。那个眼神，也成了他后来深研业务的动力。30年来，学习已融入了他的生活，税法也拉近了他和纳税人的距离。

绵阳交通广播103.3，是"崔崔说税"的主阵地。他们通过电波，把老百姓关心的政策送到千家万户，对常见优惠，还编出顺口溜，让大家一听就明、一读就懂。

有一天晚上，崔

国下班打车回家，刚坐上车，就听见"小规模纳税人一个季度总的收入不超过 30 万的，免征增值税……"，他一边听着广播里自己的声音，一边思考着下期要讲的话题。

突然，"啪"的一声，师傅一巴掌拍在方向盘上，"啪"又是一声，"啥子热线，接通就断！"

崔国有些忐忑问师傅："好好开车哦，啥事这么着急？我就是你要找的崔教授。"

师傅喜出望外："对头，对头，是这个声音，今天见到真人了！"

司机师傅告诉崔国，他儿子大学毕业开了一家软件公司，一会说要缴这个税、要缴那个税，一会又说不缴，到底要缴哪些税？全家人都不懂，着急得很。

崔国告诉他："遇到好时代了，国家现在有好多优惠政策，尤其是软件产业，支持力度大，我给你支几招……"

师傅告诉崔国，出租司机大多喜欢听他们的节目，时间久了，都知道崔教授讲得好，税法他们都能听明白。"起征点又调高，到手 5 千不用缴""小规模、多优惠，10 万以下不缴税"，说起出租司机们常讲的税法顺口溜，崔国和队员们都有一种自豪感。"让老百姓记住常见的税收政策，是我做'崔崔说税'的初衷。"崔国说。

用热忱之心为企纾困解难

近年来，国家实施更大规模的减税降费，范围广、力度大、政策多。

政策要落地，对纳税人来讲，了解政策是关键；对税务人来说，宣讲政策则是一场硬仗，"崔崔说税"派上了大用场。

崔国带着团队成员，为科技型中小企业、军民融合企业举办减税降费专题讲座，场场爆满。

平时空闲的孵化中心会议室，热闹了好一阵子，走廊上、台阶上，站的站、坐的坐，还有扶着栏杆、拿上手机录音的，这样的场面让崔国很感动，原本两个小时的讲座，延长到三个小时。讲完课，刚挤到门口，就听到："崔教授，这里，这里。"门外还有二三十个人在等他。

"这笔支出，没能取得发票，是否可以税前扣？""作资产还是股权交易，哪种重组方式对企业更有利？"……老问题、新问题，简单的、复杂的，一个一个问，崔国一个一个答。送走最后一位咨询人，回到家里，天色已晚，崔国浑身像散了架，声音也已沙哑。

2020年，针对新冠肺炎疫情带来的影响，国家出台了一系列税收支持政策。不能聚在一块儿上课，崔国就带着团队，向电台主持人请教，在网上找软件做实验，学着做微课，试着搞直播，常常一折腾就是一夜。

纳税人的事无小事，他不仅这样说，更这样做。福德机器人公司是5个刚毕业的大学生创业投资的公司，开办初期由于对税收政策不了解，整体税负高达30%。他主动上门辅导办理相关资质、规范财务核算，帮助企业享受各类优惠政策。近三年公司销售收入年均增长20%，税负下降到4%以下，发展成西南地区提供全面自动化解决方案的系统集成商，获得全国大学生创业金奖，成功在"新三板"挂牌。

这样的事，崔国早习以为常。苦不苦？累不累？他没时间去想。崔国只知道，能做自己喜欢的事，还能帮助到他人，本身就是一种莫大的幸福。

用专业之术带出工匠团队

2020年6月，以崔国名字命名的工作室正式成立了。从"崔崔说税"到"崔国工作室"，团队不断壮大，服务不断升级。小事、急事、难事，他们都抢着干，崔国对大家说，干就一定要干好。

服务企业创新转型，帮助解决疑难问题，他们乐在其中。

长虹集团副总经理胡嘉曾告诉崔国："现在卖一台电视只赚10块，相当于一碗米粉钱。"为摆脱困境，集团想对旗下资产进行重组，加大新产品研发。重组业务是崔国的强项，他主动参与，帮助企业梳理业务链条，剥离相关资产，助力企业成立爱联科技，并将其作为自己的包联企业，常年跟踪辅导。

爱联科技主要从事通信、物联网等模组研发，每个季度关注企业经营和优惠政策落实情况，成了崔国的必修课。2020年7月，首款国产超小体积5G通信模组成功下线。公司副总冯毅特地打电话告诉崔国这一激动人心的消息。

看到自己辅导的企业成功转型，崔国倍感欣慰，工作室团队也更有信心、更有干劲、更有方向了。

团队用两个多月的时间先后开展了建筑施工企业、平台企业等涉税调研，提出税收征管建议8条，为纳税人解决发票开具、资产处置等100多个问题。

疑难问题的处理，让大家心服口服。纳税人常说，与崔国交流，总能让他们感受到税法后面是党和国家的温暖。

回想从税的30年，穿着这身蓝色税服，崔国的初心从未改变。有人许以十万重金让崔国违规"放水"，有人许以百万薪酬让崔国脱掉制服，他都不为所动。

唯有税收业务，让他如醉如痴。

2019年，崔国过生日，上大学的儿子对他说："老爸，您已是五十的人了，还这么拼。我同学家的父亲，下班后，大多不在酒桌上，就在牌桌上，您却成天扑在书桌上。我觉得，您不管是对工作，还是对家庭，都是一个非常有责任的人。您是我们全家的骄傲。做您的儿子，我很自豪！"

"和全国税务干部一样，落实减税降费，助力复工复产，服务'六稳''六保'大局，我们都是蛮拼的，苦点、累点，也值了！还能给孩子做个好榜样，传承好家风，这也是'崔崔说税'带给我的意外收获。"崔国说。

熊俊杰 国家税务总局临沧市临翔区税务局收入核算股股长，作为一名佤族税务干部，他坚守边境线，翻大山、走口岸，用最美青春助力边疆发展，守护美丽家园，先后被评为"全国税务系统先进工作者""全国税务系统减税降费专项工作二等功"。

" 很庆幸自己能以奋斗的青春投身税收改革，用热爱的事业让少数民族同胞们感受到党的光辉、政府的温暖，与百万税务人一起用过硬的业务素质和无私的奉献精神，让边疆税收现代化建设紧紧跟上全国的步伐。我将继续立足本职，以忠诚和担当，以执着和奉献，继续书写新时代边疆税务人践行初心使命的新乐章。"

——熊俊杰

阿佤人民唱新歌

在祖国的最西南,有这样一个地方:古朴的茅草屋顶,错落有致的竹篱笆墙,像吊脚楼一样的干栏式建筑,挂满牛头骨的寨子门,背靠大山,雨雾缭绕。熊俊杰就是从这样的佤族寨子走出来的税务干部。

铭记梦归处　不忘来时路

她一进到办税服务厅,熊俊杰就注意到了她,黝黑的皮肤,大大的眼睛,穿着自己家乡的佤族服装,戴着口罩,还背着一个三四岁的小姑娘。"勐卖,山优买坝地?"(您好,请问有什么可以帮您?)他把今天要配送的发票递给邮递员,赶紧迎了上去。

原来她叫依茸,在城里开了家佤族服装店,想来大厅代开发票。可依茸的汉语不流利,办税服务厅的小姑娘又听不懂佤语,两人比划了半天还是没有弄清楚。"布给,胡卖密。"(姐姐,跟我来)熊俊杰和他的同事们正积极推动"非接触式"办税,于是,他引导着依茸来到自助办税区,教她录入代开发票信息,扫码缴纳了385元税款,然后把发票递到了她的手里。

依茸的到来,让熊俊杰再一次坚定了自己的初心。佤族是"直过民族",1949年从原始社会一步就跨入了社会主义社会。他的外婆是地地道道的阿佤人，也是一名光荣的共产党员。在他小时候，外婆教会了他唱第一首汉语歌曲《阿佤人民唱新歌》，也常常跟他念叨："过去我们阿佤人吃不饱、穿不暖，是共产党让我们过上了好日子。你要记着党的恩情，好好读书，走出大山。"他牢牢记着外婆的叮嘱，揣着要走出大山的梦想，蹲在火塘边，趴在小桌上，捏着铅笔头，一笔一划学写着汉字。

2002年的秋天，熊俊杰坐了两天一夜的汽车，走进了云南大学的校门，并在大学里加入了中国共产党。毕业后，他有幸成为了一名税务人。每天，他都会十分郑重地穿上蓝色的税务制服，胸戴党徽，带着一名共和国年轻税务人的骄傲，激情满怀、投入工作。

改革开放以来，在党的光辉照耀下，临沧通了飞机修了路，大批游客逐渐走了进来，茶叶坚果陆续卖了出去，脱贫攻坚让阿佤人民过上了好日子。如今，减税降费又让家庭小作坊焕发了新生机，很多像依茸一样的民族手工艺人借着这股改革春风扩大了门面，走上了乡村振兴的道路。像依茸这样的个体工商户在临沧有上千家，他们靠着一门传统手艺，开起家庭式小作坊，养活了自己，更养活了家。依茸的事让熊俊杰突然意识到，他服务的每一位纳税人，都在为临沧的经济发展凝聚力量；他操作的每一笔业务，都在助力每一个少数民族同胞奔向更加美好幸福的生活。

战"疫"助发展 税务在行动

临沧有 23 个少数民族，其中佤族、拉祜族、布朗族、傣族占临沧少数民族总人口的一半，汉语不熟练的少数民族同胞还有很多。如何让少数民族同胞们充分享受减税降费红利，是熊俊杰思考得最多的问题。如果因为语言不通，少数民族同胞不能及时享受减税降费好政策，那他们怎么有获得感和幸福感呢？

他暗下决心，必须用少数民族自己的语言给他们讲好减税降费政策。于是，在领导的支持下，全市税务系统 27 个少数民族干部聚集到一起，大家共同商量，整理政策，请教专业老师，把政策翻译成佤族、拉祜族、布朗族、傣族四种少数民族语言，录成视频，带着印有二维码的宣传册和环保袋走村串寨，遇人就讲、逢人便送，让少数民族同胞们一扫便有、一看便懂、一学便会，寨子里燃起了减税降费"最炫民族风"。

在临沧有这样一句话："世界佤乡中国临沧。"佤乡山高路远、坡陡路窄，虽然只有 92000 多户纳税人，但却分散在 8 个县（区）、89 个乡镇、898 个村，2.4 万平方公里的土地上。千百年来，佤族人傍山而居、依溪而眠，纳税人住得有多高，宣传辅导就要走得有多远。但新冠肺炎疫情防控时期，保护纳税人生命安全就是税务人的使命，落实"四力"要求就是税务人的担当。为了减少因人员出行带来的病毒传播风险，熊俊杰积极落实"办税'网上见'，服务'不打烊'"的办税缴费政策，推广运用"一部手机办税费"，引导纳税人正确应用掌上办税系统，辅导纳税人准确操作系统申报缴税，不断扩大纳税人便捷申报的受惠面，不仅有效减轻了大厅窗口税费征缴和疫情防控的压力，还让更多纳税人缴费人感受到了"指尖办税"的方便快捷。现在"一部手机办税费"已经成为临沧少数民族同胞缴纳社保费、代开发票、纳税申报的首选办税平台。熊俊杰相信，通过不断优化的"互联网+税务"的应用，边疆纳税人也能通过税务人的努力，把"网路"走得越来越宽阔，越来越通畅。

在一次送政策上门的时候，熊俊杰又遇到了依茸。她说，以前家里只有一亩四分地，老公常年在外省打工，她一边做着民族手工艺活，一边照顾老人和孩子，日子还是挺不容易的。后来县里的糖厂红火起来了，她的老公就在家门口就业，工厂开榨的时候在厂里上班，平时就在甘蔗地里忙活，每月能挣4000多元。

依茸所说的糖厂，就是临沧的蔗糖产业。在临沧，大大小小的糖厂有14个，种甘蔗的农户有50多万，蔗糖产业全年产值60多亿元，产量排名全省第一、全国第二。佤乡没有冬季，只有"糖季"，越临近过年，就是到了收甘蔗最忙的时候，家家户户都要赶着收完甘蔗，卖个好价钱。这样，阿婆们就能给家里换回油盐，妈妈们就能给孩子换回书包。小小的甘蔗，支撑着像熊俊杰一样的人实现了走出大山的梦想，也承载了一个少数民族家庭的全部期望。

然而，新冠肺炎疫情的暴发，对临沧部分支柱产业造成巨大冲击。糖厂的停产，让依茸对未来的生活产生了不小的担忧。她忧心忡忡地问熊俊杰："我老公以前一直在糖厂上班，现在糖厂停产了，他的社保费是不是就没有着落了？"熊俊杰详细地向她解释了疫情期间社保费的减免政策，她激动地说："还是党的政策好啊！这样我们就能安安心心地生活了。"现在，大规模的减税降费政策在边疆少数民族地区落地生根，为企业源源不断地注入了发展动力，也给更多纳税人缴费人带来了实实在在的红利。在面对疫情带来的严峻考验时，仅2020年上半年，临沧为支持企业复工复产减税降费就达2.1亿元。而蔗糖产业2021年上半年减免各项社保费就达到了1900多万元。对于一个发达地区来说，1900万元并不多，但对于少数民族地区来说，可不是一笔小数目，它保障了2500个家庭的社保利益，消除了他们因糖厂停工带来的后顾之忧。减税降费不仅带来了企业的发展，更带来了少数民族同胞们坚守在这片土地上的新希望。

边疆党旗红　阿佤唱新歌

提到云南，很多人都知道茶马古道，它是西南民族地区经济文化交流的走廊。当年，来自云贵川的茶叶、药材经茶马古道运往印度，行销欧亚。古道上成千上万辛勤的马帮，开辟了一条通往域外的经贸之路。在云贵高原奔波谋生的特殊经历，造就了他们讲信用、重义气的性格，锻炼了他们明辨是非的能力。而这种精神也留在了佤乡。在这片土地上，在追求美好生活的路上，少数民族同胞和全国人民的心是一样的，用自己勤劳的双手建设美丽的家园，让改革紧紧跟上了全国的步伐，从不掉队！

如今的茶马古道已经融入"一带一路"，减税降费让无数的企业以更大信心参与国际市场，更多的少数民族同胞对未来充满了希望。

你看，扛着锄头的阿叔哼着歌迈向蔗田，就是迈向希望。

你看，背着背篓采茶的阿姐用灵巧的双手，采摘着生活的美好。

你听，抽着水烟袋的阿婆在给孩子们讲故事，她讲的是古老的传说，也是对未来的向往。

你听，鸟儿在枝头歌唱，唱的是阿佤人生生不息的力量。

他是税务人，投身改革，服务"六稳""六保"，为"一带一路"

作出自己的贡献，他自豪；他是佤族男儿，用他热爱的事业让民族同胞们感受到党的光辉、政府的温暖，他骄傲。熊俊杰又想起了外婆教他唱的那首歌："村村寨寨，打起鼓敲起锣，阿佤唱新歌，共产党光辉照边疆，山笑水笑人欢乐，社会主义好，架起幸福桥，道路越走越宽阔。"

党的光辉照边疆，边疆人民心向党。沐浴在改革发展的春风中，阿佤人民的新歌越唱越嘹亮，越唱越欢乐！

付铁盾 国家税务总局深圳市税务局纳税服务和宣传中心副主任，中国共产党深圳市第七次代表大会代表，税务师，中级经济师，入选第八批全国税务领军人才预录取学员。主办和参与的深圳12366热线、"网络纳税人学堂""问税"、优化营商环境、港澳涉税专业人士跨境执业等工作多次获国家税务总局、深圳市政府和深圳市税务局领导的肯定，先后荣立"国家税务总局国税地税征管体制改革个人二等功"1次、市局三等功2次。

> 创新是一个发现问题并解决问题的过程，虽然会有些曲折，也有可能失败，但过程是美好的；如果能解决问题，哪怕是对解决问题有一些些推动，都是有益的，都是幸福的。

他眼中的深圳12366和改革的故事

付铁盾是国家税务总局深圳市税务局12366纳税缴费服务热线104号话务员。他与深圳、与12366热线的故事，要从22年前讲起。

2000年，付铁盾来到深圳，第一份工作就在深圳国税99511税务咨询台。这里是全国第一家税务呼叫中心。作为第一批咨询员，他也成为全国税务系统最早的咨询员。

付铁盾和12366一起经历了无数次的改革，也见证了12366的不断成长。2000年，他们的话务量是1万次；2013年试点营改增和推行商事制度改革，话务量突破了100万次；2016年全面试点营改增和金税三期上线，他们的话务量是160万次；但最具挑战性的，还是更大规模的减税降费政策开始实施后，2019年1月，他们迎来了国税地税征管体制改革后的第一场攻坚战。

一场攻坚战

国家税务总局要求宣传辅导覆盖面100%，纳税人红利账单推送量100%。面对深圳320万户纳税人，既要有共性的减税降费政策，又要有个性的红利账单；

既要让符合条件的纳税人知道减什么，还需要明明白白地知道减多少，这可是大规模的精确辅导啊！

想想头都有点大！当时，在付铁盾的脑海中，他在深圳多年的经历像放电影一样闪过，哪一次改革没有难度，哪一次不都是这么大着脑袋往前冲，但每一次不都冲过了吗？

干吧！他们收集核实企业人员信息，通过短信平台点对点地发送政策宣传短信，确保政策及时传达到人。他们和腾讯合作共建"智税实验室"，采用大数据分析手段，对纳税人各类申报数据进行归集，计算每一户企业红利账单，通过电子税务局及时向纳税人推送。纳税人只要一登录电子税务局就能收到账单弹窗消息，看到减了多少税，减在什么税上。

习近平总书记说：谋事要实、创业要实、做人要实。靠着实干，他们打赢了减税降费的第一场攻坚战。

减税降费作为税务总局当时的"一号任务"，从国家层面来讲，在为实体经济减负的同时，更助力了经济高质量发展。对于12366来讲，就是一个又一个的咨询电话，一场又一场的培训辅导，一期又一期的政策推送，一张又一张的红利账单，虽繁琐忙杂，但也不乏收获和感动。付铁盾个人感受最深的，还要数两堂公开课。

两堂公开课

在一场专为行业协会开展的政策宣讲会上，付铁盾看到参会人员名单时，眉头微微一紧。

名单上有一位张先生，是深圳一家塑胶电子制品公司的老板。为什么付铁盾会知道他？因为这位先生曾写过一封建议信，篇幅不长，却字字犀利，呼吁进一步加大减税力度。

因为这一段过往，付铁盾有点担心。

政策宣讲结束后，进入现场互动环节。果不其然，张先生第一个举手示意，付铁盾不由地捏了捏手。

张先生说，过去，自己曾经写过一封信递到税务局，说优惠政策的效果不明显，现在，他依然要写信，但写的是对这一轮减税政策的感谢与支持！国家这一轮减税的力度之大、范围之广，让他深受触动，也让企业享受到了实实在在的改革红利。他的员工也给他看了减税降费红利账单，很清晰，很及时，也很给力。这一次，他为国家点赞！

听完张先生这一席话，付铁盾的手松开了。

是啊，这一番肺腑之言，何尝不是千万纳税人的心中所想，又何尝不是税务工作人员的初心所在。

这第二堂课，是"区长税课"。深圳市税务局邀请深圳各区的 27 名领导干部齐聚研讨班课堂，为减税降费落地建言献策。课后，时任深圳市龙岗区委常委、区政府党组成员谷更军表示："深圳市税务局把大家召集起来，重点讲解'减税降费'相关政策，这个做法很好。通过税务局专业的讲解，我们能更详细地了解这些减税降费政策，有利于我们今后更好地

协同发力,将减税降费政策推广开来。"区长们的建议让付铁盾和同事们深受启发。

减税降费需要协同发力,需要大家的共同参与。深圳市税务局将宣讲会开进了市人大和市政协;和市社会组织管理局签订了战略合作协议,计划通过全市各行业协会商会精准服务近 10 万行业纳税人;和注册税务师协会等专业协会合作的公益核心师资团也走进了园区、学校、街道……

这就是深圳。无论是政府部门、行业协会、中介机构,还是纳税人本身,都投入参与到了减税降费工作中来,形成税收共治的格局,确保减税降费政策应知尽知、应会尽会、应享尽享。

对于减税降费,付铁盾想说,深圳是用心的!

深圳作为改革开放的窗口、创新之都,纳税人密度之大,服务要求和维权意识之高,在全国都是数得着的。广东省原省长马兴瑞说深圳要继续当好改革开放的排头兵;时任深圳市税务局党委书记、局长张国钧也说要打造具有国际范的引领税收现代化体系"深圳版"。可是,怎样才能勇当全国 12366 改革的排头兵,怎样才能做出 12366 改革的深圳版,更好地服务减税降费呢?付铁盾和同事们想到了创新。

22 年前,深圳市税务局建设全国第一家税务呼叫中心,靠的是技术创新;12 年前,他们首先制定了《12366 业务标准化手册》,靠的是制度创新;7 年前,他们首先提出了先自助、再互助,最后税助的服务路径,并建设了全国首家互助式税务咨询平台——"问税"和立体化纳税人学堂,靠的是理论创新。然而这次,创新从哪儿开始?他们找到了创新的第三条路径。

第三条路径

有一次，付铁盾在过道里听到几个咨询员聊天，一个说："晓晓，今天有个纳税人说你声音好听，指定要找你咨询。"另一个说："是啊，我也接到过，晓晓，看来你可是我们热线的网红，粉丝还不少。"她们边说边打趣。

说者无心，听者有意。现在流行"网红经济"、粉丝效应，热线既然有声音的粉丝，也可以打造视频网红，假若有一批网红师资，能带动学堂的用户增长，能快速提升纳税人的业务水平，纳税人培训做好了，热线的需求自然就会少，想想都开心。

干吧！付铁盾迅速组织了一个小团队，仔细研究了网红是怎样炼成的。

首先做用户分析，办税员大多是女性，20—40岁之间，爱追偶像剧；第二设计产品，"小鲜肉"老师，特征三高——颜值高、业务素质高、表达技巧高；第三确定推广平台——网络纳税人学堂直播教室；第四制定运营策略，栏目品牌化——制作《直播周四见》栏目，每周四下午3点"约定"你。

不多久，《直播周四见》就成了深圳12366纳税人学堂的一个叫得响的品牌栏目，"小鲜肉"老师们都有了固定的粉丝，纳税人反响也不错。一门以《增值税普通发票之旅》为题的视频课件最高点击量达到50多万次，"小鲜肉"老师成了名副其实的网红。网友"欣格里拉"评价道：课程内容是极好的，小哥长得极帅的。

纳税人学堂直播平台的推出，有效地分流了纳税人的电话量，但听着接线大厅仍然此起彼伏的电话铃声，付铁盾觉得创新还有空间。

一次，他到银行办事，看到了智能机器人，试了试，不错。他就想，人工智能为什么不能出现在12366？于是，付铁盾和同事们找到阿里、去了科大讯飞、联系了华为，学习语音识别、语义理解、分词、检索、匹配……他们和开发商学习一起确认需求、建模、研究算法，按照纳税人的习惯但又不太标准的问法构建智能知识库。他们用各种稀奇古怪的问题、各地的家乡话去测试，终于，系统在2018年9月上线了。纳税人可以通过电话或网络的方式进行智能问答，虽然现在还不能100%地识别问题并答复，但已经走在智能服务的路上。

还有一次，付铁盾和小伙伴们正在办公室进行头脑风暴寻找"国际范"。突然，一位印度客商出现，原来他想咨询在个人所得税方面有什么优惠。

双方交流了半天，终于让这位印度客商全面了解了最新非居民个人所得税优惠政策，印度客商很满意。

真是得来全不费功夫，这不就是"国际范"嘛。他们立刻去查数据，深圳12366每年涉外咨询需求占比为10%，而且深圳税务系统有200余名精通英、法、俄、日、韩、阿拉伯等语种的专业人才，平台也是现成的。就这样，他们在"问税"平台上开通了英、法、日、俄多语种咨询频道，让12366拥有了"国际范"。

从此，深圳"语税人"也走进国际会议，参与外事活动，服务"一带一路"论坛，为税务总局、为深圳税务打上了"国际范"的铭牌。

22年来，12366已经成为付铁盾生命的一部分，就像有人一看到付铁盾就想起12366。22年里，99511变成了12366，一根电话线变成了热线、网线、无线三线互通，从开始的10人到现在的100人，从开始一天的100个电话到现在一天1万多个电话，从人工话务到智能客服机器人，从咨询到"能问、能查、能看、能听、能约、能办"的六能平台，12366发生了翻天覆地的变化。付铁盾也从当初的咨询员到组长，再到具体负责人，收获了些许白发，也收获了人生中许多如"永远的大师兄""骨灰级咨询员"的称谓。

付铁盾说自己有幸正经历着共和国税收史上的黄金年代。之所以说自己幸运，因为他不仅仅是12366的一名接线员，他的电话线还连着一个国家的经济脉动，见证着税收事业的茁壮成长。付铁盾说自己很普通，但他从事的工作一点不普通；他说自己很平凡，但平凡的他一旦和一件有意义的事连接在一起，就会很充实，也很快乐。

2018—2019年全国税务系统征管体制改革先进典型事迹

张　强　国家税务总局北京市门头沟区税务局军庄税务所副所长。他在基层税收一线勤恳工作，积累了丰富的业务经验和纳税服务经验，充分发挥一名共产党员的先锋模范作用，用自己的行动带动影响着一批又一批的青年干部，诠释了税务人的责任与担当，三次荣立三等功。

> 非学无以广才，非志无以成学。从事税务工作20多年来，尽管积累了一定的知识与经验，但我仍感到工作、学习如逆水行舟不进则退，仍需时时刻刻保持积极向上的热情与脚踏实地的虚心。作为新时代的中国税务青年，我要将伟大建党精神镌刻于心，勇担"兴税强国"使命，在税收现代化新征程中展现更大担当和作为。
>
> ——张强

做改革冲锋的"小陀螺"

张强，男，47岁，中国共产党党员，大学本科学历，1996年3月参加税务工作，现任国家税务总局北京市门头沟区税务局军庄税务所副所长（机构改革前任原门头沟地税局门城税务所副所长）。从税二十余载，他始终不忘初心、牢记使命，充分发挥一名共产党员的先锋模范作用，在基层税收一线勤恳工作，特别是在深化国税地税征管体制改革中，恪尽职守、无私奉献，为顺利推进区级税务机构改革作出积极贡献。

在国税地税征管体制改革工作中，张强同志始终坚决拥护改革、积极投身改革，坚守办税服务一线，舍小家、顾大家地忘我工作，以实际行动为改革贡献自己的力量，生动诠释了税务人的责任与担当。

锤炼党性，转变角色迎改革"大考"

张强原来所在的门城税务所一共有12名干部，50岁以上的老同志占了一多半。作为副所长又是全所最年轻的干部，他主动挑起重任，积极协助所长抓好工作，处处发挥一名党员的先锋模范作用。所里人员年龄结构偏大，一些老同志经常记不住计算机操作流程，张强就耐心地一遍一遍演示、反复地讲解，并且制作了简单易懂的《流程操作手册》，让大家按照手册一步一步操作，问题迎刃而解。

面对2018年的改革"大考"，他第一时间学习领会改革相关文件精神，怀揣着投身改革、建功改革的热忱，在熟练掌握原地税业务的基础上，主动学习非税收入和原国税相关政策，争分夺秒自学增值税和发票管理等业务知识，为更好地适应改革业务要求、完成角色转变打好专业基础。在"一厅通办"保障服务和优化税收营商环境等重点工作中，他主动申请到办税服务厅值班。咨询服务台上总是活跃着他忙前跑后的身影，一会儿耐心细致解答纳税人的涉税咨询，一会儿帮助指导其他干部解决棘手问题，一会儿又针对一些复杂业务问题奔走于科所之间协调沟通。

在他的工位上，一直摆放着一座红旗形状的桌牌——门头沟区直机关系统"共产党员先锋岗"。他曾说，党员就是要为人民服务，自己要做改革冲锋的"小陀螺"，只要能给纳税人提供更多便利，他愿意日夜旋转，一刻不停歇。

攻坚克难，一夜完成两千条数据核查

作为局里的业务"尖子"，每一项急难险重任务的攻克都离不开他的艰辛付出。每次接到税务所异常数据核实任务时，张强总是自告奋勇、迎难而上。他充分利用自己的计算机专业特长，严谨细致、一丝不苟地处理税收业务数据问题，逐条逐项对数据进行反复查询、筛选、对比、统计，精准高效地完成异常数据调整、修改和清理工作。

在房产税和城镇土地使用税税源核查工作中，针对房产原值、建筑面积、土地面积等存在的不合理情况，逐户分析原因，如经反复核实确实存在数据问题，再在金三系统中进行修改、维护。在核实城镇土地使用税入库级次工作中，他认真查询金三系统中出入库数据，按照土地所在区县位置与城市土地使用税级次分级分类进行整理，通过对有疑点的数据进行筛选，在189条可疑数据中核查出172户无问题，只需要对17条数据逐户核实，既圆满完成疑难数据核查任务，又提高了工作效率，解决了业务难题。

在清理未申报数据工作中，要对2163条未申报数据进行核实，即便10名干部同时做此项工作，至少也需要3个工作日才能完成。张强通过金税三期的不同模块导出大量相关数据，充分利用熟练的计算机知识，通过对不同数据进行比对分析，只用了一个晚上，不仅找到了未申报产生的原因，还发现了系统中存在的一些数据衔接问题，并提出了合理化的改进建议。他用一个人的辛苦，为其他同事节省了大量时间，提高了工作效率，也为机构改革征管职能的优化贡献了聪明才智。

耐心细致，倾注真情服务纳税人

为了进一步深化网上办税，切实便利纳税人，北京市原国税地税的网上申报系统整合成为一个网上税务局。但是，很多纳税人面对新的系统还不熟悉，每天咨询电话不断，张强总是耐心细致地为纳税人讲解说明。从客户端安装到用户登录，再到各个模块的具体功能，他都隔着听筒一一解答。

张强还制作了一整套操作流程教程，通过微信、QQ邮箱等途径发给纳税人，为纳税人"送服务上门"。有时候，由于纳税人对问题表述不清，无法尽快解决问题，他就主动添加纳税人微信，通过视频方式，观看纳税人无法申报的原因，为纳税人解决问题。张强还发现好多新签订网上扣款协议的纳税人，认为只要签订了网上扣款协议，申报后会自动从银行扣款。针对这种情况，他就指导纳税人申报后，必须到税款缴纳模块进行划款操作，从而顺利完成了税款的扣缴，得到纳税人的一致好评。

他用自己的专业和细致为纳税人提供了实实在在的便利，可是背后也为此付出了大量的时间和精力，牺牲了很多对家庭的照顾。张强的父亲已经80多岁，退休前是煤矿工人，患有矽肺，经常咳嗽、胸闷、喘不上气，母亲患有高血压，两位老人都很需要人照顾。改革期间的一天晚上，母亲血压突然升高到210，心肺功能出现严重问题，张强当时正在妙峰山税务所加班进行系统测试。为了不影响工作，他嘱托妻子赶紧送老人去医院进行救治，直到测试结束后才匆忙赶到医院陪护母亲。

为改革作出的牺牲和奉献，张强觉得无怨无悔。他始终以高度的政治自觉和始终如一的忠诚信仰，冲锋在税收改革最前线，全心全意为纳税人服务，践行着一名共产党人的初心和使命。

有一种品质叫忠诚，有一种责任叫担当，有一种大爱叫奉献。张强用行动诠释了党性的力量，用奋斗谱写了改革的华章，抒写着自己壮美无悔的税务人生！

张农高 国家税务总局江阴市税务局党委副书记、副局长。他是"不计得失的改革促进派"：2018年，全国国税地税征管体制改革，他牢记初心使命，服从组织安排，甘愿从"一把手"转任"第一助手"，全力以赴确保改革后的各项工作在新机构稳步推进。因工作出色，被国家税务总局记个人二等功1次，被评为"江苏省劳动模范"。

> 税收征管改革，合并起来的是组织和机构，凝聚起来的却是人心和力量！咱们基层多一份担当，上级就少一份担忧。从"船长"到"大副"，我对税务事业的痴心情怀始终未改，我对这身"税务蓝"爱得深沉。服务大局、投身税收征管体制改革，这就是我，一个中国税务官的兴税强国梦！

—— 张农高

张农高现任国家税务总局江阴市税务局党委副书记、副局长。张农高是一位"正转副"干部，国税地税征管体制改革前，他是原江阴市地方税务局党组书记、局长。

心路历程

作为一名参加税务工作36年的老兵，当组织明确他"正转副"的时候，虽然早有思想准备，但是真正从"一把手"转为"第一助手"的那一刻，张农高的内心还是难以平静。

2017年底，张农高从江苏省无锡市惠山区地方税务局"一把手"调任江阴市地方税务局担任局长时，曾对全体中层干部郑重承诺，江阴连续16年位居全国县域经济基本竞争力第一，江阴地税的治理水平也必须要与之匹配。在随后的时间里，张农高带着270多名税务干部，创设税收政务服务网、搭建税收营商环境评价平台、联合15个经济管理部门主导发起党建联盟，持续助力江阴集成改革。

眼看着一个个关口被打通、一个个难题被破解、一个个目标成现实，正当张农高更加踌躇满志地向新的目标发起冲锋的时候，征管体制改革不期而至。很快，他也迎来了"正转副"，刚启动的工作被按下了"暂停键"，设想好的"蓝图"被暂时搁置。新的班子怎么样？接下来的事业将怎么干？他陷入了迷茫和思索之中。从 17 岁走出校门起，张农高一直从事税务工作。在江阴的 33 年间，他逐步从一名基层的税收管理员走上领导岗位，共事过的同事数以百计，交往过的朋友数以千计，服务过的纳税人数以万计。"正转副"的消息一出，关切的电话接连不断。质疑、担忧、关心……种种声音让张农高的心里有些乱，家人希望他正好借此机会歇一歇。回首过去，工作中冲锋陷阵当仁不让，家庭中却常常缺席，疏忽了老人的照顾，忽视了孩子的成长，忽略了爱人的感受，是不是如今也该停一停，慢下来了？

过往的一幕幕在张农高脑海中浮现。10 多年前，他刚走上县局领导岗位时，就曾想，只要组织需要，只要有利于事业，就不计个人得失；29 年前，当他面向党旗宣誓的时候，便立誓，"执行党的决定，严守党的纪律"；36 年前，当他踏入税务局，手拿算盘、捧着票夹，走街串巷收税的时候，即立志要为这身"税务蓝"奉献力量，一生无悔。

改革，考验的是关键时刻的担当；抉择，叩问的是内心深处的信念；坚守，磨砺的是许党许国的初心。张农高想，"正转副"是改革的需要，职位调整不是能力的 PK，更不是歇脚的借口。而且改革越到基层越难，必须有人做出表率，既然组织选择了他，走出这一步，无论是党员的要求、领导干部的职责，还是身为税务人的使命，都是责无旁贷。

"个人的这一朵浪花只有融入改革的洪流才能实现最大的价值。"国家税务总局领导在各种场合对"正转副"干部发自肺腑的交心之言，省局、市局领导给予的尊重和鼓励，都让张农高更有底气以副职的身份投入新的战斗。

投身改革

内心有了坚定的方向，一切选择就变得简单。

新机构挂牌前后，在与新班子成员探讨改革怎么办、人心怎么聚、基层怎么干的过程中，张农高把自己的工作设想和盘托出，大家在很多思路和想法上都不谋而合。所有人心是往一处想的，劲是往一处使的。"蓝图"不能只靠一个人勾勒，而要靠团队的力量共同描绘。这一次国税地税征管体制改革，使张农高许多原先的设想，曾经勾画的"蓝图"，都将在更大的平台上，由合二为一的全体江阴税务人一同实现。当过"一把手"，更知个中艰难，特别是要带好这一支相隔24年再会师的新队伍，难上加难。配合好、支持好"一把手"的工作，对于张农高这个"第一助手"而言，是首要之责。他时常用国家税务总局局长王军引用过的"将相和"的典故和"第二小提琴手"的事例鞭策自己，以"归零"的心态当好"绿叶"。"一把手"抓全面、抓重点、抓外联，他就侧重抓具体、抓落实、稳人心，当好"黏合剂"，让新组建的这支队伍"进一家门、说一家话、办一家事"。

很快，更加重要的"三定"战役打响。如果说挂牌更多是形式上的"合"，那么落实"三定"就是对"事合、人合、力合、心合"实质上的考验。"定岗、定责、定编"归根到底定的是"人心"。张农高分管人事工作，主抓"三定"落实。603名正式干部，185名离退休干部，99名中层干部，看着花名册上的这个"大家庭"，他感觉肩上的担子沉甸甸的。

张农高深知，"做通人心的最后一公分，才能打通改革的最后一公里。"为此，他先后与200多名干部谈心谈话。

一名有职务的原地税干部，因为按照规定"三定"后职务不予保留，内心苦闷，曾多次找张农高倾诉。作为"老领导"，张农高深知他的顾虑，明白他的失落，与他共同回忆起一同走过的点点滴滴。从下乡入户跑税收，到信息化管税、数据治税，从利改税、分税制，到统一内外资所得税、营改增，他们风风雨雨都经历过了，眼前的这点困难算什么。打那之后，他再也没找张农高诉过苦。

那段时间，他一边谈心谈话，一边修改完善方案，加班成了常态。张农高的爱人刚做完手术还在休养，他的电话不断。一头是相濡以沫的妻子，一头是603位同仁的改革信任，都耽搁不起。"老张，去忙吧，这里还有孩子照顾我，改革更需要你。"妻儿的理解让张农高既歉疚又感动，不把改革这块"硬骨头"啃下来，也对不起她们这么多年默默的支持和付出。

在大家的共同努力下，"三定"方案终于顺利落地。江阴市税务局在乡镇的派出机构有11个，全市有69名税务干部从城市走向农村，无论是"正转副""城

转乡",还是普通干部,全部按时到岗,没有一个人掉队。

在市税务局党委的支持下,张农高又趁热打铁推进了"三件事"。为了"人合",他与其他班子成员一起实地走访、调研座谈,走遍江阴16个乡镇片区,逐人逐项解决实际困难,消除后顾之忧,当好坚强后盾;为了"事合",在全省率先梳理出214项县区级原国地税部门差异,把24年间的不同在半年内整合,为推进岗责体系建设奠定了基础;为了"力合、心合",组织"两税"融合实务培训、青年成长纪实平台、趣味协作运动会、"1+1"结对计划……一项项凝心聚力的活动,有效加快了"两条线"拧成"一股绳",实现了"1+1＞2"的倍增效应。

倾力服务

机构改革,服务先行。

1993年《个人所得税法》颁布后,张农高就开始接触和学习这个税种,因此非常熟悉。2019年新个人所得税法实施,适逢年底办税高峰,办税服务厅的咨询量和业务量大幅增加,张农高主动向"一把手"请缨,这一仗由他领军。按照国家税务总局局长王军"让纳税人及时享受专扣政策红利"的要求,以及省局"指挥顺畅、资源倾斜、责任压实"的部署,张农高带领大家建体系、定制度、划标准、明流程,开通导税专线、辅导热线,确保全新的优惠政策真正惠及每一个纳税人。在改革后的一次服务调研中,一家拟上市公司董事长说:"以前常讲,改革必有阵痛,而税务的这场改革,却是把'痛'留给了自己,把获得感给了我们。"

伴随着改革开放40年的发展浪潮,江阴,这座万分之一国土面积的江南小县,两年的税收收入总量就可以为国家再造一座港珠澳大桥。

如今，这里已拥有 58 家上市公司。数字的背后，是敢闯敢拼江阴人的辛苦奋斗，也是税务人前赴后继的税援力量，"IPO 税援团""CFO 税企通""税务集成改革"……一个个税务品牌在国税地税征管体制改革后被注入了新的内涵、合的优势。

每当看到办税厅年轻税务人忙碌的身影，看到纳税人满意而归的笑容时，张农高觉得，所有为改革的付出在这一刻都变得更有价值。

张　咏　曾任国家税务总局金寨县税务局党委副书记、副局长，现任国家税务总局舒城县税务局党委书记、局长。先后获得"全国巾帼建功标兵"、安徽省"五一劳动奖章"、"最美安徽税务人"等荣誉。

> 转眼间，这已经是我从事税收工作的第33个年头了。作为一名基层税务干部，让纳税人缴费人满意是做好一切工作的价值取向和根本标准。凭着对党的事业的无限忠诚，我一步一个脚印地工作着，用实际行动在平凡的工作岗位上做出无愧于党和人民的业绩，用忠诚与担当践行着一名共产党员的初心与使命。只要我们心中有责、担当不减，必将积极有为、"税"月无悔。

传承红色基因 "咏"当改革先锋

国税地税征管体制改革前,张咏任原安徽省金寨县国家税务局党组书记、局长,国税地税征管体制改革时"正转副",担任国家税务总局金寨县税务局党委副书记、副局长。

事业比位子更重要

张咏出生于革命老区,内心深处一直有着浓浓的"红色情结",总想着能为老区百姓多做点有益的事。2017年,安徽省六安市国家税务局选拔人员到基层任职时,张咏主动申请到金寨。虽然金寨地处皖西边陲,是税源匮乏的贫困县,但它是中国革命的重要策源地,人民军队的重要发源地,被誉为"红军的摇篮、将军的故乡"。能够在这样一片红色热土上工作,是张咏多年的愿望和梦想。在担任金寨县国家税务局"一把手"的一年里,张咏和班子成员始终站在群众的立场谋事、做事,想方设法让老区的税收营商环境更优一点,让基层税干的工作生活条件更好一点。她坚信,只要秉公心,行大道,勇担当,就一定能把工作干好。功夫不负有心人。当年县国税局的绩效就进入全市第一方阵,并被评为"安徽省文明单位"和全省国税系统首批"基层党建示范点"。干部职工激情高涨、干劲十足，这也让她更有底气、更有信心地提出了三年内争创全国文明单位、全国税务系统基层党建示范点的奋斗目标。

正当张咏准备施展才华、大干一场的时候，国税地税征管体制改革开始了。随后，张咏也转岗为新税务机构的党委副书记、副局长。虽然早有心理准备，但真到了"正转副"的那天，她的内心仍然难以平静。想想自己虽然资历不如人，但个人能力、工作实绩并不差；想到自己和同事们制定的争创目标还没有来得及实施；又想到为老区人民服务的愿望和梦想可能就此止步，遗憾、无奈、委屈一齐涌上心头，她的情绪非常低落。一天晚饭后，张咏不知不觉走到了金寨县革命博物馆，站在徐立清将军的展板前，她不由得想起他"三让"的故事。徐立清将军是安徽金寨人，从土地革命到抗日战争再到解放战争，他为新中国的成立立下了赫赫战功，却在全军授衔时，主动让级、让衔、让位。想到这里，张咏的心头一怔，陷入了沉思。返程中，张咏不停地问自己："你来金寨的目的是什么，你为老区人民服务的情结呢？在这次改革中，'正转副'的干部全省有八九百人，全国更多，如果都放不下'位子'，那工作如何开展、改革又如何推进呢？"张咏还想，这些年，组织把自己一步步培养成岗位能手、优秀讲师，还被授予安徽省"五一劳动奖章"。头顶这么多荣誉，难道不更应该学学徐立清老将军，不计名利得失，做个支持改革、服从改革的榜样吗？再说，机构合并后队伍更大、职责更多、服务面更广，税收事业不是更大有可为吗？想到这些，张咏的内心渐渐地平静下来，心结也慢慢地解开了。

态度比能力更重要

解开自己的心结之后，张咏不仅很快调整好心态，还利用全县"正转副"第一人的身份，主动挑起做通干部思想工作的担子。改革推进到基层，面临的困难又多了几分，不仅需要面对人多职位少、"正转副"安排难的问题，还有"城转乡"的问题。张咏的同事老熊，他所在的分局在改革前由农村上收到县城，改革后分局必须设在属地。得知要去50公里外的农村分局任职时，老熊一时难以接受。张咏主动去做老熊的工作。见到老熊时，张咏和他拉起家常。"孩子在哪上学？父母身体可好？爱人工作忙不忙？"得知他孩子已经工作，家里没有后顾之忧时，又和他聊起了自己"正转副"的心路历程，老熊明白她的来意，也讲出了心里话："我都20年的老分局长了，比我资历浅的也有留在城区的，主要是这面子抹不开，经你这一说，我也没啥顾忌的了。"

还有老郑，在农村分局担任负责人近10年，父母年老多病，孩子正读高中，改革前一直想回县城。改革后，不仅没能回到县城，还要去离县城最远的农村分局任职，心里难免有点失落。张咏告诉他，改革后，社保非税业务划转，缴费人大幅增加，基层税收征管服务任务更重，更需要像他这样业务精、能力棒的分局长。张咏也向他说起自己的家庭情况，她的父母在六安，丈夫和女儿在合肥，独自守在大山里很少有时间陪伴、照顾家人，女儿得知张咏"正转副"后，问的第一句话是："妈妈，你以后是不是有时间陪我啦？"张咏又告诉老郑，县局党委正在制定干部定期轮岗办法，特别考虑干部职工父母年迈、子女上学等实际困难。张咏的一番话，得到了老郑的理解，他也欣然接受了新的任命。

有人说张咏做思想工作的水平高，但在她自己看来，只是用真心交换真心。

信任比荣誉更重要

张咏的抽屉存放着一封信，每次看到，就会让她想起同志们的信任和鼓励，想起改革初期那段艰难的历程。

对于改革，平稳过渡是重中之重，而各种历史遗留问题像是一颗颗"地雷"。金寨县原地税协税员和退役士兵待遇、未休年休假补助等问题，在改革期间集中突显，干部职工要求解决问题的愿望十分迫切，部分人员的情绪非常激动。情况紧急，六安市税务局党委决定由张咏牵头负责处理历史遗留问题。接到任务时，张咏卸任"一把手"刚好一个月，她深知这是一个"烫手山芋"，这些问题不仅关系着干部职工的切身利益，也影响到改革稳定大局，是难事更是大事，是一块必须啃下的"硬骨头"！为全面掌握情况，张咏在与班子成员达成一致意见后，拟定了工作方案，决定先用一周时间走访调研。为避免发生过激行为，张咏将走访时

间、内容在内网公示，便于干部职工知晓、配合工作。

金寨是安徽省面积最大的山区县，10个分局散落在大山深处，每天需要辗转2—3个分局，最多一天行程超过400公里，山路崎岖颠簸，一天下来整个人都像散了架一样。连续多天马不停蹄地奔波，张咏的身体有点吃不消，第四天早上出发时，张咏胆囊炎发作，蹲在车旁吐黄水，疼得直冒汗，同行的同事纷纷劝她休息。当时，张咏也有点想打"退堂鼓"，可想到行程已经公示，大家正在迫切等待问题解决，吃完药休息片刻后，她又咬咬牙踏上了绵延的山路。

每到一处，张咏都与干部职工促膝谈心。面对原地税干部职工，她详细了解他们每一个人的诉求和对遗留问题的意见建议，把政策谈清、问题谈透、思想谈通，并代表县局党委亮明态度，给大家服下"定心丸"。原地税基金股老程说："张局长，从您的身上我们看到了新班子的担当作为，大家既敬重又佩服。"面向原国税干部，她也讲清情况，讲明原则，防止出现新的矛盾和问题。原国税江店分局老王说："张局长，您放心，合并后都是一家人，我们绝对不会做不利于家庭团结的事。"就这样，站在干部职工的角度上思考，话语有了温度，行动有了实效，领导班子更获大家信任。走访结束后，张咏和班子成员将问题进行整理、分类，对照政策分别拿出解决方案。在"两下两上"不断征求干部职工意见的基础上，这份解决方案既得到了原地税同志的认同和点赞，也得到了原国税同志的理解和支持，这些差点影响改革大局的历史遗留问题被成功化解。为此，原地税部分干部职工联名写了一封表扬信，感谢张咏所做的努力，并打算寄往省局和市局。张咏得知消息后把这封信拦了下来。在她看来，干部职工关心的事本就是自己应当着力办好的事，他们的满意和信任就是对自己工作最好的褒奖。

纳税人的满意最重要

县级税务机关直接面对广大纳税人和缴费人,他们的获得感、满意度是检验改革成效的重要标准。早在 2018 年 3 月,刚刚得知国税地税征管体制改革的消息,张咏便提议组织双方办税厅的同志集中学习,互相学习税收政策、业务操作。她还发挥自己连续 11 年省局岗位能手和兼职教师的特长,经常抽空去给他们上课。两个月后,当地的办税窗口基本做到了国税地税业务"一窗办"、政策咨询解答"一口清"。在纳税人大走访活动中,许多偏远山区的纳税人都欣喜地表示,"盼了好多年,国税地税终于合到一块了,现在呀,路少跑了,队少排了,一个窗口办税,方便实实在在"。全国人大代表、金寨四季春茶叶合作社理事长陈先志笑着对张咏说:"我一直在关注国地税改革,如果不是亲身去大厅体验了一把,怎么也不会相信,这么短时间,你们窗口一个人就能办好原来两家业务,我老陈打心底服气。"他边说边竖起了大拇指。

一诺千金重,赤诚勇担当。回首"正转副"的那一刻,张咏曾郑重承诺:"虽然职位变了,但是我对税收事业的热爱不会变,我对服务老区发展的初心不会变。"现如今,改革后的路越走越顺,干部职工的心越来越近,大家干事的劲头也越来越足。

立足新起点,展望新未来。张咏坚信,今后不管在哪里、做什么,只要心中有梦、初心不改,定会矢志不渝、奋斗无憾;只要心中有责、担当不减,必将积极有为、"税"月无悔。

白　波　国家税务总局济南市税务局资源和环境税处副处长，先后荣获全国税务系统各省（区、市）税务局"先进工作者""山东省财贸金融系统五一劳动奖章""济南市先进工作者""济南市五一劳动奖章"等荣誉。

> 工作就是责任，服务永无止境。作为一名共和国的税务人，我始终坚持心中有使命、心中有群众、心中有事业，要勇做负重致远的"挑山工"，甘做温暖服务的"贴心人"，敢做争创佳绩的"攀登者"。把全部的真心和真情投入到自己所热爱的税务工作岗位中，本着对人民负责，对党负责，对税收事业负责的态度，尽己所能履行好自己的职责，用我们税务人的辛勤付出换取纳税人缴费人更多的幸福感和获得感。

——白波

勇做改革的"挑山工"

习近平总书记视察山东时鼓励山东干部"勇做新时代泰山'挑山工'"。2018年，国税地税征管体制改革启动。机构改革，服务先行。为了这个庄严承诺，白波秉承"挑山工"精神，与同事们勇挑重担、攻坚克难，让纳税人在改革"无感"、服务"有感"中顺畅办税，坚守了一名基层税务人员对税收事业的忠诚。

使 命

白波所在的济南市住房交易办税服务厅，是全国较早进驻房管部门、实行"集中受理、集中征收"的办税服务厅，日常接触的都是普通市民，十年间经手审核数十万套房产，接受过上百万市民的咨询，是个名副其实的民生窗口。

2018年改革初期，有消息说大厅的职能要分解到各区局，个人的进、退、留、转也存在变数，大厅的气氛有了一些变化。白波虽然没有表态，但内心压力非常大。大厅30名工作人员中，26名是女同志，2018年以来先后有3人怀孕，并有4名关键岗位的业务骨干被抽走，新来的4名同事来自原国税机关，他们对住房交易涉税业务还不熟悉，更需要与大厅原地

税机关的团队加强融合；而且，很多同事考虑面临大厅撤并，思想上多多少少出现一些波动。

白波内心深知，作为民生服务窗口，一旦团队的思想有偏差，就会表现在服务质效上；一旦服务有偏差，就会影响众多老百姓的切身利益。百姓的利益重如山，只要大厅运行一天，服务打折扣的情况就绝不能出现。

作为负责人，作为一名党员，白波继续坚持十年如一日、每天最后一个离岗的习惯，工作状态比之前更加积极。日常工作中，他有意识地规避"我们地税""你们国税"之类的提法，并利用班后组织"力量在党旗下凝聚"党日活动，与大家一起学习、交流机构改革的重大意义和思路措施，不断凝聚改革共识，让大家明白越是在关键时期，越要有担当。他还通过每日晨会、拓展训练等形式，促进大家的沟通交流，加速同志们之间的融合，唤起众人拾柴火焰高的心劲儿。在这种氛围下，原业务班长小崔主动找到白波说："新来的同事业务不熟，跟大家多少也有点隔阂，我们想采取结对子、老带新的方式，共同学习，让新同事尽快融入团队。"于是"蓝色青春"夜校应运而生，深夜的大厅灯火通明，既有青年干部热烈的讨论，也有老税干细致的讲解。短短几周，所有新同事就已完全胜任各自岗位的工作。新机构挂牌后，白波看到自信上阵的兄弟姐妹、满意归去的纳税人，那份沉甸甸的责任都化作苦尽甘来的欣慰，几个月的付出，值了！

突　破

改革前，大厅曾联合国土部门推出"不动产登记业务联办"模式，业务办理时限从3小时，缩短为1小时；涉税环节从30—40分钟，缩短为 5 分钟，得到国家税务总局局长王军的肯定性批示。2018 年 6 月的一天，一位房屋中介小杜找到白波说："白主任，咱业务联办确实好！可现在在房管窗口签完网签还要拿着一样的资料再到联办窗口抽号排队，能不能再给我们减减负啊。"一句简单的玩笑，引起了他的重视。经过认真分析，白波和同事们发现产生这种情况的原因是房管和国土部门调整了业务职能，使得业务联办环节出现了衔接不顺畅，要解决这个问题，就必须协调房管部门，对整个业务联办流程进行重新设定。

当时"三定"还没落实，对于这种探索性举措，很多人劝他缓一缓、放一放。白波却认为，民生无小事，只要有利于纳税人的改革，就不能拖、不能等，在征管改革的攻坚战中，更应该敢闯敢试、率先突破。

于是，白波边向济南市税务局汇报，边组建攻坚团队，对整个联办流程进行重新梳理、测试，逐一测算每个环节的办理时间，找出办税"堵点"。在不到两周的时间内，完成了升级联办程序、协调相关单位、重新配置窗口等工作，使"不动产登记业务联办"模式再次优化提升，联办单位也扩围至国土、房管和税务三部门，联办范围增加继承、赠予、析产三大类业务，实现了联办模式的效率最大化。后来，小杜专门找到白波表示感谢，白波认为群众的认可就是对改革最大的肯定。

在"一次办好"

改革的背景下，白波和同事们又开始思考，能否让纳税人从"最多跑一次"提升至"一次不用跑"。借助房管、国土部门进驻中介机构的便利条件，2018年9月，联办模式再次升级，白波和同事们相继解决了涉税信息远程传递、纳税人网上划款、发票税票无缝交接等难题，实现了纳税人不用跑大厅就能完成网签、过户、缴税，纳税人纷纷竖起大拇指说："太方便了！""税务窗口都没去就拿证了！不敢相信！"全国多个省份的兄弟局前来学习"济南模式"。该模式也在山东全面推行，方便着千千万万纳税人。作为一个亲历者和见证者，白波感到无比的自豪和光荣。

担 当

大厅每年办理五六万套房屋过户的纳税手续，其中许多来自法院判决。那些涉及诉讼、离婚、继承纠纷、拆迁的房屋，纳税人走进大厅的一刻就带着情绪。而且，大厅面对的都是自然人，大多数人对税收政策一无所知，同一个问题对不同的纳税人每天要做成百上千次的解释，如果不调整好心态，处理不当就会激化矛盾，引发负面舆情。

2018年9月，国税地税征管体制改革进行得如火如荼。也是在9月，济南上调二手房评估价格。当得知需要缴纳的税款明显增加后，很多纳税人不理解。大量的解释工作、大量的政策难题、大量的业务和信息化整合也都集中在这一阶段，并且要"带电作业"。很长一段时间，大厅气氛非常紧张，白波的心每天都悬着。他牢记税务总局"改革期间稳字当头"的要求，只要听到有人高声说话，或者看到两个咨询台前排起长队，就赶紧跑去"支援"，经常被纳税人围得里三层、外三层。有时候，这边的矛盾刚疏通，那边咨询台的工作人员又被急眼的纳税人推搡起来，他又赶紧跑过去"灭火"。

多年来，白波作为大厅的"百宝箱"和"灭火员"，那些难以把握的政策难题，处理不了的复杂交易，个别无理取闹的纳税人……最后都汇集到他这里。白波记得有位李先生连续一周来大厅吵闹要求减免税款，扬言："别跟我说政策，你们的政策我不懂，谁不同意给我免税我就天天跟着谁！"白波每天都给他倒上茶水，耐心倾听他的诉求；在他情绪稍微稳定时，并不是简单地只给他讲政策，而是跟他聊起了家常。当得知他和妻子身体都不好家庭确实困难，就不断安慰他、鼓励他，帮他出主意、想办法，天天陪他到下班以后，最终感动了李先生。他真诚地对白波说："你这么忙，还在我身上花了这么多耐心和时间，政策我明白了，我交！"

平时工作中，白波除了把相关税收政策吃深吃透外，还利用业余时间认真研读法律条文，对各种政策做到了然于胸，做群众工作时有的放矢。白波说："只要能帮到纳税人，讲多少遍政策、做多少工作都行。"

让白波欣慰的是，纳税人也给予他们更多的理解和支持。那位他陪了一个星期的李先生，后来还给白波发来短信："刚才路过大厅，看到你们的灯还亮着，天黑得早了，忙完就赶快回家吧。"一句简单的问候，恰似一股暖流流进白波的心中。

近年来，白波先后被授予全省"十佳最美税务人"、全国税务系统各省（区、市）税务局"先进工作者"等称号，所在的服务厅先后被授予"山东省青年文明号""全国模范职工小家""全国工人先锋号"等称号。这些荣誉，让他更加明白身上承载着纳税人的重托，关系着税务系统的形象，要守好阵地。白波说："我只是全国纳税服务战线上的普通一员。我相信，走进全国任何一个办税服务大厅，那里无私奉献和辛勤付出的故事都说不完。今后，我将继续和同事们一起，不忘初心、牢记使命，以义不容辞的铁肩担当欣然而往、欣然于成！"

刘国英 国家税务总局河南省税务局办公室四级调研员，曾任国家税务总局汤阴县税务局党委书记、局长，获得"全国巾帼建功标兵""河南省先进工作者""河南省五一劳动奖章"等荣誉。

> 2018年在河南汤阴县局，我秉承岳飞精忠报国之志，秉公心行大道，做足做细做实征管改革各项工作，打造充满家庭温暖的"四合院"，使干部队伍凝心聚力、融合共进，一跃成为安阳市税务系统的"排头兵"。调任省局后，迅速适应信访工作岗位，守好安全稳定防线，服务了税收工作大局。回首来时路，与身边可爱可亲、可敬可信的税务人一路同行一路歌，深感幸运和幸福。新的奋斗征程，我将继续勇立潮头、踔厉奋发，立足岗位、再立新功！

—— 刘国英

改革一线的"刘哥"——刘国英

刘国英，来自岳飞故里、忠义之乡——河南省安阳市汤阴县，从小就背着岳飞的《满江红》长大。"三十功名尘与土，八千里路云和月。莫等闲，白了少年头，空悲切……"岳飞精忠报国的情怀激励着她从一名基层税干成长为县区局领导。

2018年，刘国英和同事们一起经历了这场载入共和国税收发展史册的征管体制改革。这场轰轰烈烈的改革战役，将他们血液中的"精忠报国"精神再次激发，绽放出新时代的光芒。

勇于担当成"刘哥"

"刘哥"这个亲切的称呼是国税地税征管体制改革带给刘国英的意外收获。第一个叫刘国英"刘哥"的是她的"正转副"搭档，原地税局党组书记、局长赵军群。

2018年9月，省局下发通知，要求自然人税收代扣代缴客户端安装在月底之前必须100%完成。当时联合党委刚刚成立不久，业务科室尚未合并，国地税业务工作各干各的活。这项业务属于原地税局税政法制科负责，由于人手不足，安装率在全市排名靠后。

得知这个情况，赵军群很着急，赶紧找刘国英商量。刘国英说，不管业务属于哪家，现在都是汤阴局的工作，不能再分彼此，必须全员参与、共同完成。这时有些分局长提出，其他单位现在都是各干各的业务，况且现在正值组织收入的关键时期，把人再抽出去，影响了组织收入怎么办？刘国英认为这些话听起来很有道理，但症结在于国地税彼此之间业务不熟悉、配合度不高，这种局面必须改变。刘国英和班子成员分别到各基层分局实地调查，了解情况。连开三次中层以上干部会议讨论研究，主题就一个，怎么加快业务融合和人心的融合，尽快完成这项工作。经过反复征求意见，统一思想，在大家的共同努力下，2899户的客户端提前安装完成。

也就是从那个时候开始，原国税地税干部逐渐不分彼此，融合的进程大大加快。到了10月，研究县局"三定"方案的时候，刘国英对赵军群说："你分管人事，你来拿方案吧？"

"我尊重你的意见。"赵军群这样说。

刘国英明白，这是一种信任，更是一种考验。

第二天，当刘国英把想法和盘托出的时候，赵军群激动地站起来说："刘局，我原来一直有些担心，怕原地税的干部不受重用，现在看来完全是多虑了。办公室、人事、财务这些大家都认为很重要的岗位，你全都选了最合适的人。你的格局、担当，令我信服。而且集中办公这几个月以来，工作上你比男同志还能拼；生活上像家人一样对我关心照顾，生怕我受一点冷落，甚至连饭菜是否可口你都亲自过问，这些我心里都有数。从今以后，我不再叫你刘局，就叫你'刘哥'了！咱俩就是亲'兄弟'！"听着赵军群发自肺腑的言语，刘国英想，作为"一把手"，最重要的是要有一颗公心、一碗水端平。按照改革的要求，把合适的人放到合适的岗位上，在刘国英看来这本身就是她应该做的事。一开始被叫"刘哥"的时候，刘国英还觉得不好意思。后来，她渐渐感受到这个亲切的称呼里，饱含着大家对她的接受、认可和支持，这也是分开 24 年之久的两支队伍兄弟般感情的一种自然流露。

是"哥"就要当好"主心骨"

"刘哥，只要你坐在办公室，我们就有了主心骨！"融合以后班子成员经常这么对刘国英说。在他们看来，好像只要刘国英在，就没有做不好的事，就没有完不成的任务。

2018 年 10 月，全国税务系统统一宣布县级机构"三定"方案。汤阴县局由 11 个基层分局变成 6 个分局，5 名分局长面临转岗，其中 1 名能力强、口碑好的分局长，情绪很大。他的问题不解决，"三定"就无法按期落地。刘国英和赵军群商量，思想工作必须做好，这名同志很优秀，不能因为改革影响了他以后工作的积极性。刘国英不停地找他谈心谈话，从工作谈到改革、从初心谈到人生。最后一次，刘国英和他谈话从下午一直谈到了晚上，直到她的颈椎疼得头都抬不起来，才终于做通了他的思想工作，顺利地把方案报到了市局。后来，这名同志在新的岗位上，干劲十足，先后两次受邀代表河南省税务系统到山东交流社保工作。

经常有人问刘国英，为什么她跟赵军群副局长关系处理得那么好？问的人多了，刘国英便认真思考了一下，她认为主要是靠三个力量：第一是真理的力量，就是有制度按制度办，没制度按规矩办；第二是真实的力量，就是坦诚相待、以心换心；第三是真情的力量，就是设身处地、换位思考，多为对方着想。正因为做到了这三点，她和"正转副"的赵军群同志成了相互补台的好搭档。在河南省税务系统"新机构、新职责、新业务、新作为"网络知识竞赛中,赵军群同志主动请缨,带领学员们刻苦学习、团结协作,勇夺桂冠,而且前五名选手当中,汤阴县局就占了两名。

县局党委班子"板凳"拉长了,调动班子成员的积极性也是一大难题。汤阴县局班子成员11名,其中原国税班子成员6名,原地税班子成员5名,5个"60后",4个"70后",2个"80后",性格差异较大。如何才能攥指成拳,实现大团结、真团结,形成干事创业的整体合力?刘国英经常跟班子成员说,同船划桨,没有看客,必须心往一处想,劲往一处使,汤阴县局才能实现新税务新形象的目标。

在分工中本着"工作第一,人岗相宜"的原则,注重工作的延续性,充分发挥每位班子成员专长,刘国英经常鼓励大家:"你们只管放手大胆地去冲,有什么问题大家共同商量,我坚决当好后盾!"

1972年出生的副局长李强同志原来一直负责社保费和非税收入,新班子成立以后,他曾担心自己的资历浅、排名靠后,不能继续分管。当党委会一致通过希望他发挥强项,继续分管该项工作的时候,他很是激动。之后,工作的干劲儿更大更足，汤阴县社保费和非税收入工作成效显著，得到了上级领导的充分肯定。

用人所长还要充分信任。刘国英不在局里的时候，在家主持工作的赵军群每天都会给她打电话，说说"家"里的情况，每次聊完都会说："你放心，'家'里有我！"平时每天下班前，班子成员都要在一起说说一天的工作。刘国英不在的时候，他们都习惯性地在县局党委工作群里发布一下当天的重要工作，字里行间流露的都是相互的关心和默契。

是"哥"就要当好"贴心人"

2019年2月10日，是汤阴县税务局驻村第一书记于建江同志的生日。那天下着大雪，刘国英带着班子成员没打招呼，直接到了村里。当他们手捧鲜花、手拿蛋糕突然出现的时候，于建江同志的眼睛湿润了，激动得说不出话来。2018年的时候，于建江同志因家庭和身体的原因，曾一度思想动摇。在机构合并当天，向刘国英提交了辞去第一书记的申请。刘国英深知扶贫工作难度大、要求高、责任重，但是在这场全国脱贫攻坚战役中，他们怎能缺席。党委班子一方面高度关注和支持于建江的扶贫工作，一方面如家人般的关心和帮助他的家庭生活，并不断地与他进行深刻的思想交流，一次不行两次，一天不行两天，终于打开了他的心结，使他转变了认识，重新以昂扬的斗志投入到扶贫工作当中，而且被评为年度最美第一书记。

"三定"落实到位以后，200多名干部职工分散到了2个办公区和4个乡镇，这些干部职工的工作状况怎么样？思想状况怎么样？很难实时掌握。为此，汤阴县税务局及时提出了"三查三看"工作方法。刘国英和班子成员一起，每周三次深入到基层分局、机关各股室查访，

"看人、看手、看脸"。一查出勤情况，看大家是否在岗；二查手头工作，看任务分工是否合理；三查脸色如何，看有什么思想问题。

一次，刘国英发现他们的机关党委专职副书记神情很疲倦，通过交谈，得知其家里90多岁的老父亲脑梗住院，加之改革期间党建工作量不断增大，同时他又担任扶贫队长，三重压力让50多岁的他有些喘不过气来。县局一方面协调医疗专家帮助他父亲诊治，一方面派精干人员协助党办工作，及时为他解除了后顾之忧。

2018年冬天，刘国英到一个偏远的税务分局查访。她进到办公室，感觉屋里和屋外一样寒冷。看到有的干部穿着大衣、戴着手套在电脑前工作着，经了解后她才知道，由于楼房年久失修等多种原因，该分局一直没有取上暖。回去后，县局党委立即着手安排，想方设法，一周之内帮助他们解决了取暖问题。通过"三查三看"，汤阴县局还解决了基层分局的交通难、用水难、就餐难等棘手问题，让基层税务分局真正能够"拴心留人"。

汤阴县税务局还提出了"以局为家"的理念，待同事如家人，视工作如家事，开设了大家庭微信群和家属微信群，倾听心声，排忧解难；有人生病住院，第一时间前去探望，并妥善安排好护理；有人过生日，送上鲜花、生日蛋糕、书籍和廉政寄语在内的关爱礼包，交心交流、增进感情；有老同志退休，举行欢送会，并且专程安排口述访谈，记录他的从税历史，续写税务家谱，把汤阴县局建成春意盎然、充满家庭温暖的"四合院"。

是"哥"就要当好"排头兵"

正人先正己，要求别人做到的，自己首先做到；要求别人不做的，

改革一线的"刘哥"——刘国英

自己坚决不做。到汤阴县局这4年多来,尤其是在改革期间,刘国英从未休过假,晚上9点以前基本没有回过家,重大事项马上办,一般工作不过夜,保证了全局工作的高效运转。

为了强化规矩意识,建立良好的工作秩序,新班子成立后修订了一系列相关制度,其中有一条要求是开会时手机必须静音。没想到,第一次就是刘国英自己的手机响了,她马上向与会人员做检讨,并主动自罚一百,给加班的同志买了水果。这样一来,开会时再也没有了手机铃声的干扰。

在连续9天的"金三并库"压力测试中,刘国英每天都和大家一起,作战在测试工作的第一线,在规定时间内登录自己的账号,按要求查询相关业务,并在规定的时间内退出系统,把集中业务测试场所变成了岗位练兵的演兵场,为并库后征期的平稳申报打下了坚实的基础。

为了促进队伍的融合,汤阴县税务局抓党建、带群建,每季度开展丰富多彩的主题活动,无论什么情况,刘国英都身体力行,带头参加。看到同志们亲如一家、密切合作,全力以赴、奋勇争先,她觉得所有的付出都值了。

刘国英认为,要想当好这个"刘哥",就得对自己狠一点、要求严一点、标准高一点,这样才能叫响"工作标准向我看齐"的口号,才能让全局干部职工在见第一就争、见红旗就扛的氛围中加快融合,形成合力。

俗话说,干部能搬石头,群众就能搬山头。2018年,按照河南省税务局"认真学习弄明白、坚决执行不走样"的改革工作要求,汤阴县税务局的各项改革工作平稳落地,有序进行,实现了"零投诉、零信访、零舆情、零案件",取得了绩效考核全市第一名的好成绩,被县委县政府授予了"集体三等功",同年他们还荣获了"全国工人先锋号""河南省先进基层党校""河南省基层工会规范化建设示范点""安阳市职业道德建设十佳单位"等多项荣誉。

回首改革路,有收获,也有遗憾,但欣慰的是,能与身边这些可爱可亲、可敬可信的税务人一路同行一路歌,刘国英深感幸运和幸福。

忠诚担当、崇法守纪、兴税强国,这是精忠报国应有之义。改革路上,汤阴县税务局还会继续勇立潮头、奋发有为,不负重托、再立新功!

贺　艳　国家税务总局重庆市税务局纳税服务和宣传中心副主任、中国税务报驻重庆记者站记者，入选第六批全国税务领军人才学员。2014年起，她一直从事税收宣传工作，深入基层一线，挖掘采写了大量的税务新闻和人物故事，让更多税收改革现场和可亲可敬的税务人被看见，讲述了税务好故事、发出了税务好声音。多次获得"优秀公务员""优秀共产党员""优秀驻站记者"等荣誉，获得"营改增试点工作个人三等功"、重庆市税务局"脱贫攻坚专项工作三等功"，被国家税务总局记二等功1次。

> 我手写我心。能用笔记录这个改革的时代、记录身边的人和事是一种幸运，也是一种幸福。生逢改革年代，特别是近十年，税收改革频出、税收现代化加速前进、税务人攻坚克难接续奋斗，时刻感染着我，也激励着我。文字、照片、视频，传递的是一个个鲜活的现场、一个个有血有肉的人物。宣传是一束微光，应该让它照亮更多人。宣传人更应该是追光者，追逐时代浪潮之光、先进人物之光。我想，我会一直在路上。

——贺艳

我所亲历的改革：与千万人同行

贺艳，重庆妹子，土生土长又工作在重庆，是税收宣传战线上的普通一员。从 2014 年至今，她一直从事税收宣传工作。

宣传人的亲身经历和所见所闻，让她有两个深刻的感受：一方面，税务部门面对的舆论环境复杂、社会各界关注度高，工作的压力比较大；另一方面，税务部门做了大量的工作，全国税务系统上下夜以继日、攻坚克难，许许多多的税务人为了工作，牺牲陪伴家人的时间、削减个人的自由空间，这么拼、这么努力，却没有更多的人知道、没有更多的人理解。

身处其中，她领悟到税收宣传岗位的价值——宣传人员，不仅仅是改革的参与者，还是改革的见证者、历史的记录者和舆论环境的改善者。

贺艳暗下决心，要通过自己的文字、通过和媒体记者的沟通，让税务工作和税务人员被更多的人所了解、所理解、所认同。

为你欢呼　为你自豪

国税地税征管体制改革中，省级以下税务机关书记、局长一肩挑，大量的"一把手"要变为"第一助手"。

贺艳决定去采访正转副处级领导干部，也是她采访的第一个"正转副"干部——丰都县原国税局党组书记、局长王浩宇。听闻此事，有一位同事"质问"她："你怎么可以现在这个时候去采访王浩宇？他心里那么难受，你怎么可以还往人家伤口上撒盐？"

贺艳愣了一下，稍作迟疑后回复同事："税务总局王军局长说，要为这些'正转副'干部撑腰、为他们长脸，甚至是为他们讴歌。如果我不去记录下王浩宇的此刻，那我就是失职。"

出乎贺艳的预料，采访非常顺利。王浩宇没有一丝丝想象中的悲戚和尴尬。他非常开朗，笑声非常爽朗。他用洪亮的嗓音告诉贺艳："在两位主要负责人中选一个，这不是一场PK，更不是一次淘汰。我知道一把手的不容易，我会全力支持配合工作。"

在国税地税征管体制改革中，重庆税务系统共有55名处级领导干部、473名科级领导干部由正职转任副职或改任非领导职务。重庆市委组织部反馈：重庆税务系统近2万人，这么大的改革，我们没有收到一起人事方面的投诉或举报，你们的改革做得好！

最终，这篇题为《不论个人进退 共担改革重任》的新闻稿在2018年8月6日的《中国税务报》头版头条刊登。文章中提到的另一位正转副的领导辗转联系到贺艳，想要这份报纸的纸质和电子版，他说："我工作了快30年，这是我这辈子第一次上报纸，谢谢你，我留个纪念。"

关键时刻看担当，进退留转看境界。全国税务系统22255名干部由正职转为副职。在机构改革的关键时刻，他们不计个人得失，始终将改革的"进"放在第一位。至于个人，该退就退，该转就转，充分体现了税务人的党性！而税收宣传人，就要让这些闪耀着党性光芒的事迹广为人知，温暖更多人，激励更多人！

与你同感　与你同行

责任共担、齐心共进，税务前辈以身体力行诠释责任和担当。而作为一个新时代的税务青年干部，贺艳更觉责无旁贷，必须对得起岗位和使命。那么多的新闻线索，那么多的税务故事，虽然她几乎每天忙碌在宣传一线，但仍有时不我待的紧迫感和分身乏术的遗憾。

早上6点被贺艳微信约稿很正常，晚上11点被她电话核实数据也很平常。紧急的稿子她睡在办公室，一写就是一个通宵；手指被车门夹成骨裂，她不去医院，连夜赶写第二天直播的底稿；膝盖摔掉一大块皮，她就跛着腿，一瘸一拐地坚持去办税服务厅采访……

在很多人眼里，贺艳不像女孩子，没有女人味，说她是标准的女汉子。

有人觉得她过于执着工作；有人觉得她时常较真儿增加了别人的工作量；有人觉得她不分工作日与周末，影响了别人的生活……也有人劝，工作只是工作，贺艳你还需要生活；有人说，你是个母亲，还是个单亲妈妈，陪伴孩子的时间这么少，你以后肯定会后悔……

贺艳深知他们说的都对。但她更看到，她的采访对象、她身边的同事又何尝不是如此？

南川区税务局办公室的焦相寅32岁，单位近两百篇改革材料都经过他手。为了不让偏头痛影响工作，他已经把止疼药从阿司匹林、布洛芬、酚珈片，吃到了可待因。医生说如果连可待因这种神经麻醉类药品都止不住疼的话，下次只能住院用吗啡了。

渝北区税务局办税服务厅的副所长陈力行，在金税三期系统整合上线期间，连续熬夜6天，心脏明显不适，靠服用丹参滴丸缓解。同事们都劝他赶紧回家休息，他一边服药一边喘着气说："明天新系统的运行不能出错，测试细节只有我最清楚，我必须留在这里！"

奉节县税务局的基层税务人张定平，在边远农村税务所已经驻守了23年，患有严重的痛风。机构改革中，他原来所在的税务所撤销，奉节县税务局党委考虑将他调回县城。张定平却主动申请去了距县城100多公里的另一个边远税务所。那里是高寒边远山区，每年有4个月时间路面结冰，地形又崎岖险峻。农村很多人不会网上办税，税务所的干部每周都要到管辖的镇上去现场服务。前不久，在个税新政策的宣传途中，他们的车子在冰雪路面上再次打滑失控，旁边就是悬崖，车上所有人都吓出了一身冷汗。

税务人，只是凡人血肉之躯，没有金刚不坏之身，却因为有着铁一般信仰、铁一般信念、铁一般纪律、铁一般担当，轻伤不下火线，不负改革重托，不负使命召唤！

贺艳常说，她还见过一群常怀愧疚的有情人。他们舍小家顾大家，是亲人心里约不到的人，是孩子心里"说话不算话"的人。

在"三定"的关键时期，时任璧山区税务局人事部门负责人的赵有力，连续加班1个多月，手里的"三定"方案反反复复修改了不下10遍。

战友约他小聚，他抱歉地说"我要加班"；外甥结婚邀请他参加婚礼，他还是说"对不起，我得去加班"；女儿求他兑现承诺周末一起去玩，他愧疚地回答"下次好吗？爸爸得加班……"

在这节骨眼上，赵有力的妻子突然患病，需要到60公里外的市区医院接受检查和治疗。他纠结再三，只用了周末两天陪护妻子，然后又返回到工作岗位上。在10余天治疗期间，虽然赵有力每天都抽空打电话给妻子，但在医院，妻子只能自己照顾自己，自己去检查、自己去缴费、自己去取药，饿了只能用手机点外卖。

"三定"完成后，赵有力匆匆赶到医院接妻子出院。妻子看着他，没有一句责备，但终究忍不住流下了委屈的泪水。

保税区税务局社保和非税收入科副科长曾晶，一名"80后"女税务干部。曾挂职长寿区原地税局党组成员、局长助理，机构改革后，从"副局长"到"副科长"，她笑对个人进退，主动投身社保费划转的战场。

保税区税务局辖区内区域结构复杂，社保征管职责涉及4个行政区、40多个相关部门和单位。在曾晶随身携带的小本上，密密麻麻地写满了这些单位上百条联系方式和工作难点。

通过坚持不懈地沟通协调，不到两个月时间，她就完成了4个行政区1200余户社保缴费单位的划转和接收。

比起高强度的工作，曾晶说，最让她揪心的，是每次离开家去加班，3岁女儿抱着她脖子不愿松开的手和满眼的泪花。那一声紧一声的"妈妈不走""妈妈不走"刺痛着她的心。

谁家没有孩子？谁家没有爹娘？谁家没点难处？谁人没有伤痛？

80万税务人克服自身困难，不讲条件、不畏辛劳，在改革中负重前行，汇聚起推进改革的不竭动力。如果他们都不能被宣传这束光照亮，那应该谁被照亮？

凝聚力量　奋力前行

宣传，有时是抚慰，有时是称赞，有时是回应，有时是刀光剑影。

当社保费征管职能划转，社会上有的媒体报道征管职责划转后，将增加企业负担。

在税务总局部署和指导下，第一批4个省级税务局需要用数据回应舆论。受领任务的当天下午，贺艳拎着笔记本电脑跑到了社保处，和社保处处长张廉汶、戴俊老师一起收集数据，找准立论依据。以详实的数据分析，得出结论——重庆税务部门征收部分社保费 20 年来，整体上并未增加企业负担；社保费是随着社平工资调整和参保人数扩面实现自然增长的。贺艳当天撰写稿件，送审发布，回应社会关切。

有时是主动发声，有时是努力消音，有时费尽全力也只是徒劳，但不拼尽全力就一定不会达成预期。宣传，就是这么一个充满矛盾又富有魅力的工作。

贺艳还采访过一批税务扶贫干部。作为第一书记和驻村工作队队员，税务人扎根乡村，把汗水洒在泥土和田间小道上。

贺艳曾经三次到万州区龙驹镇老雄村，一次自己去，两次带着记者，跟着税务扶贫干部翻爬没有路的荒山，和他们一起查看当地水源地、走访困难群众。

每次去都有新发现，黄泥路开始平整土地了，饮用水工程改造的

项目书已经报给乡政府了，山坳中的梯田开始种植有机水稻了，绿色食品商标正在申请，农产品电商平台正在搭建，收购点正在持续增加……

通过实地采访，《人民日报》、中央人民广播电台、新华网都作了专篇报道。

有人问贺艳：改革宣传都忙不过来，你为什么要花这么多时间去报道税务扶贫工作？和我们的机构改革相关吗？

贺艳回答：扶贫是更大的改革。借用税务扶贫干部程鹏的话说，很荣幸能投身其中。

这些税务扶贫干部投身到了一场更大的时代改革中，是他们让"税务蓝"在脱贫攻坚战中没有缺席。

当税务人的脚印在荒山里留下一路痕迹，当新的公路和人行道连接起每一户村民，当农产品通过新建的电商平台卖到全国各地，当清冽干净的水通过新管道流进每一户村民家里……正是这些不曾有的改变让贫困生活有了新的希望，正是每一个人的努力让这个小乡村有了新的可能。

而国税地税征管体制改革又何尝不是如此？

这是一场史无前例的改革，没有经验可借鉴，没有模板可复制。正是每一位税务人不畏难、不惧险、不怕苦，努力落实改革、奋力推动改革、主动适应改革，才能打赢三大主攻战，才能完成涉及四级部门、几万机构、百万税务人、十多亿纳税人缴费人的历史性改革。

在税收历史的字里行间，税务人可以自豪地说：我们做到了，我们走出了一条新的路，我们走进了新的未来。

与千万人同往，税务人共担使命，共赴新的征程。

方启平 国家税务总局黔南布依族苗族自治州税务局党委原副书记、副局长（正处长级），执行力突出，在急难险重任务面前勇于担当。国税地税征管体制改革，他主动让贤，主动作为，主动分忧，由"正"转"副"，顺利完成改革各阶段工作任务。2019年8月，被国家税务总局记二等功1次。

> 作为军人，就要对得起头顶上的军徽；作为税官，就要对得起肩头上的税徽。我们要在改革中继续发扬税务铁军的光荣传统，齐心协力打赢改革攻坚战。我一心为税，就一定会服从组织安排，调整好心态，转换好角色，在助手的位置上切实担起职责，努力当好收税的螺丝钉、合并的黏合剂、改革的助推器。

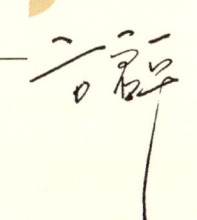

身披戎装心向党 满腔忠诚献税收

方启平曾任原贵州省黔南布依族苗族自治州地方税务局党组书记、局长，国税地税征管体制改革后，他"正转副"，担任贵州省黔南布依族苗族自治州税务局党委副书记、副局长。

方启平出生于 1960 年 4 月，曾当过 5 年的兵，是一名退役军人。虽然这段军旅时光与他的税收生涯相比，不过是短短的一站路，但这段路却让他受益一生，学会了、习惯了怎样去面对挑战。从事税务工作以后，这点不服输的劲和不怕难的心，帮助方启平顺利蹚过了一次又一次的难关与波折，也让他在人生一次又一次的选择中前进着。

当 2018 年 3 月第十三届全国人民代表大会第一次会议上，国税地税征管体制改革启动的钟声响起时，方启平知道，这是又一次新的挑战，或许更是人生中最大的一次挑战。

该怎么做？听党指挥！

人生充满了选择。面对选择，绝大多数人都难以做得到像自己预想的那样坦然和淡定。自从机构改革的号令发出后，不同的声音在方启平耳边回响，各种

思绪也轮番游荡在脑海。

彷徨过吗？

彷徨过。特别是在不知道改革如何进行、机构如何整合、职位如何转换的那些日子，彷徨于看不清自己真实的想法，又该何去何从？

担心过吗？

担心过。特别是无法预想自己会如何迎接人生中最重要的挑战，担心于他人的眼光和看法，会有怎样的心态？

动摇过吗？

动摇过。特别是当进和留的好胜心与退和转的不甘心在相互拉扯时，动摇于迈一步或退一步的犹豫不定。

但是你要问他，后悔过吗？

方启平的回答是：没有！

因为每当这些彷徨、动摇、担心的念想在脑中闪过，总有一个声音立刻出现并将它们击碎——听党指挥！

是啊，听党指挥！这句共和国军人的誓言不就是方启平每一次面对选择和挑战时所坚持的吗？

改革是一场战役，比拼的是战斗到底的意志。方启平想："我是个军人，我不会退缩，也不能退缩；改革也是一次试炼，考验的是关键时刻的担当，我是个党员，我要站出来，也必须站出来；改革更是一面镜子，照出的是与税同行的执着，我是个税务干部，我爱这份事业，就应该将这份爱进行到底。"

当内心有了坚定的方向，一切选择就变得简单而容易。方启平选择把心交给党、交给单位、交给组织、交给自己的同事们。方启平知道，有更优秀、更年富力强的同志比自己更加适合黔南税务这个"一把手"的角色。没有迟疑、没有停息、没有失落，他找到上级领导，主动申请担当副职。

"领导,这是我税收生涯以来最重要、最慎重的一个决定,但我相信这也是我人生中最坚定、最满意的一个选择!"

当时与省局领导汇报申请时说的这句话,不管过了多久,他这辈子都不会忘。因为,能为一辈子的事业推上一把,很骄傲,也绝不后悔!

要做什么?扛起责任!

退下来,手上的事就少了、肩上的担子就轻了、人也可以放松放松了?

一度方启平也这样以为。

然而,国家税务总局党委书记、局长王军在全国税务系统机构改革动员部署会和推进会上的讲话让他警醒:退居二线,不是退下战线!担当副职,不是担任闲职!变动职位,不是职责!

省局交心谈心时的鼓舞鞭策,让方启平暖在心里。"老方,队伍这么大,你得帮帮我。"州局"一把手"与他谈心时说道。

"方书记,您是

老资格，收入任务这个事情您帮我们协调协调。"县局同志不时打电话来求助。

"启平局长，我们这里有个困难，您给我们指导指导。"调研时碰见基层干部提出困难。

组织的召唤、同事的信任、改革的需要，要求他必须扛起肩上的责任。

响应着组织的召唤，方启平主动扛起带好队的责任。带头树立"一把手"及州局党委的政治威信，与"一把手"每日一议，与州局班子成员一一谈心，与县局班子逐一谈话，思想上讲团结、行动上求一致，大会小会和各种场合尊重"一把手"、突出"一把手"、支持"一把手"、配合"一把手"，在办公楼配置、考勤管理、县市区局新班子安排、"三定"人员落实等方面出主意、想办法、提建议，协助"一把手"短时间内熟悉了人员、盘活了资源、理顺了事务，顺利完成了改革各阶段的工作任务。

寄托着同事的信任，方启平主动扛起收好税的责任。除了在团结队伍上花心思，他还把功夫下在了督导组织收入工作上，用不到一个月的时间，跑遍全州13个县市区局。每到一地，他都主动带着县局的主要负责同志向地方政府有关领导汇报工作，分析税源、解读政策、讲清困难、提出建议，积极争取地方政府的支持和理解，提出组织收入任务解决方案，帮助县局完成任务目标。

肩负着改革的需要，方启平主动扛起服好务的责任。自助办税有阻碍，他带队与地方政务中心协调，提请当地政府批准扩大办税区域，仅仅用时9个工作日就完成了办税服务的升级扩容，并建成全省最大的24小时自助办税服务厅；金税三期并库有困难，他配合分管局长积极向省局请示汇报，组建集中工作组，把党支部建在组上，并建立

"党员先锋队",成功积累了金税三期并库"龙里经验",作为唯一试点在全省推广。

此外,思想教育、改革督导、行政管理、党员监管、支部建设、考评考核、巡察检查……虽然已不在聚光灯下,但方启平事事不落下,依然尽心尽力做好工作。

怎么做更好?不忘初心!

经历了24载的分与合,要问有什么可以把握和珍惜当下这一刻,在方启平看来,唯有不忘初心。

不忘初心规整"零配件",保障"人合"。在县级局"三定"过程中,方启平了解到某县局为了体现管理特色,在部分干部的安排上采取了一些不同的做法。然而,这看似细小的差别却有可能导致全州改革出现大纰漏。为此,方启平主动向州局"一把手"请缨,第一时间与督导组及该局主要负责同志联系,共同分析原方案中存在的问题,联合修订了符合机构改革政策的干部配备方案,及时纠正了偏差,确保了该局机构改革的顺利推进,也为全州建立了示范。

不忘初心拧紧"螺丝钉",推动"事合"。州局挂牌成立伊始,人员搬到一起办公,由于以往管理要求不同,导致一些制度在执行过程中,干部们有想法、有误解、有微词,不利于人员的融合。"小火苗不扑灭可是要引火烧身啊",方启平主动与局"一把手"商议,及时通过党委会研究修订了包括考勤管理、值班制度、会议制度等在内的一系列制度办法,既坚持从严管理,又考虑到干部职工的实际情况,做到宽严相济,顺利引导干部主动适应管理变化,保障了局机关的平稳有序运转。

不忘初心涂好"黏合剂",促进"心合"。"三定"甫定,人员相互间的生疏、部门配合中的磕碰在所难免。解决这些问题,不仅需要时间,更需要方法。方启平主动向局党委提议,以党建"三个一"活动为契机,在专题民主生活会中增加交心谈心的次数、扩大谈心谈话的范围,在党课学习中开展学习心得座谈,在主题党日活动中加大职工群众参与的力度,加强党群干部之间的交流,增进相互了解。同时,还积极倡议开展工会、妇联及青工委活动,举办干部职工文艺晚会,进一步加强干部交流,促进心与心的融合。

不忘初心启动"发动机",达成"力合"。改革实施以来,方启平积极参与州局党委议事决策,贯彻落实上级党委的部署要求,先后打赢了机构改革挂牌、"三定"和社保费及非税收入划转三场硬仗。在机构改革施行期间,全州税务系统党建工作实现突破,州局党委作为基层代表在全国税务系统党建工作会议上作了全面从严治党工作汇报;业务创新屡立战功,绩效管理再创佳绩,连续三个季度名列全省第一,年度绩效位列全省前列。

"不要人夸颜色好,只留清气满乾坤。"在十九届中央政治局常委中外记者见面会上,习近平总书记在讲话中援引了这句古诗。这,同样也是方启平自我要求和勉励的格言。

方启平相信,只要不忘初心跟党走,脚下的路便会是坦途,一往无前战沙场、一身戎装闯前关,便会让胸前的党徽永远发光,让头顶的税徽永远闪亮。

李　平　国家税务总局银川市兴庆区税务局机关党委二级主办。她多年来身患颅底脊索瘤，始终带病坚守在一线岗位。先后荣获"自治区三八红旗手""自治区民族团结先进个人""宁夏好税官""中国好税官""全国巾帼建功标兵""自治区税务系统优秀共产党员""全国最美家庭"等荣誉。

> 与其像秋叶一样静静地等待凋零，我更希望自己像一根燃烧的蜡烛，散发出光和热，照亮和温暖身边的每一个人。人生只有一次，既然未必能看到明天，就让今天的每分每秒都过得有意义。让有限的生命，活出无限的精彩。不改初心，不辱使命。假如有一天，我在岗位上倒下了，我一定会觉得很光荣，很安慰，因为我没有辜负共产党人的使命。

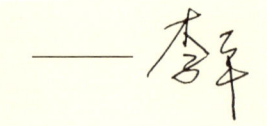

——李平

让生命在改革中绽放光彩——李　平

主动"转非"

李平1989年参加工作，从激烈的竞争中脱颖而出，成为最基层的一名所长。在当所长的6年中，几乎年年都是先进个人。2018年国税地税征管体制改革前，她还是原兴庆北区地税局清和税务所所长。当李平得知兴庆区税务局将由4个税务局合并成一个局，18个税务所合并为9个分局之后，"正转非"的念头就在脑中盘旋。很多人不解李平为什么要放弃这个给她带来无数荣誉的职位，近30年的奋斗，又回到原点，成为一名普通的税收管理员，到底图个啥呢？

有人劝她，转非可以，你应该要求组织给个待遇，最起码调成主任科员才行，否则，别人还以为你犯错误了呢！还有人说，既然转非了，你应该要求组织考虑你身体的实际情况，换一个清闲的岗位……

但李平并不这么想。她认为在一线，更多的年轻人需要岗位去历练，去成长。自己快50岁了，最多还能干几年所长，如果把机会让给年轻人，他们的未来不可限量。她想以主动让贤的方式，为组织作出一点点贡献，她觉得这样做对得起"党员"这个称呼。

·385·

一心向党

李平是一个病人，一个不知道是否能够看到明天的太阳照常升起的肿瘤患者。

2013年，李平发现身体里多了一个"不速之客"。它的名字叫脑底脊索瘤。肿瘤的位置非常罕见，目前，就连国际上也无法通过手术来根治。它会不断侵蚀周围的骨质，让患者的骨头一点点风化，最后失去支撑能力。

那时李平刚当上所长，儿子正在备战高考，她还有很多事要做，还有很多愿望没有实现。为什么是我，老天为什么选择了我！她接受不了这个事实。

白天，李平正常去上班，不想让任何人同情安慰她。晚上，疼痛难熬，忍无可忍，常常伴有心悸，仿佛能够听到心脏的剧烈跳动，这时就赶紧含几粒速效救心丸。丈夫担心她，仅仅两个月，一头黑发就变得灰白。李平告诉自己：必须振作，不能垮掉！

第一件事就是申请入党。以前，李平总觉得自己还不够优秀，还需要再努力。得病之后，感到时不我待，马上向组织申请，一刻也不想耽误了。2014年7月1日，李平身穿税服，举起右手，向党旗宣誓。她下定决心，要在有限的时间里，始终做一名能够发挥先锋模范作用的合格党员！

在随后的几年里，李平没有因为生病影响工作。她坚持精神饱满地站到工作岗位上，热情洋溢地为纳税人缴费人排忧解难。她负责的办税服务厅成为兴庆区首家"一站式窗口服务"试点单位，并多次被评为自治区"青年文明号集体""巾帼文明岗"，而李平个人也被授予自治区"三八红旗手"和"先进个人"。

投身改革

改革，要让纳税人缴费人有更多获得感。这是国家税务总局明确提出的要求。对李平而言，就要想纳税人缴费人之所想，急纳税人缴费人之所急，解纳税人缴费人之所惑。

兴庆区是银川的老城区，分布在 828 平方公里的土地上，二分局的重点税源有 1000 多户，其中 300 多户最难管理的建筑业企业由李平负责。2018 年 11 月 2 日，宁夏亲水建设有限公司找到李平，要求增加 10 万元版的发票 33 份，而且十万火急。原来，年底该公司要给农民发工资 500 多万元，施工单位要求当天凭票转款。李平知道，农民工的工资是他们的"血汗钱"，是全家一年的希望和等待，如果处理不当，不仅影响到近百名农民工的收入，还极易引发社会问题。她迅速向领导汇报，争取开辟绿色通道，并第一时间赶往企业实地核查，终于在下午 1 点让企业拿到了发票。这样的事还有很多。虽然经常因此顾不上吃饭，顾不上休息，但纳税人满意的笑容让李平觉得，多做一些，他们的获得感就能多一些，距离实现改革的目标就能近一些。

在 2019 年减税降费的浩大工程中，李平不甘落后，抓紧

时间学习、掌握减税降费政策，要求自己熟记于心、落实于行，主动深入企业开展政策宣传。减税降费专题培训中有她，宣传队伍中有她，税企联系群里有她。领导和同事们总是提醒她别太累，但是，当她看到纳税人缴费人满意的表情和点赞，心中的快乐也就战胜了身体的疲惫。

李平说，改革是大事，具体到我身上，却常常是很小的、琐碎的事。正是全体税务干部干好这一件件看似不起眼的小事，改革的大船才能乘风破浪，一往无前。

无悔选择

罹患脑底脊索瘤以来，肿瘤对血管的挤压，常常让李平的双手肿得无法握起，而肿瘤对脑部的挤压，导致她每天都饱受着头疼的折磨。同事们说，她的脑袋上顶着一颗"雷"。

李平用常人难以想象的办法坚持着。头昏脑涨，就大口大口地喝咖啡，揉一揉太阳穴；躺在床上，爬不起来，但一想到约谈了纳税人，就挣扎着去见面；心烦气躁，坐立不安，但一想到还有企业需要联系，就努力心平气和地一个接一个打着电话。就这样，在征管改革和减税降费期间，加班加点李平一次都没落下。

医生让她休养，同事劝她歇着，家人催她病退，李平一概拒绝。她说，我不想辜负组织的信任，更不想干了大半辈子税务工作到最后却成了改革的逃兵。她说，人生没有从头来过，既然未必能看到明天，就把今天当做余生，每分每秒都不辜负。

李红菊　国家税务总局塔什库尔干塔吉克自治县税务局党委副书记、副局长。26年前她脱下军装，穿上税装，成为站在祖国最西部的税务人。她先后经历了国税地税征管体制改革、社保非税划转、新冠肺炎疫情防控等重大工作，始终冲锋在急难险重工作一线，先后获评"全国先进工作者""全国三八红旗手标兵"。

❝服务好高原上的每一个纳税人缴费人是我蓝色的梦想，将党的温暖和好政策送到高原的千家万户是我不变的追求。服务机构改革中的挑灯夜战、宣传社保费时蹚过的山山水水、脱贫攻坚中和老乡们的守望相助……回想起曾经这些奋斗的足迹，感动和激情依然在我心中激荡。我常常想：我曾经是一名军人，无论何时我依然是一个合格的税务兵，我庄严承诺，组织有召，我必回！❞

——李红菊

帕米尔高原上的坚守

人们常常称塔什库尔干塔吉克自治县为塔县，它地处帕米尔高原东麓，距离北京近4700公里，是全国唯一和三个国家接壤的自治县，守护着800多公里的边境线，平均海拔4000米以上，氧气只有平原地区的一半，被称作"生命的禁区"。广为人知的红其拉甫就在塔县境内，著名的电影《冰山上的来客》，就在塔县所在的帕米尔高原拍摄。

做征管改革的见证者

26年前，李红菊脱下军装，穿上税装，成为站在祖国最西部的税务人。很多人都说，在这里，不要说工作，躺着就是一种奉献。但是，李红菊却不这样认为，她与全国税务人齐奋进、赴改革的决心是一样的。

2018年初，当国税地税征管体制改革的消息从首都北京传来时，李红菊深感责任重大、使命光荣。当组织上任命她为局改革办主任时，她下定决心，一定要圆满完成这次改革任务，打好这场攻坚战。

塔县虽小，但改革任务一点儿也不轻松。李红菊按照税务总局党委和上级的统一部署，具体落实改革方案。从改革动员到筹备挂牌，从建立机制到规范操作，从系统配置到数据清理，从挂图作战到对表推进……她和同事逐一落实工作任务，确保改革平稳落地。

塔县海拔高，物资匮乏，平原上的一件小事，在高原上往往都是大事。在新税务机构挂牌这个神圣的时刻，升旗是一场庄严的仪式，树立旗杆却成了一个大难题。7月的塔县，一连下了数日小雨，夜里温度降到零下，水泥很难凝固；地下都是碎石，连坑都特别难挖；地处偏远，工人也不好找。这可把李红菊急坏了。没办法，她就带着工人一起加班加点连夜干，前前后后忙了半个多月，才把12米高的旗杆立在了办公楼前。2018年7月20日上午10点整，当鲜艳的五星红旗冉冉升起的那一刻，李红菊仰起头，眼泪却落了下来。此刻，她与祖国同在，她与全国税务人同在。

时针指向了改革的第二场战役。落实"三定"方案关系到每一个税务干部的切身利益，有的干部希望能借此调换部门，有的干部担心能否尽快适应新岗位，还有的干部担心待遇是否会变化。大家的思想变得躁动起来。

面对这些状况，李红菊"掏心窝"地和干部谈心谈话，深入了解每个干部所思所想，引导全体干部在大局面前不讲条件、不讲特殊，坚决服从分配；协助党委建立建好群团组织，积极开展党团活动，号召青年干部全力投身改革。短时间内，组建了一个团结高效、奉献友爱的"新家"。

塔县税务局这个"新家"有37名干部，来自五湖四海，平均年龄不到29岁。因为爱上高原踏雪追梦，因为深爱家乡守护热土，因为憧憬未来满腔热情，他们聚在一起。作为老大姐，李红菊经常关心照顾他们。有人受凉了，她送去感冒药；有人驻村了，她帮忙采购生活用品；有人失恋了，她开导了一夜。她尽可能地利用空闲时间下厨做饭，让不能回家的干部吃到家的味道，感受家的温暖。她还带领年轻干部参观税史馆，了解税务前辈的工作历程，激发他们扎根高原、投身边疆的动力。

非税收入征管职责划转、资产清查、系统并库……改革的攻坚任务一项接着一项。艰苦不怕吃苦，缺氧不缺精神。在改革面前，没有一个人叫苦叫累，没有一个人临阵退缩，更没有一个人斗志减弱。改革这块"试金石"将全体干部磨炼成一支特别能奋斗、特别能吃苦、特别能奉献的高原税务铁军。

李红菊因为连续加班，身体极度不舒服。有一天，在改革方案讨论会上，她的鼻子突然流血了，一滴滴落在了雪白的纸上。她悄悄地用纸巾擦去，继续开会。身体不适拖了许久后，不得已去医院检查，拿到化验单的那一刻，李红菊懵了，才40多岁竟然得了甲状腺癌，还有那么多心愿没有完成，怎么就得了癌症？医生建议她马上手术。可她却犹豫了，改革正在关键期，让她牵肠挂肚的事情太多了。作为班子成员，她不能缺席；作为共产党员，她更不能掉队。除了局长，李红菊没有把病情告诉单位任何人，白天的忙碌让她暂时忘却病痛，可每当夜深人静时，一个人躺在床上辗转反侧，喉咙间就像有一

双无形的手掐得她喘不过气来。承受着身体和精神的双重压力，李红菊强打起精神，一转身又投入紧张的改革工作中。

又拖了四个月，直到 2018 年 11 月，李红菊才在家人的坚持下做了手术。李红菊脖子上的一个像笑脸一样的疤痕，成了改革和她朝夕相处的永恒见证。

支撑李红菊在塔县坚守下去的动力是什么？为了啥？图个啥？她在 2017 年王军局长写给新疆青年税务干部的那封信里找到了答案。王军局长说："我远在天边的税务新兵们，感动于你们放弃优越条件扎根边陲，感动于你们在雪山沙海倾情奉献，感动于你们在艰苦岗位闪亮青春。"王军局长的殷殷嘱托，激励着新疆青年税务人，同时也鼓舞着李红菊这些税务老兵，焕发青春和他们一同谱写新疆税务人全力投身改革的奋进之歌。

做民族团结的呵护者

改革大事多、难事多。如何协同推进、精准操作，让纳税人和缴费人因改革获利、为改革点赞，尤其是要让少数民族兄弟姐妹在改革的道路上跟得上、不掉队，是税务部门考虑最多的问题。

李红菊暗下决心，一定要和党委一班人树牢"服务先行"的理念，努力确保改革期间办税不断线、服务更到位、红利更彰显。

塔县少数民族人口多，占人口总数的 92%。虽然只有 1000 多户纳税人，却分散在 25000 平方公里的土地上。许多矿产企业都在距离县城 40 公里以外的牧区以及崇山峻岭之间，最远的距离县城 500 公里，海拔 5000 米以上。还有许多少数民族缴费人散落在不通网络的牧区。每一次走访和调研，都要经历常人难以想象的艰难，翻达坂、踏雪山、蹚冰河更是家常便饭。

一天，李红菊接到距离县城 180 公里的东陵石矿有限公司的电话，说矿上的塔吉克族财务人员开不出发票。当时，矿上没车，无法从山上到县局来解决，请求税务干部上门辅导。改革要让所有纳税人有获得感，包括少数民族兄弟姐妹。路途险远，李红菊立即和两个同事一同驱车前往。车过不去的地方，只能徒步而行，身边是悬崖峭壁，脚下是湍急的河流，一走就是好几个小时。回到县城已是凌晨两点，脚上也打起了水泡，可是想到纳税人憨厚、真诚的笑容，他们都忘却了疲惫。

在新疆，税务干部不仅肩负着"为国聚财"的职责，还有"维护稳定"的重任，税务干部一半的时间用来完成税收工作，另一半时间还要住村入户，与少数民族兄弟姐妹同吃同住同学习同劳动。他们的主战场在乡村、社区，他们在天山南北、塔里木河两岸，他们离妻别子，长期参加"访惠聚"驻村、管寺等工作。

社会稳定好，税收才能好；税务人多辛苦一点，新疆的稳定才能更好一点。可以说，每一名税务干部都在为实现新疆社会稳定和长治久安并肩作战，每一名税务干部都在用忠诚和担当为改革保驾护航。

做守护祖国的奉献者

李红菊曾经是一名军人，现在是一名军嫂，也是一名兵妈妈。她在一个军人家庭，一家三口驻守在新疆三个地方，共同守护着祖国的西大门。李红菊与丈夫相距 400 公里，与儿子相距 2000 公里。结婚 25 年来，夫妻团聚的时间还不足 5 年。改革期间，他们更是一面也没见着。这些年，丈夫常常说："等我退役了，就回去好好陪陪你。"她也说:"等我退休了,我也好好守着你。"这句话,每年丈夫对她说,她对丈夫说,一说就是25年。对于老人,他们也同样愧疚。他们曾对老人说:"等我们不忙了就回去陪你们过个年。"可是,李红菊的母亲和公公最终没等到这一天,这也成为他们永远的遗憾!

2018年7月下旬,正值改革的关键时期,李红菊的儿子上高原来看她。一年多没见儿子了,她特别高兴。2000公里的路程,光往返就需要三四天,没想到,其中300多公里的山路,还遭遇了洪水和泥石流。等李红菊的儿子赶到塔县,假期只剩下一晚上了。可是,等她忙完手头的工作,已经是凌晨一点。第二天一大早,李红菊的儿子就要返回部队。临走时,他默默地抱着李红菊,只说了一句话:"妈妈,保重!"

望着儿子远去的背影,李红菊的双眼模糊了……

改革的工作一茬接一茬。2018年中秋节,他们一家三口依旧没能团圆。他们通过手机视频吃了一顿团圆饭,丈夫说部队的饭很香,儿子说兵站的伙食很好,她也说吃着食堂的饭很开心。其实,李红菊心里深深明白,那天,丈夫正在执勤,儿子正在站岗,她正在加班。丰盛的晚餐不过是一家三口相互理解、相互支持的安慰。

一个时代有一个时代的记忆。回想2018年,忙,太忙,但是,他们见证了、经历了、奋斗了。

新疆很远,塔什库尔干很远,但税务干部的心和首都北京、和税务总局党委、和全国税务干部,时刻紧紧联系在一起。请放心,新疆税务人一定像天山一样坚毅,以一片冰心向蔚蓝的税务情怀,义无反顾地坚守在祖国的西北边陲,为共和国的税收事业奋斗终身。

王玲玲 国家税务总局宁波市奉化区税务局第一税务所副所长。16年来，她不忘初心、牢记使命，用心擦亮服务窗口，用情巧解燃眉之急，从一名普通的青年党员干部，成长为有口皆碑的党员服务典范，被称为"有办法的王玲玲"。荣获宁波市"优秀共产党员""五一巾帼标兵""五一劳动奖章"等荣誉，被国家税务总局记二等功1次。

> 习近平总书记说过，惟改革者进，惟创新者强，惟改革创新者胜。十多年来，我一直奋斗在基层一线，坚持把麻烦留给自己，把方便留给纳税人缴费人。整理了"一厅通办业务流程"，探索数字代码方法助力快速开票，创建"玲玲e站"智慧办税服务品牌，牵头落实"零窗"智慧办税厅建设，创新开启智税辅导"在线教"模式，开设"玲光热线"纳税服务新渠道，实现办税效率和服务体验双提升。

——王玲玲

从国税地税征管体制改革工作"一声令下"到新的组合式税费支持政策落地落实,"总有办法"的王玲玲不断破解难题,实现了从"一厅通办"到"最多跑一次"再到"零次跑"的先锋实践,提升了纳税人缴费人的获得感,展现了新时代宁波税务党员先锋攻坚克难、奋勇争先的新形象。

以"新"办法破改革之题

2018年,国税地税征管体制改革成为全国的热门话题,改革的目的是进一步让纳税人减轻办税负担、尽享改革红利,其中国税地税窗口业务融合成为关键第一步。2018年4月,王玲玲接到任务,各办税服务厅必须在月底完成第二层级即一窗一人双系统的"一厅通办"。她挤出时间迅速整理了一套《一厅通办业务流程》分享给窗口人员,并带领办税团队逐项学习办理原国税地税业务流程,确保办税服务厅于2018年5月1日顺利实现了"一窗通办"。

2018年5月15日下午,王玲玲留意到一家气动公司的会计急匆匆到办税服务厅来开增值税发票,等待了十几分钟后,他不耐烦地去了另一家办税服厅。她心里明白，虽然在不到半个月的时间里就开始正式操作已属不易，但为了纳税人缴费人，他们可以努力做得更好。

经过仔细梳理，她发现窗口人员办理开票业务时，需在上百个征收品目、20多个征收子目、300多个行业中做选择，十分费时。于是，她将所有代码从系统中一一摘抄，制作成表格，发给窗口人员，开票时只需对照输入代码，就可以大大提高开票速度。2018年7月5日，新机构挂牌当天，那位会计又来到办税服务厅，只花了3分钟就办完了原来需要十几分钟的业务，办税速度的快速提升得到了他的称赞。

以"精"办法解纳税人之难

为更好地让纳税人缴费人了解办税事项，王玲玲带头组建值班长、导税员、业务骨干"三合一"导税团队，在最醒目位置张贴了"有困难，找玲玲"的标语，公开办公电话和手机号码。用兜底承诺，表达了宁波税务部门对推进"最多跑一次"改革的决心和勇气。

2018年10月底，创业青年小李找到王玲玲，他的文创工作室遇到了资金周转困难的问题，想要申

请缓缴税款。王玲玲通过系统数据比对分析，发现这家工作室纳税信用良好、经济状况良好，符合国家税务总局宁波市税务局"银税互动"平台服务宗旨理念，但因为该企业不在纳税信用管理范围，无法提供纳税信用等级，无法申请办理。她将自己的想法和建议在宁波市税务局"我为改革献一策"的专栏上留言，恰逢总局相关政策下发，个体工商户被纳入纳税信用管理，王玲玲立即为小李申请了特事快办，小李的难题也迎刃而解。

王玲玲用心了解纳税人需求，用心发挥专业优势，用心总结工作中遇见的问题，用心寻找解决问题的办法，让服务更加精准，工作更加精细，让纳税人享受到更好的办税体验。

以"笨"办法破税改之冰

2018年9月底，宁波税务系统机构改革"三定"方案最终落地，"第一税务所"这个新名字备受瞩目，王玲玲成了新队伍中的一员。当"有办法"的工作经验获得越来越多的肯定，王玲玲开始思索如何才能将"一个人的办法"化为"群体的智慧"，提升整个团队的服务质效。

她说自己并不聪明，"有办法"只是多年付出汗水和心血得到的回报，大多数时候"笨"办法就是"好"办法。为了让办法会"说话"，她整理了2300多页工作笔记，结合心得体会和服务经验自创"三个三"工作法，即岗前"三准备"、在岗"三牢记"、岗后"三整理"，编成朗朗上口的歌谣全方位明晰工作准则，分享给每一位窗口工作人员，被大家亲切称为"玲玲工作法"。她还发起"青春夜学"活动，开设"掌上玲课堂"，组建"玲玲e站"，推进办税服务厅"五小"建设，以此帮助同事增强业务技能，增进团队交流协作，有效提高了团队凝聚力，带领所在集体荣获"全国巾帼文明岗"。

以"好"办法筑减税之旅

2019年起，随着个人所得税改革，更大规模减税降费，新的组合式税费支持政策落地落实，询问各项政策的纳税人缴费人数量剧增，大家恨不得长出三头六臂，来满足纳税人急切的需求。但是，怎样才能方便又准确地把新政策告知纳税人呢？

王玲玲开动脑筋，如果有一个类似"人工智能客服"这样的程序，不就省时、省心、省力了吗？有了这个想法，她马上咨询了局里的计算机专家，请他编了一个自动回复的小程序，再定期把税务总局下发的热点问题及解答更新导入，纳税人只要在税企QQ群里输入关键词，就可以搜索到有关政策解答。这个24小时即时解答的小程序，也让纳税人赞不绝口。

2022年，增值税留抵退税成为普惠广大市场主体的"及时雨"。为确保大家能够及时、便利地享受政策红利，王玲玲带领团队依托税收大数据平台筛选符合条件的纳税人缴费人，在电子税务局实现"自动抓取、自动判断、自动提醒"，将政策全面精准推送到户，保障纳税人缴费人愿享尽享；结合"便民办税春风行动"，畅通"甬税钉"征纳沟通平台、12366纳税缴费服务热线等网上办税和线上咨询渠道，分类精准解决纳税人缴费人"急难愁盼"问题。

4月来，制造业、中小微企业延缓缴纳政策继续实施。海量报表涌入大厅，大家一时间都慌了手脚。看着挑灯夜战忙到晕头转向的同事，王玲玲组织大家分成修改报表组和退税组，通过分组办理，专事专人专办提高工作效率。修改报表组负责抓取报表数据进行修改，再一对一与退税组进行交接,确保工作效率和数据准确率双提升。方法实施当天,税费缓缴办理量从200多户提升至400多户,极大提高了工作质效。

"纳税人缴费人信任我,是我的荣誉,更是我的责任。我有义务做好做实税务工作,让纳税人缴费人实实在在地体会到减税降费获得感和多跑网路、少跑马路的便利感。"王玲玲用她执着的努力和不懈的尝试,带领着办税服务团队在落准落好新的组合式税费支持政策,特别是大规模增值税留抵退税政策岗位奋勇争先,在持续深化税收领域"放管服"改革一线顽强拼搏,以实际行动迎接党的二十大胜利召开。

施 艳 国家税务总局厦门市思明区税务局党委委员、总经济师,扎根税务工作22年,荣获国家税务总局"各省(区、市)税务局先进工作者""全国税务系统百佳办税服务厅主任"等荣誉,被国家税务总局记个人二等功1次。

> 初心如磐,方能坚定不移;脚踏实地,才能干出成绩。扎根税务工作二十二载,感恩组织关心培养,感谢同志们帮助扶持,也感激自己慎终如始,不敢懈怠。人生的每一份付出都是春天播下的种子,每一滴汗水都是夏天灌溉的甘霖,只要怀抱希望努力付出,人生的春华秋实也能像自然的序章一样抚慰人心。站在新的历史起点上,我将牢记习近平总书记嘱托,勇立潮头,勇毅前行,以自己的行动为税收事业再添新瓦,再建新功。

—— 施艳

绽放"最美第一面"——施 艳

绽放"最美第一面"

一个秒表带来的灵感激发，一次创新带来的服务提速。"秒表练兵"缩短业务平均办理时间28.19%，纳税人平均等候时长下降44.32%。施艳是"秒表练兵"法的推行人，也是国家税务总局厦门市思明区税务局第一税务所所长。练兵备战，磨练本领。她带领厦门市思明区税务局第一税务所用心用情为纳税人优服务、快服务，税企同心同向，助力经济发展。

感同身受　急人所急

2020年的春节，突如其来的新冠肺炎疫情，牵动着全国人民的心，也牵动着在办税服务一线的税务干部们的心。如何让身处疫情寒冬的纳税人办好税、好办税，是施艳他们当时亟须解决的问题。

那是办税厅复工的第二天，施艳刚到办公室就接到一个来自武汉的电话。电话那头是纳税人焦急的声音。他说："我是武汉一家工程建筑公司的，我们有个项目在厦门，要办理异地预缴，可我现在人在武汉，武汉封城了，没法回去，怎么办呢？"

是啊，怎么办呢？纳税人的话在施艳心里激起了巨大回响。她猛然意识到，电子税务局暂时还不支持网上办理异地预缴，纳税人还得跑办税厅，这对疫情期间在外地的纳税人太不方便了。怎么才能让纳税人办好税呢？她的思绪飞转着。

"这样吧，您把公司信息告诉我，我们直接帮您办理。"施艳脱口而出。纳税人的所需所急，就是税务人努力的方向。特别是在疫情期间这样一个特殊的时期。施艳立即安排人员通过电话沟通核实了企业前期的经营情况，为纳税人容缺办理了异地预缴税款。因为纳税人不在现场，无法刷卡缴税，最后他直接告知了公司的银行账号和密码，不到十分钟，业务就办好了，纳税人总算可以安心地守在家里了。但是，施艳心上的石头却还一直压在那里。

施艳想，现在帮企业办好了业务，解决了难题，可接下来呢？难道每次都用电话容缺办理吗？这显然行不通，一定要建议市局通过电子税务局彻底解决纳税人的难题。

智慧办税　利企便民

当时，全国税务系统的电子税务局大都还没实现异地预缴功能，但市局对施艳的建议非常重视，迅速行动起来，仅用不到一周的时间就在电子税务局开设了异地预缴功能模块，彻底解决了纳税人的这个难题。2021年，厦门市电子税务局发布的"非接触式"办税缴费清单已达214项，203项实现全流程网上办。此外，他们还推出"防疫政策连线一小时"，用腾讯会议的模式，在线帮纳税人办理业务；利用"思明税务云课堂""红税直播间"等平台，先后组织90多名税务主播线上授课超过850小时，帮助企业用好政策。

用网络宣讲税收政策并不是突发奇想。早在2019年，厦门市税务局已经通过抖音平台推送了超过102条政策宣讲短视频，并打造了"小

绽放"最美第一面"——施 艳

税哥说税""小刘税税念"等多个税宣网红品牌。谁说税法政策解读一定是板着面孔、专业难懂呢？如今，每当遇到纳税人比较关注的问题，施艳和小伙伴们就会主动策划，自主拍摄制作一些比较贴近生活、内容直观的短视频作品。特别是2020年以来，他们聚焦"抗疫战疫""助力复工复产"等，先后录制了121条抖音短视频作品，并在微信、微博、抖音、头条和学习强国等多个新媒体平台进行推送，主动回应纳税人缴费人的需求，打通国家帮扶政策落地的最后一公分。

"我对我们的抖音短视频宣传充满期待，我相信有了这个宣传利器，我们一定能更好更快地宣传税收政策，助力企业复工复产。"施艳和办税厅的小伙伴们对此都充满信心。在参与抖音创作过程中，他们不仅创新了税收宣传的形式，整个团队的创造力和凝聚力也在相互激发和协作中得到了极大的提升。

疫情期间，施艳和同事们还在全国率先在支付宝小程序上推出"税费缴纳"功能。当时，有的纳税人向施艳抱怨："现在连农村买菜都可以用支付宝和微信了，怎么税务局还要用银行卡交税？"原来是纳税人到窗口代开发票时，发现自己忘带银行卡没法缴税开票，就发了些牢骚。施艳想，纳税人说的没错，纳税服务就是要"急纳税人之急，想纳税人之想"，

更何况支付宝和微信在生活中已经非常普及了，为什么不能用支付宝或微信缴税？

想到这里，施艳立即决定联合区局信息技术部门，一起向市局提议。其实，市局早有这方面的打算。经过施艳和同事们几次的沟通和测试，2020年3月23日，厦门市税务局正式试点开通云闪付App和支付宝缴税（费）功能，纳税人通过支付宝小程序就可以随时随地完成24个税费种的缴纳。他们还在全国首创了新生儿一出生即可参保缴费，享受医疗保险待遇即时结算服务，让办税更加人性化、便利化。

秒表练兵　提速增效

为提高办税速度，缩短纳税人等候时长，施艳一直在努力。有一天晚上，施艳正拿着秒表给儿子做珠心算，脑海里灵光一闪，一个大胆的想法浮上心头——"秒表练兵"。施艳先用秒表测算各项业务的办理时长，汇集成一张"业务计时表"，接着精挑细选培训讲师给大家授课，再组织课后讨论，最后上机实操。此外，施艳还组织开展业务实操测试，通过举办"一窗通办"现场竞技，分小组、结对子，使用秒表计时测量，比拼操作时间和正确率。窗口办税效率由此大大提高，"秒表练兵"带来的提速增效立竿见影。

正是因为一直在倾听和关注纳税人的所思所想，施艳才能不断破旧立新，优化服务。她先后推出"秒表练兵""施艳工作室""党员服务室""税务蓝＋志愿红""红税直播间"等一系列服务品牌，在对标一流中展现特区形象，跑出特区速度，向全社会展现税务人的"最美第一面"。2019年，在发改委组织开展的首次"中国营商环境评价"中，厦门市纳税指标位列全国第一，被列为全国纳税指标标杆城市。

如今,看着越来越繁忙的车流和越来越热闹的街道,施艳知道,厦门的"烟火气"回来了,内心充满了喜悦和欣慰:因为这背后有税务人的辛劳和付出,用窗口背后看不见的辛苦,换来了窗口前摸得着的幸福!

看着曾经与她一同并肩作战,共同迎接"一窗通办"挑战的丈夫,还继续奋斗在征管岗位上;看着曾带给她"秒表练兵"灵感的孩子,已走在求学奋进的路上;看着曾陪她日夜兼程奋斗不息的伙伴们,依旧不忘初心、向上向善,施艳的内心又充满了自豪和感动。

"凡是过往,皆为序章"。新的征程,正等待着她。施艳始终记得国家税务总局王军局长说过:"任何一件事情,带着感情去做,才会出彩,才会无愧。"这句话激励着她,踔厉奋发,勇毅前行。

附 录

中国税务之歌

集体 词
印青 曲

扫码听歌

你最美

作词：徐贞宇 吴泽宇 郑弘扬
作曲：吴泽宇

1=E $\frac{4}{4}$

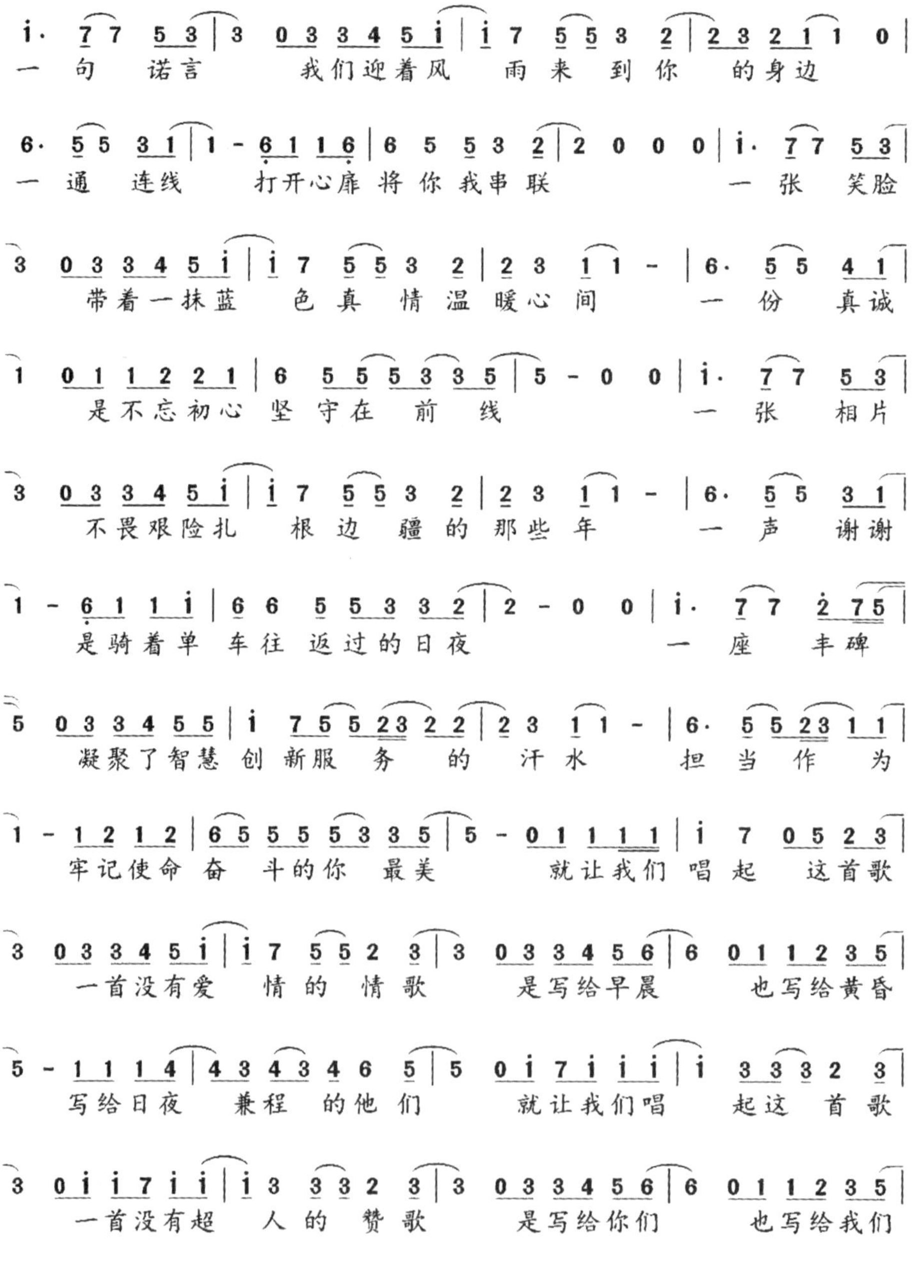

```
5 - 1 14 | 4343 4346 5 | 5 231 661 | 1 - 0 0 | X 0 0 0·X |
  写 给为  民收税的他们 平凡的 人们         哎      赞

X X X X X X X X X X X X X X X | X X X X X X X X X X X X X X X |
信念在心间因不忘走到今天担  道义在铁肩为初心镶上金边当

X X X X X X X X X X X X X X | X X X X X X X X X X X X X X X |
税徽融进风骨是那不可磨灭的志 作别亲人只为追求不舍昼夜的事业

X X X X X X X X X X X X X X X· | X X X X X X X X X X X X X X X |
为国聚财为民收税贯穿每一个日夜  你用双手创造用双脚丈量这个世界最

                                           0 i 7 i i
                                           就 让 我们
X X X X X X X X X X X X X X X | X X X X X X X X X X X X X X |
伟大的复兴实现我们的中国梦美好 明天亿万颗心随着梦一起搏动

i 333 2 3 | 3 0 i i 7 i i | i 3 33 2 3 | 3 0 3 3 4 5 6 |
唱响这 首歌    一首没有爱 情的 情歌    是写给早晨

6 0 1 1 2 3 5 | 5 - 1 14 | 4343 4346 5 | 5 0 i i 7 i i |
也写给黄昏     写 给日 夜兼程的他们    就让我们唱

i 333 2 3 | 3 0 i i 7 i i | i 7 i i 3 2 3 | 3 0 1 1 2 1 6 |
起这 首歌    一首没有超 人的 赞歌    是写给你们

6 0 1 1 2 1 5 | 5 - 1 14 | 4343 4346 5 | 5 4 3 1 6 1 |
也写给我们     写 给为  民收税的他们 非凡的 灵魂

1 - 0 0 | 0 4 3 1 6 1 | 1 - 0 0 ‖
           税 务 人 的 魂
```

蓝色情怀蓝色梦

作词：徐贞宇 陈宝亮 要维
作曲：黄泽恩
演唱：黄泽恩

1=♭B 4/4

0.5 | 3 3·3 3 2 0 3 2 | 2 1 7 1 6 - | 4 4 4 4 4 4 3 2 2 2 1 |
无 论 你 在 哪 里 一 眼 就 能 认 出 你 身 穿 税 装 的 样 子 是 那 样 的

2 3· 3 0 5 5 | 3 3 3 3 3 3 2· 0 3 2 | 2 1 7 1· 6 - |
美 丽 一 年 四 季 风 风 雨 雨 努 力 超 越 自 己

4 4 4 4 4 3 2 2 2 1 | 2 1· 1 0·5 ‖: 3 3·3 3 2 0 3 2 |
多 少 艰 辛 和 委 屈 你 从 来 不 言 语 我 们 曾 见 过 你 走 过

2 1 7 1· 6 - | 4 4 4 4 4 4 3 2 2 2 1 | 2 3· 3 0 3 4 |
征 程 的 足 迹 多 少 付 出 和 荣 誉 都 献 给 了 往 昔 带 着

5 5 5 5 5 5· 0 4 3 | 4 4 4 6 - | 2 2 2 2 3 4 4 4 4 4 2 |
笑 脸 再 次 出 发 一 路 春 风 化 雨 敢 于 担 当 有 作 为 你 无 愧 于

6 5 5 5 5 - | 1· 7 2 1 1 7 7 3 | 5 5 5 7·6 0 6 7 |
天 地 永 在 路 上 的 税 务 人 我 们 知 道 你 一 片

1 6 6·7 1 6 6 6 3 | 3 2 2 2 - | 1· 7 2 1 1 7 7 3 |
赤 诚 和 真 情 坚 守 在 心 底 你 在 新 的 时 代 里

5 5 5 6 7 7 6· 0 6 7 | 1 6 6 6·7 1 1 1 1 1 | 1· 2 5 5 - |
书 写 闪 亮 故 事 蓝 色 情 怀 蓝 色 梦 是 那 样 的 美 丽

1· 7 2 1 1 7 7 3 | 5 5 5 7·6 0 6 7 | 1 6 6·7 1 6 6 6 3 |
永 在 路 上 的 税 务 人 我 们 知 道 你 一 片 赤 诚 和 真 情 坚 守 在

3 2 2 2 - | 1· 7 2 1 1 7 7 3 | 5 5 5 6 7 7 6· 0 6 7 |
心 底 你 在 新 的 时 代 里 书 写 闪 亮 故 事 蓝 色

1 6 6·7 1 0·1 | 2 2 2 2 6 7· | 1 - - - :‖
情 怀 蓝 色 梦 是 那 样 的 美 丽

2.
2 2 2 2 - | 2 0 0 2 3· | 1 - - - | 1 - - - | 1 0 0 0 ‖
那 样 的 美 丽